Excel 行业应用经典教程系列

Excel 在人力资源管理中的应用

陈长伟　编　著

清华大学出版社

北　京

内 容 简 介

本书由国内办公软件专家组织编写，以现代办公工作中广大办公人员和从业者的需求来确定中心思想，采用四维立体教学的方式，精选经典应用实例、标注重点学习内容，使读者能够在较短时间内掌握软件的使用方法和技巧，真正实现"工欲善其事，必先利其器"。

本书共分为 10 章，详细地介绍了认识 Excel 管理人力资源的能力、制作人事资料管理系统、分析统计人事数据、管理员工培训、管理人员招聘与录用、管理员工合同、管理员工考勤、管理员工休假、管理员工绩效、管理员工工资福利等内容。

本书面向初级和中级用户，适合需要学用 Excel 进行人力资源管理的各类人员和爱好者使用。同时，也可以作为大中专院校相关专业、公司岗位培训或电脑培训班的指导教材。

图书在版编目(CIP)数据

Excel 在人力资源管理中的应用/陈长伟编著. --北京：清华大学出版社，2013（2023.1 重印）
(Excel 行业应用经典教程系列)
ISBN 978-7-302-32857-5

Ⅰ. ①E…　Ⅱ. ①陈…　Ⅲ. ①表处理软件—应用—人力资源管理—教材　Ⅳ. ①F241-39

中国版本图书馆 CIP 数据核字(2013)第 136547 号

责任编辑：章忆文　杨作梅
装帧设计：刘孝琼
责任校对：李玉萍
责任印制：刘海龙

出版发行：清华大学出版社
　　　　　网　　　址：http://www.tup.com.cn, http://www.wqbook.com
　　　　　地　　　址：北京清华大学学研大厦 A 座　　　邮　　编：100084
　　　　　社 总 机：010-83470000　　　　　　　　邮　　购：010-62786544
　　　　　投稿与读者服务：010-62776969, c-service@tup.tsinghua.edu.cn
　　　　　质量反馈：010-62772015, zhiliang@tup.tsinghua.edu.cn
　　　　　课件下载：http://www.tup.com.cn, 010-62791865
印 刷 者：三河市龙大印装有限公司
经　　销：全国新华书店
开　　本：185mm×260mm　　　印　张：23.5　　　字　数：568 千字
　　　　　附DVD1张
版　　次：2013 年 9 月第 1 版　　　　　　　印　次：2023 年 1 月第 8 次印刷
定　　价：46.00 元

产品编号：048470-01

前　　言

计算机作为一种工具，正在悄然改变着各行各业的生产方式和人们的生活方式，并向我们展示了美好的前景。在全面推进素质教育的今天，本着厚基础、重能力、求创新的总体思想，着眼于国家培养应用型、创新型人才的需求，清华大学出版社出版了"Excel 行业应用经典教程系列"丛书，本书是该系列丛书之一。

1．关于 Excel 在人力资源中的应用

在日常办公应用中，以往传统的人工操作数据方式已逐渐被淘汰，现在人们已习惯于使用高效的办公软件来传达信息以及加工数据。而在知识经济飞速发展的这个时代，"以人为本"是企业成功的重要因素之一。Excel 作为一款应用性很强的软件，能够在人员招聘与录用、人事资料管理、员工考勤等人力资源工作环节发挥重大作用，从而达到更高效地处理工作、更及时地解决问题的目的。

2．本书阅读指南

本书由浅入深、系统全面地介绍了电子表格处理软件——Excel 2010 在人力资源管理实际工作中的应用和操作技巧。全书共分为 10 章，各章内容如下。

第 1 章主要介绍 Excel 基础知识，包括 Excel 概述、工作表的基本操作、数字输入与填充、检查录入信息的正确性、单元格的编辑操作、公式与函数的使用等内容。

第 2 章主要介绍如何制作人事资料管理系统，包括要点分析、批量修改员工资料、使用函数完善员工资料信息、制作员工胸卡以及提高指导技巧等内容。

第 3 章主要介绍分析统计人事数据，包括要点分析、直接分析员工信息、制作员工信息查询表以及提高指导技巧等内容。

第 4 章主要介绍如何管理员工培训，包括要点分析、管理培训信息、制作培训需求调查表、使用数据透视表统计分析调查结果信息、使用数据透视图统计分析调查结果、使用切片器分析调查结果、判定培训结果以及提高指导技巧等内容。

第 5 章主要介绍如何管理人员招聘与录用，包括要点分析、制作招聘流程图、编辑 SmartArt 图形、制作招聘费用预算表、统计试用期到期人数、发布录用通知以及提高指导技巧等内容。

第 6 章主要介绍如何管理员工合同，包括要点分析、管理试用期员工合同、管理正式员工合同、保护合同以及提高指导技巧等内容。

第 7 章主要介绍如何管理员工考勤，包括要点分析、制作员工考勤表、分析员工考勤情况以及提高指导技巧等内容。

第 8 章主要介绍如何管理员工休假，包括要点分析、制作员工请假登记表、计算加班时

间、休假管理以及提高指导技巧等内容。

第 9 章主要介绍如何管理员工绩效，包括制作员工绩效表、使用迷你图分析员工效益、制作员工销售额月报表以及提高指导技巧等内容。

第 10 章主要介绍如何管理员工工资福利，包括制作员工工资统计表、制作员工工资单、制作工资发放零钞备用表、全年工资统计分析以及提高指导技巧等内容。

3．本书特色与优点

（1）经典实例，即学即用。精选行业中最实用、最常见的应用实例，可复制性强，方便读者快速即时应用到工作中。

（2）立体教学，全面指导。采用"要点分析+实例操作+提高指导+习题测试"的四维立体教学方式，全方位陪学陪练。

（3）最新软件，技术新颖。选用当前最新的软件版本进行讲解，紧跟时代和社会发展需求，技术和资讯最潮、最流行。

（4）重点明确，内容丰富。覆盖内容广泛，并用醒目的标注对重点、要点进行提示，帮助读者明确学习重点，省时贴心。

（5）配有光盘，保障教学。本书配有光盘，光盘中提供电子教案，便于老师教学使用；并提供素材，便于学生上机调试。

4．本书读者定位

本书既可作为大中专院校的教材，也可作为各类培训班的培训教程。此外，本书也非常适合需要使用 Excel 进行人力资源管理的办公人员、自学人员以及 Excel 爱好者阅读参考。

本书由陈长伟编著，全书框架结构由刘菁拟定。陈杰英、陈瑞瑞、崔浩、费容容、高尚兵、韩春、何璐、黄璞、黄纬、刘兴、钱建军、孙美玲、谭彩燕、王红、杨柳、杨章静、俞娟、张蓉、张芸露、朱俊等人员参与了创作和编排等事务。

限于作者水平，书中难免存在不当之处，恳请广大读者批评指正。任何批评和建议请发至：kejiaostudio@126.com。

编　者

目　　录

第1章

认识 Excel 管理人力资源的能力

【本章学习重点】

- 熟悉 Excel
- 工作表的操作与运用
- 单元格的编辑
- 公式与函数的使用

Excel 具有强大的数据分析和处理功能。在复杂而烦琐的人力资源管理中,很多人已经在使用 Excel 来快速地提高人力资源管理效率。本章主要介绍 Excel 的基本操作,让读者熟悉 Excel 的工作环境,为深入学习 Excel 做好准备。

【本章实例展示】

隐藏工作表

准确输入时间和日期

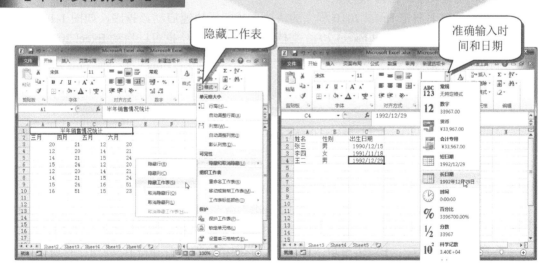

1.1　Excel 概述

Excel 是一款功能强大的电子表格制作软件，可以完成数据输入、计算、分析等多项工作，也可以创建图表，直观地展现数据之间的关系。

1.1.1　Excel 的新功能

目前，Excel 的最新版本是 2010 版，相比以往版本，该版本主要新增了以下功能。

- Excel 2010 新增了迷你图，它是工作表单元格中的一个微型图表，可以显示一系列数值的趋势或者突出显示最大值和最小值，可以让数据以更直观的形式反映出来。
- Excel 2010 提供了切片功能，它在数据透视图中提供了丰富的可视化功能。
- Excel 2010 还提供了在线截图功能，单击"屏幕截图"按钮后既可以看到截图窗口又可以看到 Excel 界面。

1.1.2　启动与退出 Excel

1．启动 Excel 2010

启动 Excel 2010 的方法有很多，主要有以下几种。

- 在电脑桌面上选择"开始"|"所有程序"| Microsoft Office/ Microsoft Excel 2010 命令，启动 Excel 2010 程序。
- 在电脑桌面双击 Excel 2010 程序的快捷方式图标快速启动该程序，如图 1-1 所示。
- 通过双击已经存在的 Excel 2010 文档，如图 1-2 所示，也可以启动 Excel 2010 程序。

图 1-1　双击快捷图标启动 Excel　　　　图 1-2　双击 Excel 文件启动 Excel

2．退出 Excel 2010

退出 Excel 2010，即关闭所有打开的窗口，可以通过下述几种方法来实现。

- 在 Excel 2010 窗口中选择"文件"|"退出"命令，如图 1-3 所示，退出 Excel 程序。
- 在任务栏中右键单击 Excel 2010 程序图标，从弹出的快捷菜单中选择"关闭窗口"命令(若打开多个 Excel 窗口，则选择"关闭所有窗口"命令)，如图 1-4 所示，退出 Excel 程序。
- 如果只有一个 Excel 窗口，可以单击窗口左上角的"控制菜单"图标，从弹出的菜单中选择"关闭"命令，或是双击"控制菜单"图标。
- 按 Alt+F4 组合键。

图 1-3　在窗口中退出 Excel 程序

图 1-4　在任务栏中退出 Excel 程序

1.1.3　熟悉 Excel 窗口结构

默认情况下，启动 Excel 2010 程序后，可以看到标题栏、选项卡、组、工作表标签、数据编辑栏、滚动条、状态栏和名称框，如图 1-5 所示。

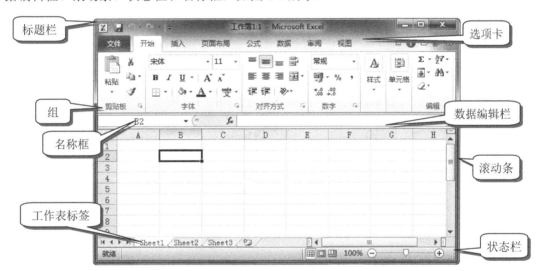

图 1-5　Excel 2010 窗口

1．标题栏

标题栏位于窗口顶部，在其中间位置显示了当前打开的 Excel 文件名称。在标题栏左侧是"控制菜单"图标和快速访问工具栏(包括保存、撤销、恢复等常用命令按钮)；在标题栏右侧是三个控制窗口的命令按钮，分别是最小化、最大化(窗口最大化情况下该按钮变成"还原"按钮)和关闭按钮。

2．选项卡

选项卡位于标题栏的下方，它将各种命令分门别类地放在一起，只要单击上方的标签，对应选项卡中所有的选项就会显示出来。

3. 组

每个选项卡中都包含若干组，组中列出了一系列图标按钮，每个图标代表一个命令，这些命令都是选项卡具有的功能。要想使用哪个工具时，只需要先切换到对应的选项卡，然后单击该工具对应的按钮即可。

4. 数据编辑栏

数据编辑栏是用来进行输入数据、编辑公式、计算、引用查询、统计数据等操作。

5. 名称框

名称框用来显示单元格在运行过程中的名称。

6. 滚动条

滚动条分为水平滚动条和垂直滚动条，使用滚动条可以从水平和垂直两个方向快速移动到工作表中的指定数据区。

7. 工作表标签

工作表标签显示了当前工作簿中包含的工作表。当前工作表以白底显示，其他的以浅蓝色底纹显示。

8. 状态栏

状态栏位于应用程序窗口的底部，各部分的功能如图 1-6 所示。

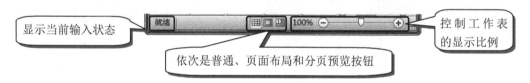

图 1-6　Excel 2010 窗口的状态栏

1.1.4　管理 Excel 窗口

1. 新建工作簿窗口

在同一个工作簿中，可以为每个工作表创建一个显示窗口，以方便同时查看多个工作表。

步骤 1　在"视图"选项卡下的"窗口"组中，单击"新建窗口"按钮，如图 1-7 所示。

步骤 2　这时原 Excel 文件名将由"工作簿 1"变成"工作簿 1:1"，同时出现另一个名称为"工作簿 1:2"的 Excel 窗口，如图 1-8 所示。

2. 排列切换窗口

新创建的窗口，可以重新排列，操作如下。

步骤 1　在"视图"选项卡下的"窗口"组中，单击"全部重排"按钮，如图 1-9 所示。

步骤 2 弹出"重排窗口"对话框，选择一种排列方式，比如选中"水平并排"单选按钮，再单击"确定"按钮，如图 1-10 所示。

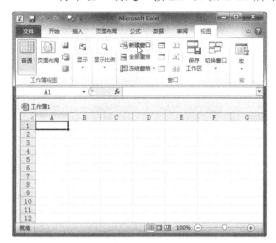

图 1-7 显示新建窗口

图 1-8 显示两个窗口

图 1-9 单击"全部重排"按钮

图 1-10 "重排窗口"对话框

步骤 3 水平并排窗口的效果图如图 1-11 所示。

步骤 4 在"视图"选项卡下的"窗口"组中，单击"切换窗口"按钮，从下拉菜单中选择需要切换的窗口名称即可切换到相应的窗口，如图 1-12 所示。

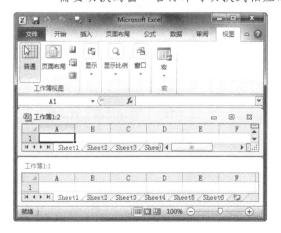

图 1-11 水平并排

图 1-12 选择需要切换的窗口名称

3. 隐藏窗口

如果创建的窗口太多，会占用一部分工作区。为此，用户可以通过隐藏窗口操作来释放工作区，具体操作步骤如下。

步骤 1 首先切换到需要隐藏的 Excel 窗口，使其变成活动窗口。然后在"视图"选项卡下的"窗口"组中，单击"隐藏"按钮，如图 1-13 所示。活动窗口被隐藏了，如图 1-14 所示。

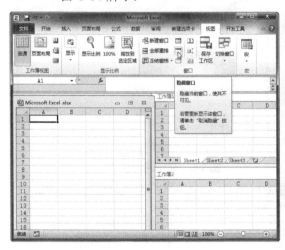

图 1-13　单击"隐藏"按钮　　　　　　图 1-14　窗口被隐藏后的效果

步骤 2 如果要取消窗口隐藏，在"视图"选项卡下的"窗口"组中，单击"取消隐藏"按钮，如图 1-15 所示。

步骤 3 弹出"取消隐藏"对话框，然后在列表中选择要显示的工作簿窗口，再单击"确定"按钮即可，如图 1-16 所示。

图 1-15　单击"取消隐藏"按钮　　　　图 1-16　"取消隐藏"对话框

1.2　工作表的基本操作

Excel 的基本操作主要包括选择工作表、添加/删除工作表、隐藏/显示工作表、修改工作表名称、修改工作表标签颜色、移动与复制工作表等。工作表标签是操作工作表的一个快捷方法，对工作表的操作基本上都能通过该标签完成，下面进行具体介绍。

1.2.1　选择工作表

要选择一张工作表，直接用鼠标单击需要选中的工作表标签即可。那要选择多个工作表，该如何操作呢？下面一起来看看吧。

1．选定相邻的工作表

若要选择多个相邻的工作表，只需先单击第一张工作表标签，然后按住 Shift 键不放，再单击最后一个工作表标签即可，如图 1-17 所示。

图 1-17　选中相邻工作表

若要取消选中多个工作表，只需单击任意一个没有被选中的工作表标签即可。

2．选定不相邻的工作表

若要选择多个不相邻的工作表，只需先单击第一张工作表标签，然后按住 Ctrl 键不放，再依次单击需要选定的工作表标签即可，如图 1-18 所示。

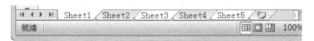

图 1-18　选中不相邻工作表

3．选定所有工作表

右键单击任意一个工作表标签，从弹出的快捷菜单中选择"选定全部工作表"命令即可选定所有工作表，如图 1-19 所示。

图 1-19　选定所有工作表

1.2.2　添加/删除工作表

在输入数据的过程中，如果想再添加一个工作表，该怎么做呢？若一不小心添加的工作表太多了，该如何删除呢？下面一起来看看吧。

1．通过命令添加工作表

通过"插入工作表"命令来添加工作表的方法如下。

步骤 1　打开 Microsoft Excel 工作簿，选中 Sheet1 工作表。

步骤 2　在"开始"选项卡下的"单元格"组中，单击"插入"按钮，接着从下拉菜单中选择"插入工作表"命令，如图 1-20 所示。这样就在 Sheet1 工作表前插入了一个新的工作表 Sheet4，如图 1-21 所示。

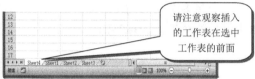

图 1-20　选择"插入工作表"命令　　　　图 1-21　插入工作表

2．通过快捷菜单添加工作表

通过快捷菜单插入工作表的具体操作步骤如下。

步骤 1　打开 Microsoft Excel 工作簿，在 Sheet1 工作表标签上右击，然后从弹出的快捷菜单中选择"插入"命令，如图 1-22 所示。

步骤 2　弹出"插入"对话框，切换到"常用"选项卡，然后选择"工作表"图标，如图 1-23 所示。

图 1-22　选择"插入"命令　　　　图 1-23　"插入"对话框

技巧　可以通过使用 Shift+F11 组合键来插入新的工作表，当然用这种方法也是在选中工作表的前面插入一个新工作表。

步骤 3　单击"确定"按钮，这时就在 Sheet1 工作表前插入了一个新的工作表，如图 1-24 所示。

3．通过"插入工作表"按钮添加工作表

前面介绍的几种方法都是在选中的工作表前面插入一个新工作表，那么有没有在工作表后面插入一个新工作表的方法呢？答案是肯定的，那就是在工作表标签中单击最后一个工作表后面的"插入工作表"按钮，如图 1-25 所示。这样，不论有没有提前选中工作表，用这

种方法插入的工作表总在最后面。

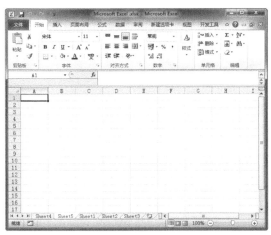

图 1-24 插入工作表

图 1-25 单击"插入工作表"按钮

4．通过设置工作表数目调整文件中的工作表数量

前面介绍了 3 种添加工作表的方法，但是每次操作时，一次只能添加一个工作表，这对于需要添加十几张工作表的用户来说就比较麻烦了。那么，如何来改变这一情况呢？通过修改"Excel 选项"的默认设置就可以做到，具体操作步骤如下。

步骤 1　选择"文件"|"选项"命令，如图 1-26 所示，打开"选项"对话框。

步骤 2　在左侧列表中选择"常规"选项，然后在"新建工作簿时"选项组中设置 "包含的工作表数"后面的数值，改为自己需要的工作表数目，如改为 6 个，如图 1-27 所示，单击"确定"按钮即可。

图 1-26 选择"文件"|"选项"命令

图 1-27 "Excel 选项"对话框

步骤 3　再次新建工作簿时，可看到 6 个默认的工作表，如图 1-28 所示。

图 1-28　成功添加工作表

5. 通过"删除工作表"命令删除工作表

下面先让我们看看如何通过"删除工作表"命令删除工作表。具体操作步骤如下。

步骤 1　打开 Microsoft Excel 工作簿，选择要删除的工作表标签，比如 Sheet1 工作表。

步骤 2　在"开始"选项卡下的"单元格"组中，单击"删除"按钮，从下拉菜单选择"删除工作表"命令，如图 1-29 所示。

步骤 3　这时就会出现警告信息，如图 1-30 所示，单击"删除"按钮，系统则删除工作表，否则不会删除。

 提 示　如果要删除的是一个空的工作表，则不会出现如图 1-30 所示的警告信息。

图 1-29　选择"删除工作表"命令　　　　图 1-30　警告信息

6. 通过快捷菜单删除工作表

通过快捷菜单删除工作表的方法与上面介绍的插入工作表有异曲同工之处。其操作方法是在需要删除的工作表标签上右击，从弹出的菜单中选择"删除"命令，如图 1-31 所示。用这种方法删除存有数据的工作表时，也会出现警告对话框。同理，单击"删除"按钮，系统则删除工作表，否则不会删除。

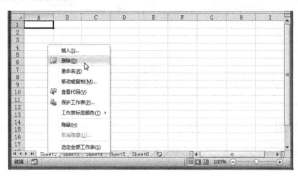

图 1-31　选择"删除"命令

1.2.3 隐藏/显示工作表

在参加会议或演讲等活动时，若不想让表格中的重要数据外泄，可将数据所在工作表隐藏，等到需要时再将其显示，具体操作步骤如下。

1. 隐藏工作表

隐藏工作表其实和隐藏行、列的方法类似，具体操作步骤如下。

步骤1 打开 Microsoft Excel 工作簿，然后选中需要隐藏的工作表，比如选中 Sheet2 工作表。

步骤2 在"开始"选项卡下的"单元格"组中，单击"格式"按钮，然后在弹出的下拉菜单中选择"隐藏和取消隐藏"|"隐藏工作表"命令，如图 1-32 所示。这样 Sheet2 工作表就被隐藏起来，最后的效果如图 1-33 所示。

图 1-32 选择"隐藏和取消隐藏"|"隐藏工作表"命令

图 1-33 Sheet2 被隐藏起来

 提示

在需要隐藏的工作表标签上右击，在弹出的快捷菜单上选择"隐藏"命令，也可以隐藏工作表，如图 1-34 所示。

图 1-34 选择"隐藏"命令

2. 显示工作表

隐藏工作表之后,如果需要显示被隐藏的工作表,该怎么办呢? 其实隐藏和显示是相对的,显示工作表的方法和隐藏是一样的,具体操作步骤如下。

步骤 1 打开 Microsoft Excel 工作簿,按照上面的方法,单击"格式"按钮,在弹出的下拉菜单中选择"隐藏和取消隐藏"|"取消隐藏工作表"命令,如图 1-35 所示。

步骤 2 在弹出的"取消隐藏"对话框中选择需要显示的工作表(这里由于只隐藏一个工作表所以不用选择),如图 1-36 所示。

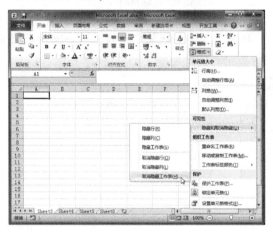

图 1-35 选择"隐藏和取消隐藏"|"取消隐藏工作表"命令　　图 1-36 "取消隐藏"对话框

步骤 3 单击"确定"按钮,最后的效果如图 1-37 所示。

 在任意一个工作表标签上右击,然后在弹出的快捷菜单上选择"取消隐藏"命令,也可以显示隐藏的工作表,如图 1-38 所示。

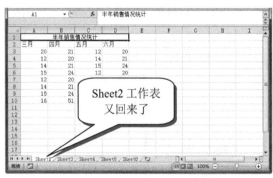

图 1-37 成功显示隐藏的工作表　　　　　图 1-38 选择"取消隐藏"命令

1.2.4 修改工作表名称

如果一个工作簿中的工作表很多,最好给每个工作表起个有意义的名字,以方便查找。

1. 通过快捷菜单修改工作表

步骤 1 右击需要修改名称的工作表标签，从弹出的快捷菜单中选择"重命名"命令，如图 1-39 所示。

步骤 2 这时会发现工作表标签反黑显示，表示处于可编辑状态，如图 1-40 所示，输入新名称后按 Enter 键，即可完成工作表的重命名。

图 1-39　选择要修改名称的工作表

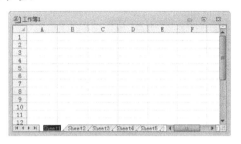

图 1-40　输入新名称

2. 通过命令重命名工作表

单击要重命名的工作表标签，然后在"开始"选项卡下的"单元格"组中，单击"格式"按钮，并从下拉菜单中选择"重命名工作表"命令，如图 1-41 所示，接着输入工作表的新名称，然后按 Enter 键，也可以重命名工作表。

图 1-41　选择"重命名工作表"命令

技巧　　双击要修改名称的工作表标签，使工作表标签处于可编辑状态，然后输入工作表的新名称并按 Enter 键，也可以重命名工作表。

1.2.5　修改工作表标签颜色

为什么要给工作表添加颜色呢？因为添加了颜色的工作表在很多工作表中会更加醒目，更加有利于我们查找，具体步骤如下。

步骤 1 打开工作簿，选中一个需要添加颜色的工作表，单击"格式"按钮，在弹出的下拉菜单中选择"组织工作表"下的"工作表标签颜色"命令。

步骤 2　在"主题颜色"或者"标准色"区域中单击选择自己喜欢的颜色，如图 1-42 所示。

如果还需要更多颜色，可以选择"其他颜色"命令，打开如图 1-43 所示的对话框，从中选择自己需要的颜色，然后单击"确定"按钮。

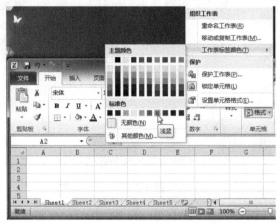

图 1-42　选择"工作表标签颜色"命令　　　　图 1-43　"颜色"对话框

在需要添加颜色的工作表标签上右击，然后在弹出的快捷菜单上选择"工作表标签颜色"命令，如图 1-44 所示，也可以为工作表标签添加颜色。

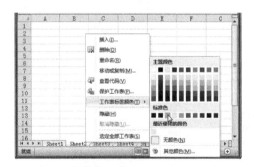

图 1-44　通过右键快捷菜单设置工作表标签颜色

1.2.6　移动/复制工作表

Excel 中的工作表并不是固定不变的，有时为了工作需要可以移动或复制工作表，这样可以大大提高制作表格的效率。在 Excel 中对工作表进行移动或复制操作分为两种情况，即在同一工作簿中移动或复制和在不同工作簿中移动或复制。

1．在同一工作簿中移动/复制工作表

如果需要把做好的工作表重排一下顺序，以方便调用，就可以通过移动工作表来完成；如果做一份新的工作表只需要在以前的工作表基础上改一些数据，则可以通过复制工作表来

提高工作效率。那么具体该怎样移动或复制工作表呢？具体操作步骤如下。

步骤 1　打开 Microsoft Excel 工作簿，选中需要移动或复制的工作表，然后在"开始"选项卡下的"单元格"组中，单击"格式"按钮，在下拉菜单中选择"移动或复制工作表"命令，如图 1-45 所示。

步骤 2　打开"移动或复制工作表"对话框，在"下列选定工作表之前"列表中选择不同的选项，如图 1-46 所示。

图 1-45　选择"移动或复制工作表"命令

图 1-46　"移动或复制工作表"对话框

提示

还可以通过在需要移动或复制的工作表标签上右键单击，在弹出的快捷菜单中选择"移动或复制工作表"命令，同样可以打开"移动或复制工作表"对话框。

步骤 3　这里选中"建立副本"复选框，单击"确定"按钮，最后的效果如图 1-47 所示。

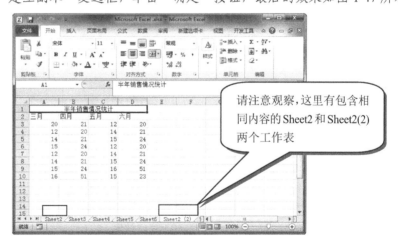

请注意观察，这里有包含相同内容的 Sheet2 和 Sheet2(2) 两个工作表

图 1-47　成功复制工作表

提示

● 如果只要移动工作表，不需要选中"建立副本"复选框。

● 如果要移动并在原来的位置上留下相同的工作表，就需要选中"建立副本"复选框。

Excel 在人力资源管理中的应用

2．在不同工作簿中移动或复制工作表

在不同工作簿中移动或复制工作表的方法和在同一工作簿中移动或复制工作表的方法基本一样，具体操作步骤如下。

步骤 1　打开 Microsoft Excel 工作簿，选中需要移动或复制的工作表，比如选择 Sheet2，按照上面的方法打开"移动或复制工作表"对话框。

步骤 2　单击"工作簿"下拉列表框右侧的下三角按钮，选择"工作簿 1"，然后在"下列选定工作表之前"列表中选择需要移动或复制到的位置，比如 Sheet1，如图 1-48 所示。

步骤 3　单击"确定"按钮，这样 Sheet2 就由 Microsoft Excel 工作簿中移动到工作簿 1 中了，最终效果如图 1-49 所示。

图 1-48　"移动或复制工作表"对话框

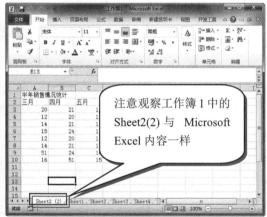

图 1-49　最终效果

1.3　数字输入与填充

在 Excel 中输入递增数字时可以使用自动填充功能，这样很方便，下面将具体介绍。

16　Excel 行业应用经典教程系列

1.3.1　选中单元格

我们在使用命令对工作簿进行各种操作或者输入数据之前，都必须首先选定工作表单元格或者对象。下面介绍具体方法。

1．选中单个单元格

● 使用鼠标选中单元格：这是最常用、最快捷的方法，只需在要选中的单元格上单击即可，并且单元格的边框以黑色粗线标识，单元格所在的行号和列号变成黄色，如图 1-50 所示。

● 使用名称框选取单元格：在名称框中输入需要选中的单元格位置标识，如图 1-51 所示，再按 Enter 键确认即可选定此单元格。

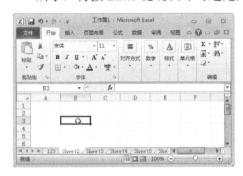

图 1-50　使用鼠标选中单元格

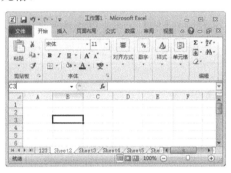

图 1-51　使用名称框选中单元格

2．选中连续单元格

1)　用鼠标拖动法选中连续单元格

步骤 1　将鼠标指向所选取的单元格 A2，如图 1-52 所示，并按住左键，从 A2 开始向右下方拖动鼠标。

步骤 2　当鼠标拖动到目标位置后松开左键，即可选中连续的单元格区域，如图 1-53 所示。

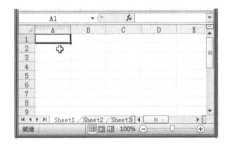

图 1-52　指向第一个要选中的单元格

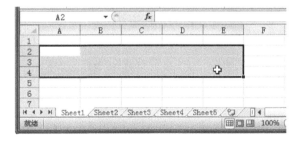

图 1-53　选中连续单元格

2)　通过名称框选中连续单元格

步骤 1　在"名称框"中输入 A2:C4，如图 1-54 所示。

步骤 2　按 Enter 键即可选中 A2～C4 的连续区域，如图 1-55 所示。

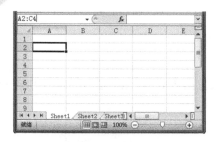
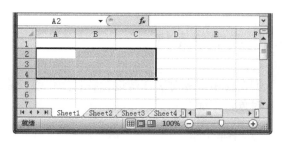

图 1-54　在名称框中输入单元格地址　　　　　　图 1-55　选中状态

3. 选中不连续单元格

选中不连续单元格的操作方法如下。

步骤 1　单击鼠标选取第 1 个单元格区域，然后按住 Ctrl 键不放，拖动鼠标选取第 2 个单元格区域，如图 1-56 所示。

步骤 2　按住 Ctrl 键不放，再拖动鼠标选取第 3 个、第 4 个单元格区域。选择完毕后，松开 Ctrl 键，再释放鼠标左键即可，如图 1-57 所示。

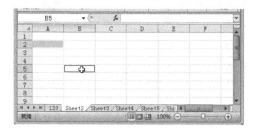
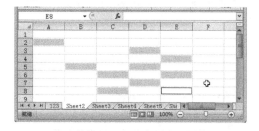

图 1-56　单击第一个要选中的单元格　　　　　图 1-57　选择不连续单元格区域

通过名称框也可以快速选取不连续单元格区域，方法是在名称框中输入要选取单元格的位置标识，连续单元格区域用冒号隔开，不连续单元格区域用逗号隔开。

4. 选中所有单元格

选中所有单元格的操作方法更简单，只需要单击工作表左上角行号与列号相交处的"选定全部"按钮或按 Ctrl+A 组合键即可，如图 1-58 所示。

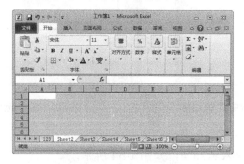

图 1-58　选中所有单元格

1.3.2 输入文本型数字

在单元格中输入文本型数字的方法非常简单，通常有以下两种方法。

● 在数据编辑栏中输入：选择需要输入文本的单元格，将鼠标指针移至数据编辑栏并单击以定位光标，输入需要输入的文本，如图 1-59 所示，再按 Enter 键，将光标移至下一格单元格。

● 单击需要输入文本的单元格，直接输入文本，且输入的字符不受单元格大小的限制，如图 1-60 所示，输入数据后按 Enter 键，黑色边框自动跳到下一行的同列单元格。

图 1-59 在数据编辑栏输入

图 1-60 在单元格中输入

用以下方法可以将光标移出单元格。

● 用鼠标单击其他任一单元格。
● 按 Tab 键转向右侧的单元格。
● 按方向键向任意方向移动。

1.3.3 准确输入日期和时间

输入日期时可以使用斜线(/)和连字符(-)，但是日期的默认格式是以"/"来隔开年、月、日的。如果输入的日期格式与默认的格式不一致，就会把它转换成默认的日期格式。下面介绍准确输入日期和时间的操作步骤。

步骤 1　选中需要输入数据的单元格，比如选择单元格 C4。

步骤 2　在"开始"选项卡下的"数字"组中单击"常规"按钮旁边的下三角按钮，并从列表中选择一种日期格式，这里选择"长日期"选项，如图 1-61 所示。最后显示的效果如图 1-62 所示。

如果要用其他的日期格式，可以单击"数字"组中的对话框启动按钮，打开"设置单元格格式"对话框，切换到"数字"选项卡中的"日期"分类，然后在"类型"列表框中选择，如图 1-63 所示。

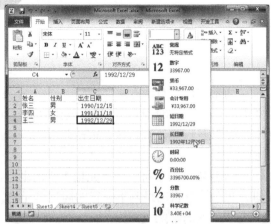

图 1-61　选择日期格式

图 1-62　使用"长日期"格式显示的效果

图 1-63　"设置单元格格式"对话框

时间的输入与我们平时书写类似，即按时、分、秒顺序向单元格中输入时间数值，并用
"："将时、分、秒数值隔开。

- 如果要输入当前机器的时间，使用 Ctrl+Shift+:组合键。
- 如果要输入当前机器的日期，使用 Ctrl+;组合键。
- 如果不输入年份，Excel 会自动输入当前的年份。
- 在单元格中输入公式"=NOW()"，可以得到当前的日期和时间；输入公式"=TODAY()"，可以得到当前的日期。

1.3.4　正确输入分数

在使用 Excel 制作数据表时，经常会输入分数，如何在输入小数时数据以分数形式显示呢？具体操作步骤如下。

步骤 1　选中需要输入分数的单元格，在"开始"选项卡下的"单元格"组中，单击"格式"
　　　　按钮，接着从下拉菜单中选择"设置单元格格式"命令，如图 1-64 所示。

步骤 2　弹出"设置单元格格式"对话框，切换到"数字"选项卡，在"分类"列表框中选
　　　　择"分数"选项，然后在"类型"列表框中选择需要的类型，单击"确定"按钮，
　　　　如图 1-65 所示。这样当我们在选定的单元格中输入小数，按下 Enter 键确认时会自
　　　　动转换成为分数。

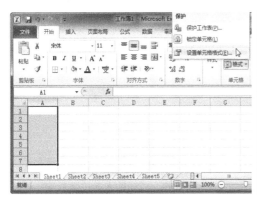

图 1-64　选择"设置单元格格式"命令　　　　图 1-65　选择所需类型

1.3.5　输入多位数数字

　　在 Excel 的单元格中输入数值型数字时，如果数字位数多于 11 位，软件会自动将其转
换成科学记数格式，如图 1-66 所示。

　　但是，有时我们需要将身份证等多位数的数字完全显示出来，应该怎么做呢？下面我们
就来解决这个问题。

步骤 1　右击需要输入多位数数字的单元格，在弹出的快捷菜单中选择"设置单元格格式"
　　　　命令，如图 1-67 所示。

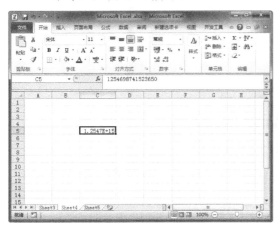

图 1-66　数字没有完全显示出来　　　　图 1-67　选择"设置单元格格式"命令

步骤 2   弹出"设置单元格格式"对话框，并切换到"数字"选项卡，在"分类"列表框中
         选择"文本"选项，单击"确定"按钮，如图 1-68 所示。
步骤 3   此时在单元格中输入多位数数字，效果如图 1-69 所示。

图 1-68   选择"文本"选项   图 1-69   成功输入多位数数字

1.3.6   输入以"0"开头的数字

如果在 Excel 单元格中输入以"0"开头的数字，您会发现输入的"0"没有了，这应该
怎么解决呢？其实方法非常简单，下面就来具体介绍一下。最简单的方法是像上一节一样将
单元格的数字格式设置为"文本"，然后再在单元格中输入以"0"开头的数字。除此之外，
还可以先在英文状态下输入单引号"'"，再输入数据，按 Enter 键后单引号消失，数字前面
的"0"则可以保留，如图 1-70 所示。但是用这种方法输入的数据是被作为文本格式看待的，
不能使用"自动填充"功能进行填充。

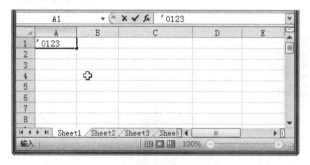

图 1-70   输入以"0"开头的数字

1.3.7   快速填充数字

有时候我们输入数据时会发现很多单元格内的数据是一样的，或者是有规律的，这种情

况就不需要在每个单元格中一一输入数据了，可以通过以下技巧快速填充数据。

1. 使用鼠标拖动快速填充单元格

步骤 1　单击某个存放有纯数值的单元格，然后将鼠标指针放在单元格的右下角，按下 Ctrl 键，此时鼠标指针会变成黑色的十字形状，如图 1-71 所示。

步骤 2　按住 Ctrl 键的同时，按住鼠标左键并向下拖动，在拖动的过程中会在鼠标指针右下方显示当前单元格中的数据，如图 1-72 所示。

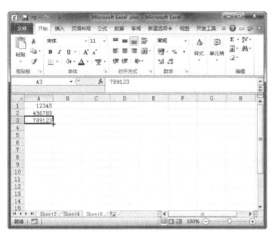

图 1-71　选中单元格

图 1-72　拖动鼠标

步骤 3　当到达目标单元格时释放鼠标左键，这样 A4:A7 就填充完了，效果如图 1-73 所示。

技巧　　拖动鼠标的同时按住 Ctrl 键，得到的数据是递增的。如果拖动的时候没有按住 Ctrl 键，那么填充的结果则不会递增，而是与第 1 个单元格中的数据是一样的，如图 1-74 所示。

图 1-73　成功快速填充数字

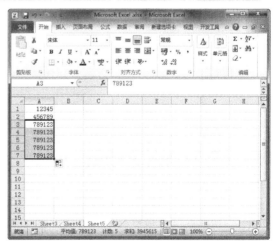

图 1-74　快速填充数字

2．使用快捷键快速填充单元格

在单元格中输入数据后，激活下方的单元格，按 Ctrl+D 组合键可以填充相同的数据；激活右侧的单元格，按 Ctrl+R 组合键可以填充相同的数据。

1.4　检查录入信息的正确性

如何在录入信息时确保信息的正确性呢？下面将具体介绍。

1.4.1　使用有效性禁止输入重复数据

Excel 可以给我们的工作提供很大的方便，但是在表格中录入数据时难免会出错，比如重复的身份证号码、超出范围的无效数据等。其实，只要合理设置数据有效性，就可以避免这类错误，下面详细为您介绍。

步骤 1　选择要设置有效性的单元格区域，然后在"数据"选项卡下的"数据工具"组中，单击"数据有效性"按钮，如图 1-75 所示。

步骤 2　弹出"数据有效性"对话框，切换到"设置"选项卡。在"允许"下拉列表框中选择"自定义"选项，在"公式"文本框中输入"=COUNTIF(A:A，A9:A15)=1"，如图 1-76 所示。

注意　公式"=COUNTIF(A:A, A9:A15)=1"的含义是 A 列中的数据不能与 A9:A15 单元格区域中的数据重复。

图 1-75　单击"数据有效性"按钮

图 1-76　设置数据有效性条件

步骤 3　切换到"输入信息"选项卡，选中"选定单元格时显示输入信息"复选框，再设置要显示的标题和信息内容，如图 1-77 所示。

步骤 4　切换到"出错警告"选项卡，在这里设置出错警告的样式、标题以及错误信息等参数，如图 1-78 所示。

步骤 5　设置完毕后单击"确定"按钮，返回工作表，将鼠标指针移动到设置了有效性的单元格区域上，会显示如图 1-79 所示的提示信息。

步骤 6　当输入的内容与 A9:A15 单元格区域中的内容重复时，则会弹出如图 1-80 所示的警告对话框。

图 1-77　设置输入信息

图 1-78　设置出错警告

图 1-79　显示输入提示信息

图 1-80　警告对话框

1.4.2　圈释无效数据

在对表格的各部分设置数据有效性后，可通过 Excel 中的"圈释无效数据"功能突出显示现有表格中的无效数据，将不符合条件的数据圈释出来。具体操作步骤如下。

步骤 1　在"数据"选项卡下的"数据工具"组中，单击"数据有效性"按钮旁边的下三角按钮，从打开的菜单中选择"圈释无效数据"命令，如图 1-81 所示。

步骤 2　这时将会发现在设置了数据有效性的区域中，所有不符合有效性条件的数据都被红色椭圆圈释出来了，如图 1-82 所示。

图 1-81　选择"圈释无效数据"命令

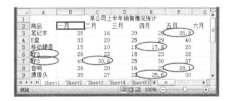

图 1-82　查看圈释无效数据的效果

1.4.3　通过"朗诵单元格"核对录入信息

我们经常使用 Excel 表格统计大量的数据分析信息，然而统计信息之后还需要工作人员对大量的数据信息进行核对。如果单靠自己的眼睛去慢慢看的话，不仅会浪费大量的精力，而且还很容易出错，其实我们可以通过"朗诵单元格"功能来快速核对信息，下面将具体介绍。

步骤 1 选择"文件"|"选项"命令，打开"Excel 选项"对话框。

步骤 2 选择"快速访问工具栏"选项，在"从下列位置选择命令"下拉列表框中选择"不在功能区中的命令"选项，接着在下方的列表框中找到"朗读单元格"命令，单击"添加"按钮，再单击"确定"按钮，如图 1-83 所示。

步骤 3 单击快速访问工具栏中的"朗读单元格"按钮，即可开始朗读单元格中的数据，以便核对录入信息。

图 1-83　添加朗读单元格命令

1.5　单元格的编辑操作

在 Excel 中，单元格起了很大的作用，具体有哪些作用呢？下面我们就来了解一下吧。

1.5.1　删除与修改数据

如果发现前面录入的数据有错误，那么就需要进行修改了，修改数据的方式主要有以下几种。

1．修改单个数据

方法是选择需要修改的单元格，直接输入正确数据，或者将鼠标光标定位到编辑栏错误数据的前方，然后按 Delete 键删除错误数值，再输入正确的内容，最后按 Enter 键确认即可。

2．修改大量数据

步骤 1 在"开始"选项卡下的"编辑"组中，单击"查找和选择"按钮，从展开的下拉列表中选择"替换"命令，如图 1-84 所示。

步骤 2 弹出"查找和替换"对话框，切换到"替换"选项卡。然后在"查找内容"文本框中输入要查找的内容，在"替换为"文本框中输入要替换的内容，再单击"全部替换"按钮，如图 1-85 所示。

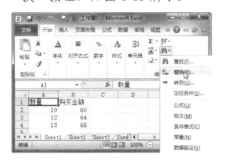

图 1-84 选择"替换"命令

图 1-85 "查找和替换"对话框

步骤 3 在工作表中查找、替换所有符合条件的内容后，会弹出如图 1-86 所示的对话框，提示已经完成的替换次数，单击"确定"按钮。

图 1-86 替换完成

3．删除数据

步骤 1 右击需要删除的单元格，在弹出的快捷菜单中选择"删除"命令，如图 1-87 所示。

步骤 2 弹出"删除"对话框，选择合适的选项，例如选中"右侧单元格左移"单选按钮，并单击"确定"按钮，如图 1-88 所示。这样，在删除当前单元格后，其右侧的单元格将向左移动一个单元格位置。

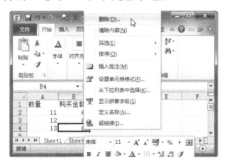

图 1-87 选择"删除"命令

图 1-88 "删除"对话框

1.5.2 插入与删除单元格

在输入数据时，如果发现输入的数据出现了问题，比如出现了错行或者漏输了一个数据，就可以通过下述操作进行修改了。

1．插入单元格

步骤 1 右击 B2 单元格，在弹出的快捷菜单中选择"插入"命令，如图 1-89 所示。

步骤 2 弹出"插入"对话框，如图 1-90 所示。选择合适的选项，例如选中"活动单元格右移"单选按钮。

图 1-89 选择"插入"命令　　　　　　图 1-90 选择活动单元格右移

步骤 3 单击"确定"按钮，B2 单元格以及 B2 单元格右边的各个单元格依次向右移动一个单元格。

除了可以用鼠标右键插入单元格外，还可以用工具栏插入单元格，具体操作步骤如下。

步骤 1 选中 B2 单元格，然后在"开始"选项卡下的"单元格"组中，单击"插入"按钮旁边的下三角按钮，在展开的下拉列表中选择"插入单元格"命令，如图 1-91 所示。

步骤 2 在弹出的"插入"对话框中选中"活动单元格右移"单选按钮，然后单击"确定"按钮。

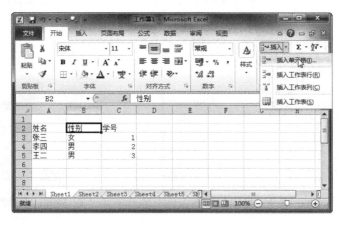

图 1-91 选择"插入单元格"命令

2．删除单元格

删除单元格是将选中的单元格及其数据一起删除，原来的位置将被其他单元格代替，具体操作步骤如下。

步骤 1　右击要删除的单元格 B2，在弹出的快捷菜单中选择"删除"命令，如图 1-92 所示。

步骤 2　弹出"删除"对话框，如图 1-93 所示。选择合适的选项，这里选中"下方单元格上移"单选按钮。

图 1-92　选择"删除"命令　　　　　　　　　图 1-93　"删除"对话框

步骤 3　单击"确定"按钮，该单元格下方的单元格将上移一个单元格位置。

在选中要删除的单元格后，在"开始"选项卡下的"单元格"组中单击"删除"按钮旁边的下三角按钮，选择"删除单元格"命令，如图 1-94 所示，也可以打开"删除"对话框。

图 1-94　选择"删除单元格"命令

1.5.3　隐藏/显示行和列

有时为了查看方便，需要把一些暂时用不到的行/列隐藏起来，那么该如何操作呢？在需要时又该如何把隐藏的行/列显示出来呢？下面就详细介绍一下。

1. 隐藏行/列

步骤 1　选中需要隐藏的行，这里以隐藏 3～4 行的单元格区域为例，选中该区域。

步骤 2　在"开始"选项卡下的"单元格"组中，单击"格式"按钮旁边的下三角按钮，选择"隐藏和取消隐藏"|"隐藏行"命令，如图 1-95 所示。此时，3～4 行的单元格已经被隐藏起来了，如图 1-96 所示。

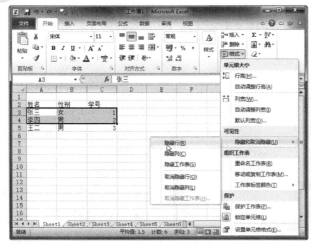

图 1-95　选择"隐藏行"命令　　　　　　　　图 1-96　成功隐藏行

步骤 3　如果要隐藏列，首先，选定需要隐藏的列，在"开始"选项卡下的"单元格"组中，单击"格式"按钮旁边的下三角按钮，选择"隐藏和取消隐藏"|"隐藏列"命令，如图 1-97 所示。

 首先选定要隐藏的行或列，从弹出的快捷菜单中选择"隐藏"命令，也可以隐藏行和列，如图 1-98 所示。

图 1-97　选择"隐藏列"命令　　　　　　　图 1-98　使用快捷菜单命令隐藏

2．显示隐藏的行/列

要把隐藏的行或列显示出来非常简单，只需要在"开始"选项卡下的"单元格"组中，单击"格式"按钮旁边的下三角按钮，选择"隐藏或取消隐藏"|"取消隐藏行"(或"取消隐藏列")命令即可，如图 1-99 所示。

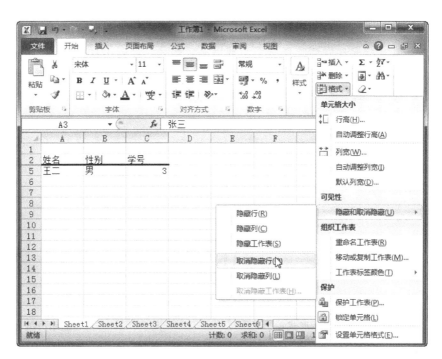

图 1-99　取消隐藏

1.5.4　设置单元格格式

下面介绍与单元格有关的数据对齐、数据显示等操作。

1. 设置数据对齐方式

在"开始"选项卡下的"对齐方式"组中，单击需要的对齐方式按钮，即可快速设置单元格的对齐方式了，如图 1-100 所示。

图 1-100　对齐方式

2. 设置数据显示形式

下面以设置数值数据的显示形式为例进行介绍，具体操作步骤如下。

步骤 1　选择要设置的单元格区域，这里选择 A1:G14 单元格区域，右击选中的单元格区域，从弹出的快捷菜单中选择"设置单元格格式"命令，打开"设置单元格格式"对话框。

步骤2 切换到"数字"选项卡，在"分类"列表框中选择所需的数值类别，这里选择"数值"选项，接着在右侧选择所需的数据显示形式，如图 1-101 所示。

步骤3 单击"确定"按钮，设置后的效果如图 1-102 所示，从中可以看出所有数据都改为 2 位小数，并且"本月结余"中的负数颜色也改为红色。

图 1-101　数值显示形式　　　　图 1-102　以红色显示页数

3．设置单元格的显示形式

步骤1 选中 A1:D4 单元格区域，在"开始"选项卡下的"字体"组中，单击"填充颜色"按钮旁的下拉三角按钮，在"主体颜色"列表中选择"白色，背景1，深色15%"选项，如图 1-103 所示。此时选中的单元格区域被填充为浅灰色，如图 1-104 所示。

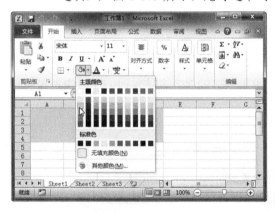 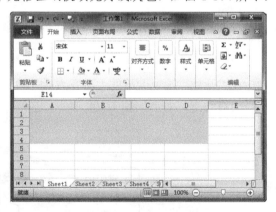

图 1-103　选择颜色　　　　图 1-104　单元格变成浅灰色

步骤2 选中 A1:D4 单元格区域，在"开始"选项卡下的"样式"组中，单击"条件格式"按钮，在展开的下拉列表中选择"新建规则"命令，如图 1-105 所示。

步骤3 弹出"新建格式规则"对话框，在"选择规则类型"列表框中选择"使用公式确定要设置格式的单元格"选项，在"为符合此公式的值设置格式"文本框中输入公式"=mod(row(),2)=0"(其用意是指定行号是偶数单元格为要设置格式的单元格)，如图 1-106 所示，再单击对话框右下角的"格式"按钮。

图 1-105 选择"新建规则"命令　　　　图 1-106 "新建格式规则"对话框

步骤 4　打开"设置单元格格式"对话框，切换到"边框"选项卡，在"颜色"下拉列表框中选中"白色，背景 1"颜色，然后在右侧"边框"预览窗口的四边边框线中单击下边线，接着选择颜色为"白色，背景 1，深色 50%"，单击上边线，如图 1-107 所示，这样，就可以使单元格上边线为深灰色，下边线为白色线，而左右两边均无边框。

步骤 5　单击"确定"按钮，最后单元格区域效果如图 1-108 所示。

图 1-107 设置单元格格式　　　　图 1-108 最终效果

1.5.5 调整列宽和行高

当数据输入完成后，若发现数据显示不完整或者出现了"######"这样的符号，这时就需要调整单元格的行高或列宽了。下面介绍具体步骤。

1. 通过工具栏调整列宽

下面以调整 C 列的列宽为例介绍通过工具栏调整列宽的方法，具体操作步骤如下。

步骤 1　选择需要调整列宽的 C 列，然后在 "开始"选项卡下的"单元格"组中，单击"格式"按钮旁的下三角按钮,选择"列宽"命令,如图 1-109 所示。

步骤 2 在弹出的"列宽"对话框中输入"10",如图 1-110 所示,单击"确定"按钮。此时可以发现 C 列变宽了,单元格中的数据可以完全显示了,如图 1-111 所示。

图 1-109　选择"列宽"命令　　　　　　　　　图 1-110　　"列宽"对话框

图 1-111　查看调整列宽后的效果

2. 通过拖动鼠标来调整

通过鼠标拖动的方法也可以达到调整列宽的目的,具体方法如下。

步骤 1 将鼠标指针移动到 C 列的右边框上,直到出现如图 1-112 所示的双向箭头形状。

步骤 2 按住鼠标左键不放,在 C 列的左右边框会出现一条黑色的虚线,如图 1-113 所示。

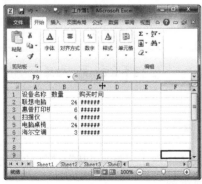

图 1-112　出现光标　　　　　　　　　　图 1-113　出现黑色虚线

技巧

当鼠标指针变成黑色双向箭头形状时,双击鼠标左键,程序会根据单元格中存放的内容自动调整列宽。

步骤 3　拖动到适当的位置后释放鼠标左键，即可完成调整列宽操作。

3．通过命令调整

下面以调整 B 列的列宽为例介绍通过组中的命令调整行高，具体操作步骤如下。

步骤 1　选中整个工作表，然后在 "开始"选项卡下的"单元格"组中，单击"格式"按钮旁的下三角按钮，选择"行高"命令，如图 1-114 所示。

步骤 2　在弹出的"行高"对话框中输入"20"，单击"确定"按钮，如图 1-115 所示。此时工作表已调整行高，如图 1-116 所示。

 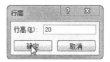

图 1-114　选择"行高"命令　　　　图 1-115　设置行高

图 1-116　查看调整行高后的效果

1.6　公式与函数的使用

本节将介绍单元格的引用、公式输入、函数调用和公式修改等操作。

1.6.1　单元格的引用

1．单元格的引用方式

在公式中引用单元格共有以下 3 种情况。

1）　相对引用

公式中的相对单元格引用是基于包含公式和单元格引用的相对位置。如图 1-117 所示，在 H3 单元格中，输入公式"=B3+C3+D3+E3+F3+G3"，这时表示 Excel 将在 H3 单元格左边的第 2 个单元格、第 3 个单元格、第 4 个单元格、第 5 个单元格、第 6 个单元格和第 7 个单元格中查找数据，并把它们相加，把相加的值赋予 H3。此处 B3、C3、D3、E3、F3、G3 就是相对于公式所在的单元格 H3 数据的相对位置。

如果公式所在的单元格的位置改变，引用也随之改变。如果多行或多列地复制公式，引用会自动调整。在默认情况下，新公式会使用相对引用。例如，将 H3 单元格内的公式复制到 H4 单元格，将自动从"=B3+C3+D3+E3+F3+G3"调整为"=B4+C4+D4+E4+F4+G4"，如图 1-118 所示。

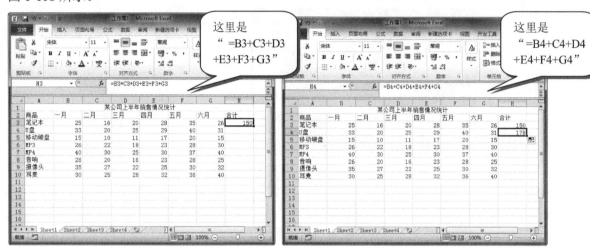

图 1-117　在 H3 单元格中输入公式　　　　　图 1-118　复制公式

2)　绝对引用

绝对引用和相对引用的不同之处在于：复制公式时使用绝对引用，单元格引用不会发生变化。在列表和行号前分别加上符号"$"。例如，在 H5 单元格内输入公式"=$B$5+$C$5+$D$5+$E$5+$F$5+$G$5"，表示对 B5、C5、D5、E5、F5、G5 单元格的绝对引用，如图 1-119 所示。

如果公式所在的单元格的位置改变，引用不会改变。例如，将 H5 单元格内的公式复制到 H6 单元格中，公式不发生变化，还是"=$B$5+$C$5+$D$5+$E$5+$F$5+$G$5"，如图 1-120 所示。

3)　混合引用

混合引用包含相对引用和绝对引用，即具有绝对列和相对行，或者绝对行和相对列。绝对引用列采用"$A1"等形式，绝对引用行采用"A$1"等形式。如果公式所在的单元格的位置改变，则相对引用改变，而绝对引用不变。例如，在 H7 单元格中输入公式"=$F3*G$3"，如图 1-121 所示。

如果公式所在单元格的位置改变，则相对引用改变，而绝对引用不变。例如，将 H7 单元格内的公式复制到 H8 单元格中，公式中相对引用改变，而绝对引用不变，公式变为"=$F4*G$3"，如图 1-122 所示。

认识 Excel 管理人力资源的能力

图 1-119　在 H5 单元格中输入公式

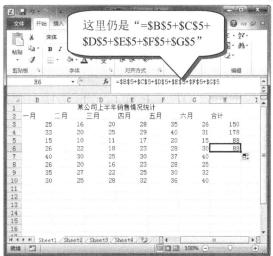

图 1-120　公式没有变化

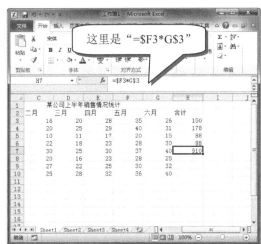

图 1-121　在 H7 单元格中输入公式

图 1-122　复制公式发生变化

4)　三种引用的切换

用 F4 功能键可实现绝对引用、相对引用和混合引用之间的快速切换。方法为：选中要改变引用方式的单元格引用后，循环地按 F4 键，能够依照"相对引用→绝对引用→列相对行绝对→列绝对行相对→相对引用→……"的顺序循环下去。

2．跨表格引用单元格的情形

(1)　引用同一工作簿的其他工作表中的单元格或区域。在 Excel 公式中，可以引用当前工作簿内其他工作表中的单元格，其格式为

工作表标签名！单元格地址

如公式"=Sheet2!B2*0.5"就表示用 Sheet2 工作表中 B2 单元格数值与 0.5 相乘。

(2) 引用同一工作簿多张工作表中的相同单元格或区域。在 Excel 公式中，可直接引用同一工作簿中多张工作表的相同单元格地址，其格式为：

第一个工作表名：最后一个工作表名！单元格地址

例如，要想引用同一工作簿中 Sheet1 到 Sheet3 工作表里所有 C2 单元格中的数据，可输入公式 "=SUM(Sheet1:Sheet3!C2)"，表示三个工作表中 C2 单元格相加之和。

(3) 引用不同工作簿之间的数据。在 Excel 公式中，可以直接引用其他工作簿中相关工作表的单元格地址，其格式为：

[工作簿名]工作表标签名！单元格地址

如在 Book1 工作簿的 Sheet1 工作表的 A3 单元格输入公式 "[Book2]Sheet2!C6*80"，就是表示将工作簿 Book2 的工作表 Sheet2 中的 C6 单元格数值与 80 相乘。

1.6.2 输入公式

Excel 中公式的基本结构：一个等号(=)后面跟随一个或多个运算码，运算码可以是数值、单元格引用、单元格区域、名称或函数，它们之间用一个或多个运算符连接。公式输入的过程如下。

步骤 1　打开 Sheet1 工作表，选中需要输入公式的单元格，这里选中 F2 单元格，如图 1-123 所示。

步骤 2　接着直接输入参与运算的数据或数据所在单元格地址，这里输入 "=B2"，如图 1-124 所示。

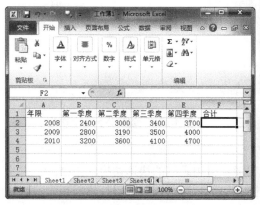

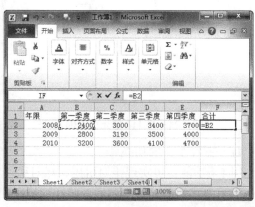

图 1-123　选中单元格　　　　　　　图 1-124　输入数据所在单元格地址

技巧　　在步骤 2 中，也可以先输入 "+" 符号或 "-" 符号，以 "+" 或 "-" 开头输入公式(以 "-" 开头输入公式得到的结果是同绝对值正数或负数的相反数)。

步骤 3　接着输入运算符 "+"，再单击 C2、D2、E2 单元格，如图 1-125 所示。

步骤 4　公式输入完毕后，按下 Enter 键，即可计算出结果，如图 1-126 所示。

图 1-125　选择所需数据

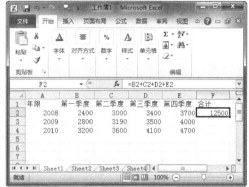

图 1-126　计算结果

Excel 公式中的各种运算符及其运算中的优先级顺序如表 1-1 所示。

表 1-1　Excel 公式中运算符的优先等级顺序

运算类型	运 算 符	运算功能	优先级
引用运算	:(冒号)	区域运算符，用于引用单元格区域，例如 A1:B2。注意，C:C 用来引用整个 C 列；4:4 用来引用整个第 4 行	1
	(空格)	交叉运算符，用于引用两个单元格区域的相交部分	2
	,(逗号)	联合运算符，用于把两个单元格区域合并在一起	3
数学运算	()	括号，可改变 Excel 的内置优先顺序，括号中的内容最先计算	4
数学运算	−	负号	5
	%	百分号	6
	^	求幂，公式 "=x^y" 的含义就是求数值 x 的 y 次幂。例如，公式 "=2^4" 的结果为 16(2*2*2*2＝16)	7
	*和/	乘和除	8
	+和-	加和减	9
文本运算	&	文本连接，例如 A1 中是 "新年"，A2 中是 "快乐"，那么输入公式 "=A1&A2" 后，返回的就是 "新年快乐"	10
逻辑运算	=、<、>、<=、>=、<>	等于、小于、大于、小于等于、大于等于、不等于	11

1.6.3　调用函数

使用功能区中的函数命令插入函数的方法如下。

步骤 1　选中工作表中需要输入公式的单元格，这里选择 F4 单元格，然后在 "公式" 选项卡下的 "函数库" 组中，单击 "自动求和" 按钮，如图 1-127 所示。

步骤 2　这时，F4 单元格中插入 SUM 函数，默认参数为 A4:F4，如图 1-128 所示。

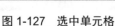

图 1-127　选中单元格

图 1-128　插入函数

步骤 3　由于 A4 单元格存放的是年限，不是销售数据，所以拖动鼠标，选中 B4:E4 单元格区域，如图 1-129 所示。

步骤 4　按 Enter 键，即可计算出结果，如图 1-130 所示。

图 1-129　设置函数参数

图 1-130　计算结果

1.6.4　修改公式

在确认输入的公式时，如果发现公式设置有误，该如何操作呢？这时可以选择下述方法来重新编辑公式。

1．鼠标双击法

双击含有需要重新编辑公式的单元格，这时会显示出公式，并进入公式编辑状态，接着修改公式，最后按 Enter 键确认修改后的公式即可。

2．利用编辑栏

选中含有需要重新编辑公式的单元格，这时会在编辑栏中显示出公式，单击编辑栏，进入公式编辑状态，接着修改公式，最后按 Enter 键确认修改后的公式即可。

3．按功能键 F2

选中含有需要重新编辑公式的单元格，按 F2 键，显示出单元格中的公式，并进入公式编辑状态，接着修改公式，最后按 Enter 键确认修改后的公式即可。

4．智能标签

如果公式的单元格返回一个错误，Excel 会在单元格的左上角显示一个小方块。激活单元格，可以看到一个智能标签。单击该标签，可选择一个选项来更正错误。

1.7 专家指导

1.7.1 将数字转换为文本

我们在做表格的时候有时需要输入数字，但是数字输入多了就显示不出来了，这可怎么办好呢？不要着急，这种情况我们可以将单元格设置为文本格式，下面介绍操作方法。

步骤 1 右击单元格，在弹出的快捷菜单中选择"设置单元格格式"命令，如图 1-131 所示。

步骤 2 弹出"设置单元格格式"对话框，切换到"数字"选项卡，在"分类"列表框中选择"文本"选项，单击"确定"按钮即可将单元格设置为文本格式，如图 1-132 所示。

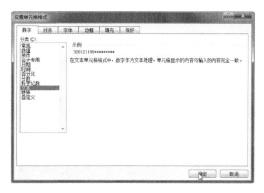

图 1-131　选择"设置单元格格式"命令　　　　图 1-132　选择"文本"选项

1.7.2 判断单元格中的数据是否为日期和时间的方法

可以运用函数来判断单元格的数据是否为日期和时间，如图 1-333 所示，如要判断 B4 单元格内的数据否为日期和时间，在 C4 单元格内输入"=CELL("format",B4)"。如果结果是 D1～D5，表示 A1 格里是日期型数据；如果结果是 D6～D9，则是时间型数据；如果是其他，则既不是时间也不是日期了。这里显示的是 D9，说明 B4 单元格内的数据为时间型数据。

图 1-133　判断单元格数据是否为日期和时间

1.7.3　快速输入规定的序列数据

步骤 1　在第一个单元格中输入起始数据，在下一个单元格中输入第二个数据，如图 1-134 所示。

步骤 2　选中这两个单元格，将鼠标移至单元格的右下方，当鼠标指针变成黑色十字形时，按住鼠标左键沿着填充的方向拖动到需要的位置，如图 1-135 所示。

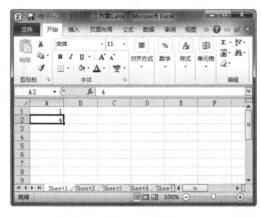

图 1-134　输入数据

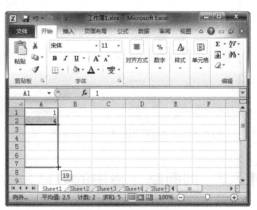

图 1-135　沿填充方向拖动

1.7.4　判断某日是星期几

如果需要判断某个日期是星期几，可以使用 WEEKDAY 函数。该函数接受一个日期作

为参数，返回 1~7 之间的一个对应于星期几的整数。例如，在 D4 单元格中输入公式
"=WEEKDAY(C4,2)"，按 Enter 键返回 6。也就是说，2012 年 9 月 1 日是星期六，如图 1-136
所示。

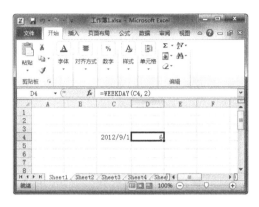

图 1-136　判断日期对应的星期

注意

WEEKDAY 函数返回某日期为一周中第几天的数值，其值为 1(星期天)
到 7(星期六)之间的整数，语法结构如下：

WEEKDAY(serial_number,return_type)

其中，serial_number 表示要查找日期序列号；return_type 是一个确定返回值
类型的数值，其值可以设为以下几个。

- 1 或省略：函数返回数字 1(星期日)到数字 7(星期六)。
- 2：函数返回数字 1(星期一)到数字 7(星期日)。
- 3：函数返回数字 0(星期一)到数字 6(星期日)。
- 11：函数返回数字 1(星期一)到数字 7(星期日)。
- 12：函数返回数字 1(星期二)到数字 7(星期一)。
- 13：函数返回数字 1(星期三)到数字 7(星期二)。
- 14：函数返回数字 1(星期四)到数字 7(星期三)。
- 15：函数返回数字 1(星期五)到数字 7(星期四)。
- 16：函数返回数字 1(星期六)到数字 7(星期五)。
- 17：函数返回数字 1(星期日)到数字 7(星期六)。

1.7.5　删除无用的"0"值单元格

如图 1-137 所示，工作表中含有无用的"0"值，如何删除这些无用的"0"值单元格呢？
具体操作步骤如下。

步骤 1　选中 A1:E6 单元格区域，在"开始"选项卡下的"编辑"组中单击"查找和选择"
　　　　按钮，在展开的下拉列表中选择"查找"命令，如图 1-137 所示。

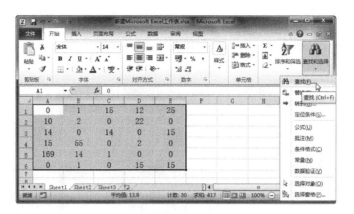

图 1-137　包含 "0" 值单元格的工作表

步骤 2　弹出 "查找和替换" 对话框，在 "查找内容" 下拉列表框中输入 "0"，单击 "选项" 按钮，如图 1-138 所示。

步骤 3　选中 "单元格匹配" 复选框，然后单击 "查找全部" 按钮，如图 1-139 所示，查找出符合条件的单元格，最后单击 "关闭" 按钮。

图 1-138　单击 "选项" 按钮　　　　　图 1-139　"查找和替换" 对话框

步骤 4　这时工作表中含有 "0" 值的单元格已全部选中，如图 1-140 所示。

步骤 5　右击这些被选中的单元格，从快捷菜单中选择 "删除" 命令，弹出 "删除" 对话框，选中 "下方单元格上移" 单选按钮，如图 1-141 所示，最后单击 "确定" 按钮。

　　至此，工作表中无用的 "0" 值单元格已删除，如图 1-142 所示。

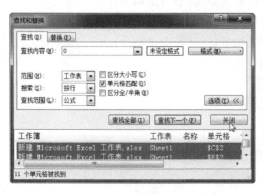

图 1-140　查出符合条件的单元格

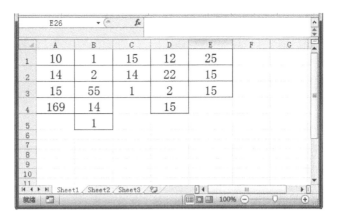

图 1-141 "删除"对话框　　图 1-142 成功删除无用的"0"值单元格

1.8 实战演练

一、选择题

1. 按( )键可以快速查看当前日期。
   A. Ctrl+C　　　　　　　　　　B. Ctrl+V
   C. Ctrl+;　　　　　　　　　　D. Ctrl+A

2. 关闭 Excel 窗口有( )种方法。
   A. 1　　　　　　　　　　　　B. 2
   C. 3　　　　　　　　　　　　D. 4

3. 修改工作表的名称有( )种方法。
   A. 1　　　　　　　　　　　　B. 2
   C. 3　　　　　　　　　　　　D. 4

4. Excel 工作簿文件的缺省类型是( )。
   A. TXT　　　　　　　　　　　B. XLS
   C. DOC　　　　　　　　　　　D. WKS

5. 要在 Excel 工作表中的单元格中输入数值 123，不正确的是( )。
   A. .123　　　　　　　　　　　B. =123
   C. +123　　　　　　　　　　　D. *123

二、实训题

1. 手动完成单元格的"隐藏/显示"操作。
2. 手动完成通过"朗诵单元格"核对录入信息的操作。

第2章

经典实例：制作人事资料管理系统

【本章学习重点】

- ◆ 制作人事资料
- ◆ 修改员工资料
- ◆ 完善员工资料信息
- ◆ 制作员工胸卡

人事资料管理系统主要是对人事档案进行整理，使得公司能够更加方便、快捷地对人事档案进行查询，通过该系统可以使人事管理工作更加规范，从而提高企业人事管理的效率。本章将带领大家学习制作人事资料管理系统的方法。

【本章实例展示】

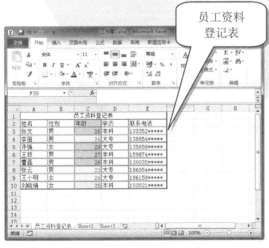

员工资料登记表

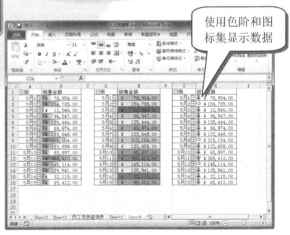

使用色阶和图标集显示数据

2.1 要点分析

本章主要介绍如何使用 Excel 制作人事资料管理系统，在制作过程中会用到 TODAY、YEAR 和 MOD 函数等来提取员工的性别、出生日期和工龄等信息。为了便于读者使用函数，下面先来了解每个函数的含义及使用方法。

1. TODAY 函数

TODAY 函数用于返回当前系统的日期。其语法格式为：

```
TODAY()
```

2. YEAR 函数

YEAR 函数用于返回某指定日期所对应的年份介于 1900～9999 之间的一个整数。其语法格式为：

```
YEAR(serial number)
```

参数 serial number 表示将要计算年份的日期代码。除了使用标准日期格式外，还可以使用日期所对应的序列号。

3. MOD 函数

MOD 函数用于求两个数值相除后的余数，其结果的正负号与除数相同。其语法格式为

```
MOD(number,divisor)
```

其中，各参数的含义如下。
- number：指定被除数数值。
- divisor：指定除数数值，且不能为零值。

2.2 制作人事资料管理系统

制作人事资料管理系统其实很简单，下面我们就来学习一下吧。

2.2.1 新建人事资料工作簿

如果要用 Excel 来存储需要的数据，就要先建一个工作簿，具体操作步骤如下。

步骤 1　选择"文件"|"新建"命令，如图 2-1 所示。

步骤 2　打开"新建"对话框，在"可用模板"组中选择"空白工作簿"选项，最后单击"创建"按钮，如图 2-2 所示。

图 2-1　选择"文件"|"新建"命令

图 2-2　创建空白工作簿

步骤 3　单击快捷访问工具栏上的"保存"按钮 █，打开如图 2-3 所示的"另存为"对话框。

步骤 4　在左侧的窗格中选择文件的存放位置，接着单击"保存类型"下拉列表框右侧的下三角按钮，选择文件类型。

步骤 5　在"文件名"下拉列表框中输入工作簿名称，再单击"保存"按钮，保存当前工作簿并返回工作簿，如图 2-4 所示。

图 2-3　"另存为"对话框

图 2-4　成功创建工作簿

2.2.2　设置员工信息表

设置员工信息表，可以更快速地查看员工信息，操作步骤如下。

步骤 1　将工作表 Sheet1 重命名为"员工资料登记表"，在该工作表中共设 5 列，分别为"姓名"、"性别"、"年龄"、"学历"和"联系电话"。

步骤 2　选中单元格区域 A1:E10，在"开始"选项卡下的"对齐方式"组中单击"合并后居中"按钮，如图 2-5 所示。

步骤 3　选中 A2:E16 单元格区域，右击选中的单元格区域，在弹出的快捷菜单中选择"设置单元格格式"命令，如图 2-6 所示。

图 2-5　单击"合并后居中"按钮　　　　图 2-6　选择"设置单元格格式"命令

步骤 4　弹出"设置单元格格式"对话框，切换到"对齐"选项卡，设置"水平对齐"和"垂直对齐"为"居中"，如图 2-7 所示，单击"确定"按钮，返回工作表，此时单元格中的内容呈水平垂直居中效果，如图 2-8 所示。

图 2-7　"设置单元格格式"对话框　　　　图 2-8　单元格中内容水平垂直居中

2.2.3　录入员工资料信息

录入员工信息可以将员工的信息逐一调出，查看起来更方便，下面具体介绍。

步骤 1　接上一节操作，在"员工资料登记表"工作表中单击 A3 单元格，然后输入员工姓名，按 Enter 键切换到下一单元格。

步骤 2　继续录入其他员工的资料信息，如图 2-9 所示。

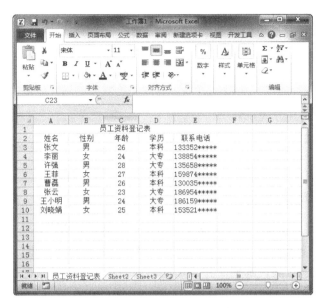

图 2-9　录入员工资料信息

2.2.4　以不同颜色显示员工的年龄

以不同颜色显示员工的年龄，在查看员工资料的时候，可以一目了然，下面介绍操作步骤。

步骤 1　接着上面的操作，选中"年龄"列，如图 2-10 所示。

步骤 2　在"开始"选项卡下的"样式"组中，单击"条件格式"按钮，从下拉列表中选择"突出显示单元格规则"选项，接着在展开的列表中可以选择"大于"、"小于"或"介于"命令，如图 2-11 所示。

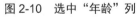

图 2-10　选中"年龄"列

图 2-11　选择条件格式

步骤 3　打开"大于"对话框，在"为大于以下值的单元格设置格式"文本框中输入一个数据，这里输入 25，在"设置为"下拉列表框中选择"浅红填充色深红色文本"，表示大于 25 的数据全用浅红色填充，如图 2-12 所示。

步骤 4　打开"小于"对话框，在"为小于以下值的单元格设置格式"文本框中输入一个数据，这里输入 25，在"设置为"下拉列表框中选择"黄填充色深黄色文本"，如图 2-13 所示。

图 2-12　"大于"对话框　　　　　　　图 2-13　"小于"对话框

步骤 5　打开"介于"对话框，在"为介于以下值之间的单元格设置格式"文本框中输入 25 到 25，在"设置为"下拉列表框中选择绿填充色深绿色文本，如图 2-14 所示。

步骤 6　单击"确定"按钮，返回工作表，此时员工年龄以不同颜色显示，效果如图 2-15 所示。

图 2-14　"介于"对话框　　　　　　图 2-15　以不同颜色显示员工年龄

2.2.5　为员工资料登记表添加表格底纹

文档中的文本可以设置底纹，表格也一样可以，设置表格底纹可以使表格看起来更加美观，下面我们就为"员工资料登记表"添加底纹吧。

1．右击鼠标设置底纹

步骤 1　接着上面的操作，选中 A1:E11 单元格区域，右击选中的单元格区域，在弹出的快捷菜单中选择"设置单元格格式"命令，如图 2-16 所示。

步骤 2　弹出"设置单元格格式"对话框，切换到"填充"选项卡，选择需要填充的颜色，如图 2-17 所示。

步骤 3　单击"确定"按钮，此时即可成功为表格添加底纹，效果如图 2-18 所示。

图 2-16 选择"设置单元格格式"命令　　图 2-17 "设置单元格格式"对话框

在选中 A1:E11 单元格区域后，通过在"开始"选项卡下的"单元格"组中，单击"格式"按钮旁的下三角按钮，从打开的下拉菜单中选择"设置单元格格式"命令，也可以打开"设置单元格格式"对话框，如图 2-19 所示。

图 2-18 成功为表格添加底纹　　图 2-19 选择"设置单元格格式"命令

2．工具栏设置表格底纹

除了上面介绍的方法外，还可以通过工具栏设置表格底纹，具体操作步骤如下。

步骤 1　选中 A1:E11 单元格区域，在"开始"选项卡下的"字体"组中，单击"填充颜色"按钮旁的下三角按钮，在打开的下拉菜单中选择要使用的颜色，如图 2-20 所示。

步骤 2　通过工具栏设置表格底纹的效果如图 2-21 所示。

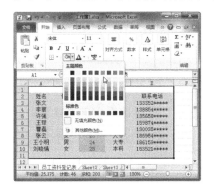

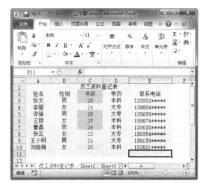

图 2-20 选择底纹颜色　　图 2-21 成功设置表格底纹

2.2.6 为员工资料登记表添加表格边框

如何使表格美观又好看呢？有一个办法，就是为表格添加边框，具体操作如下。

步骤 1 接着上面的操作，选择 A1:E10 单元格区域，打开"设置单元格格式"对话框，并切换到"边框"选项卡；接着在"样式"列表中选择一种线条样式，在"颜色"下拉列表框中选择一种线条颜色，在"预置"选项组中单击"外边框"按钮，如图 2-22 所示。

步骤 2 设置完成后，单击"确定"按钮，为表格添加外边框效果如图 2-23 所示。

图 2-22 设置表格外边框线

图 2-23 成功给表格添加外边框

步骤 3 选择 A1:E1 单元格区域，在"设置单元格格式"对话框中，切换到"边框"选项卡，选择线条和颜色，然后单击▥按钮，添加边框，如图 2-24 所示。

步骤 4 单击"确定"按钮，添加下边框之后的效果如图 2-25 所示。

图 2-24 设置标题边框线

图 2-25 成功添加标题边框线

步骤 5 选择 A2:E10 单元格区域，在"设置单元格格式"对话框中，切换到"边框"选项卡，设置"内部"边框线的线条和颜色，如图 2-26 所示。单击"确定"按钮，至此，已成功为表格添加边框，最终效果如图 2-27 所示。

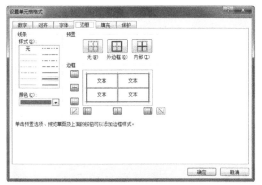

图 2-26　设置内部边框线　　　　　　　　图 2-27　成功为表格添加边框

2.3　批量修改员工资料

在输入员工资料时若出现错误，那该怎么办呢？下面我们就来具体介绍如何修改员工资料。

2.3.1　快速查找某员工信息

要想查找整个公司员工的信息是非常困难的，但利用 Excel 的查找功能就会变得非常轻松，查找的方法如下。

步骤 1　接一上节操作，在"开始"选项卡下的"编辑"组中，单击"查找与选择"按钮旁的下三角按钮，选择"查找"命令，如图 2-28 所示。

步骤 2　打开"查找和替换"对话框，在"查找"选项卡下的"查找内容"下拉列表框中输入"张文"，然后单击"选项"按钮，如图 2-29 所示。

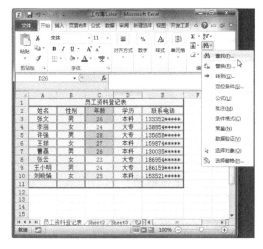

图 2-28　选择"查找"命令　　　　　　　图 2-29　输入查找内容

步骤 3　此时"选项"按钮将更改为"选项<<"的形式。在"范围"下拉列表中选择"工作簿"选项，表示查找范围是整个工作簿，在"搜索"下拉列表中选择"按列"选项，如图 2-30 所示。

步骤 4　单击"查找下一个"按钮，如图 2-31 所示查找到符合条件的单元格，以黑色边框显示。

图 2-30　设置选项

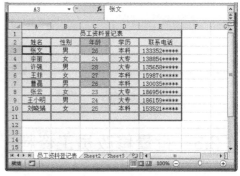

图 2-31　查找到符合条件的单元格

步骤 5　继续单击"查找下一个"按钮，将查找到下一个符合条件的单元格，直到查找完后又返回第一个符合条件的单元格。

步骤 6　如果单击"查找全部"按钮，系统会把查找到的内容显示在对话框的下面，如图 2-32 所示。

图 2-32　查找全部

步骤 7　最后单击"关闭"按钮，关闭"查找和替换"对话框，返回工作表。

2.3.2　快速修改某员工信息

利用"查找和替换"对话框不仅可以查找公司员工信息，还可以将查找到的数据替换为所需的数据，这样远远高于手动替换数据的效率，方法如下。

步骤 1　接上一节操作在"开始"选项卡下的"编辑"组中，单击"查找与选择"按钮旁的下拉按钮，选择"替换"命令，如图 2-33 所示。

步骤 2　打开"查找和替换"对话框，在"替换"选项卡下的"查找内容"下拉列表框中输入"王菲"，在"替换为"下拉列表框中输入"王菲菲"，如图 2-34 所示。

图 2-33 选择"替换"命令

图 2-34 "查找和替换"对话框

提示

按 Ctrl+H 组合键，也可以切换到"替换"选项卡。如果想删除指定单元格中的内容，则不需要在"替换为"文本框中输入内容。

步骤 3 单击"查找下一个"按钮，系统将找到符合条件的数据，并以黑色框显示，如图 2-35 所示。

步骤 4 单击"替换"按钮，Excel 将完成替换，如图 2-36 所示。也可以单击"全部替换"按钮进行一次性替换，系统会搜索整个工作表并提示完成几次替换。

步骤 5 最后单击"关闭"按钮，关闭"查找和替换"对话框。

图 2-35 单击"查找下一个"按钮

图 2-36 单击"替换"按钮

2.4 使用函数完善员工资料信息

使用函数可以更快更准确地完善员工资料，下面就来介绍如何使用函数计算员工工龄，快速提取员工的出生日期和性别。

2.4.1 统计员工工龄

员工的工龄是由当前日期减去参工时间得到的。由于计算工龄一般为自然年，所以还需要在结果上加 1 年。在计算员工工龄时，同样需要使用 TODAY 函数，因此工龄结果与年龄一样会随着系统时间的变化而变化。例如，当前日期是 2010 年 5 月 5 日，员工参工时间是 2007 年 6 月 10 日，则现在计算的工龄为 3；如果在 2010 年 6 月 10 日至 2011 年 6 月 10 日打开此工作簿，工龄将自动更新为 4。

步骤 1　接上一节操作，在"员工资料登记表"工作表中插入"入职时间"和"工龄"两列，并输入各员工的入职时间，选中 G3 单元格，在"公式"选项卡下的"函数库"组中单击"插入函数"按钮，打开"插入函数"对话框，在此选择函数类别为"逻辑"，再选择逻辑函数中的 IF 函数，并单击"确定"按钮，如图 2-37 所示。

步骤 2　弹出"函数参数"对话框，在 Logical-test 文本框中输入设置的判断条件，在此输入"TODAY()>DATE(YEAR(TODAY()),MONTH(F3),DAY(F3))"，如图 2-38 所示。

图 2-37　选择函数

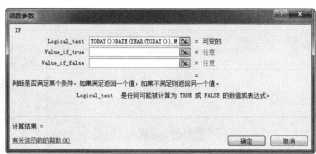

图 2-38　设置条件参数

步骤 3　在 Value_if_true 文本框中输入条件为"真"时返回的值，在此输入"(YEAR(TODAY()－YEAR(F3)+1)"，如图 2-39 所示。

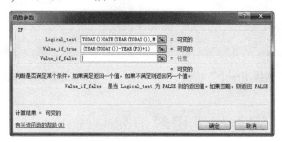

图 2-39　设置 Value_if_true 参数

步骤 4　在 Value_if_false 文本框中输入条件为"假"时返回的值，在此输入"(YEAR(TODAY()－YEAR(F3))"，如图 2-40 所示。

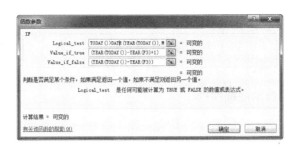

图 2-40 设置 Value_if_false 参数

步骤 5 单击"确定"按钮，返回工作表，此时可以看到在目标单元格中显示了计算的结果，即第一位员工当前的工龄为 4，如图 2-41 所示。

步骤 6 选中 G3 单元格，向下拖动填充柄，复制公式一直到 G10 单元格，即可得到各员工的工龄，如图 2-42 所示。

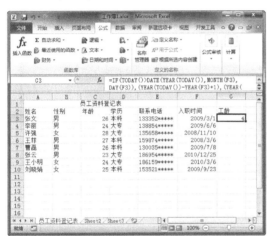

图 2-41 显示计算的结果

图 2-42 复制公式获取其他员工工龄

2.4.2 从身份证中提取员工的出生日期和性别

使用身份证就可以快速提取员工的出生日期和性别，我们一起学习一下吧。

1. 从身份证号码中自动提取出生日期

当创建完成企业员工档案工作表，并输入员工编号、姓名和身份证号码后，就不需要再手工输入员工的出生日期了，这样就可以减少烦琐的数据输入过程，从而简化操作，提高效率，操作步骤如下。

步骤 1 接上一节操作，在"员工资料登记表"工作表中插入"身份证号码"、"出生日期"和"性别"三列，并输入各员工的身份证号码，然后在 I3 单元格中输入公式："=DATE(MID(H3,7,4),MID(H3,11,2), MID(H3,13,2))"，这里的 H3 是身份证号码所在的单元格，输入完毕后按 Enter 键，即可从第一位员工的身份证号码中提取出其出生日期，如图 2-43 所示。

步骤 2   拖动 I3 单元格右下方的十字形到 I10 单元格，即可看到，I4:I10 自动提取了出生年月，如图 2-44 所示。

2．从身份证号码中自动提取性别

当前的身份证主要是 18 位的数字，其含义如下：1～6 位为地区代码，7～10 位为出生年份，11～12 位为出生月份，13～14 位代表出生日期，15～17 位代表顺序号(由其可以区别性别，奇数为男，偶数为女)，18 位为校验码。可以使用函数来提取员工性别，具体操作如下。

步骤 1   接着上面的操作，在 J3 单元格中输入公式： "=IF(LEN(H3)=15,IF(MOD(VALUE(RIGHT(H3,3)),2)=0," 女 "," 男 "),IF(LEN(H3)=18,IF(MOD(VALUE(MID(H3,15,3)),2)=0,"女","男")))"，这里的 H3 是身份证号码所在的单元格，输入完毕后，按 Enter 键，即可从第一位员工的身份证号码中提取其性别，如图 2-45 所示。

图 2-43　在 I3 单元格中输入公式	图 2-44　I4:I10 自动提取了出生年月

步骤 2   将光标移至 J3 单元格右下角，鼠标指针变成 "+" 号，按住鼠标左键向下拖动到最后一名员工对应的单元格中，进行公式填充，如图 2-46 所示，其他员工的性别都被提取出来。

图 2-45　在 J3 单元格中输入公式	图 2-46　填充公式

在 J3 单元格中输入公式 "=IF(MID(C3,17,1)/2=TRUNC(MID(C3,17,1)/2), "女","男")" 一样可以从身份证号中自动提取性别。

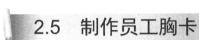

2.5　制作员工胸卡

在员工胸卡上都会有一张员工的照片，因此在制作前，需要准备好这些图片并将它们保存在与人事资料管理库工作簿相同的文件夹中。下面就来介绍如何制作员工胸卡？具体操作步如下。

步骤 1　打开工作簿文件(图书素材\第 2 章\员工胸卡.xlsx)，然后在 Sheet1 工作表中输入员工信息，这些信息会出现在每一个员工胸卡上，如图 2-47 所示。

步骤 2　在照片一列需要输入带有图片扩展名的图片名称，这个名称需要与文件夹中的实际文件名一致，否则最后无法正常显示员工的照片。照片一栏不需要插入真实的图片，而是要输入此照片的路径，如图 2-48 所示(注意这里是双反斜杠)。

图 2-47　输入员工信息　　　　图 2-48　输入图片名称

步骤 3　启动 Word 2010，建立一个文档，按照图 2-49 所示绘制出员工胸卡的版式。

步骤 4　选中含有"姓名"、"部门"、"职位"和"员工工作证"的单元格，在"布局"选项卡下单击"对齐方式"按钮，在展开的下拉列表中选择"水平居中"命令，此时单元格内文字水平居中，效果如图 2-50 所示。

图 2-49　在文档中绘制员工胸卡的版式　　　　图 2-50　设置文字格式

步骤 5　选中含有"员工工作证"的单元格，在"设计"选项卡下的"表格样式"组中单击"底纹"按钮，在展开的列表中选择一种底纹色，并设置其字体大小，效果如图 2-51 所示。

步骤 6　选中含有"姓名"、"部门"和"职位"的单元格，在"设计"选项卡下的"表格样式"组中单击"底纹"按钮，在展开的列表中选择一种底纹色，并设置其字体大小，效果如图 2-52 所示。

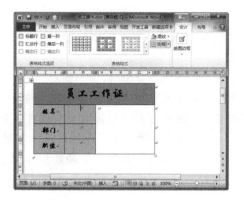

图 2-51　设置标题格式　　　　　　　　图 2-52　设置其他单元格格式

步骤 7　在"邮件"选项卡下的"开始邮件合并"组中单击"选择收件人"按钮，在展开的菜单中选择"使用现有列表"命令，如图 2-53 所示。

步骤 8　弹出"选取数据源"对话框，选择前面创建好的员工胸卡的信息，单击"打开"按钮后，将打开如图 2-54 所示的对话框，选择员工胸卡信息所在的工作表，再单击"确定"按钮。

图 2-53　选择"使用现有列表"命令　　　图 2-54　选择员工胸卡信息所在的工作表

步骤 9　单击 Word 文档下方文本框中文字"姓名"的右侧，然后在"邮件"选项卡下的"编写和插入域"组中单击"插入合并域"按钮，如图 2-55 所示。

步骤 10　弹出"插入合并域"对话框，选择"姓名"并单击"插入"按钮，如图 2-56 所示。按照同样的方法插入"部门"和"职位"域。

步骤 11　将光标定位到最后一个单元格，在"插入"选项卡下的"文本"组中单击"文档部件"按钮，在展开的列表中选择"域"命令，如图 2-57 所示。

步骤 12　弹出"域"对话框，在"域名"列表框中选择 IncludePicture 域，在"文件名或 URL"文本框中随便输入一个名称，如图 2-58 所示。

图 2-55　单击"插入合并域"按钮　　　　图 2-56　选择"姓名"域

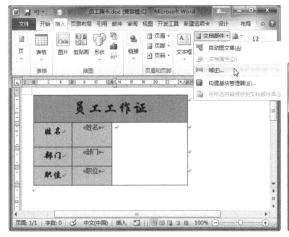

图 2-57　选择"域"命令　　　　图 2-58　选择 IncludePicture 域

步骤 13　单击"确定"按钮，此时单元格中插入如图 2-59 所示的内容。

步骤 14　单击插入的内容并按 Alt+F9 组合键切换到域代码，选择域代码中的 jpg，如图 2-60 所示。

图 2-59　在表格中插入 IncludePicture 域　　　　图 2-60　选择域代码中的 jpg

步骤 15　在"邮件"选项卡下的"编写和插入域"组中单击"插入合并域"旁边的下三角

按钮，在展开的列表中选择"照片"命令，使用"照片"域替换 jpg，如图 2-61
所示。

步骤 16 按下 Alt+F9 组合键切换回原来的显示状态，然后单击单元格中的照片并按 F9 键，
刷新后会显示员工的照片，如图 2-62 所示。

图 2-61 使用"照片"域替换掉 jpg　　　　　　图 2-62 显示员工的照片

步骤 17 在员工胸卡表格下面插入一个空行，选中空行，在"插入"选项卡下的"文本"
组中单击"文档部件"按钮，在展开的下拉列表中选择"域"命令，如图 2-63 所示。

步骤 18 弹出"域"对话框，在"域名"列表框中选择 Next 域，如图 2-64 所示，单击"确
定"按钮。

图 2-63 选择"域"命令　　　　　　图 2-64 选择 Next 域

步骤 19 选中整个表格，通过复制、粘贴创建多个表格，效果如图 2-65 所示。

步骤 20 在"邮件"选项卡下的"完成"组中单击"完成并合并"按钮，在展开的列表中
选择"编辑单个文档"命令，如图 2-66 所示。

步骤 21 在打开的对话框中直接单击"确定"按钮，Word 自动在一个新建的文档中显示多
个员工胸卡。

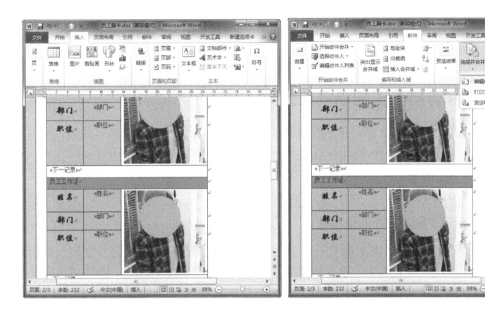

图 2-65　创建多个员工胸卡　　　　　图 2-66　选择"编辑单个文档"命令

步骤　22　将新建文档保存到与员工照片所在的同一个文件夹中，为了始终能够获得正确的结果，按 Ctrl+A 组合键，再按 F9 键，更新文档内的所有域。此时显示所有员工的胸卡信息，如图 2-67 所示。

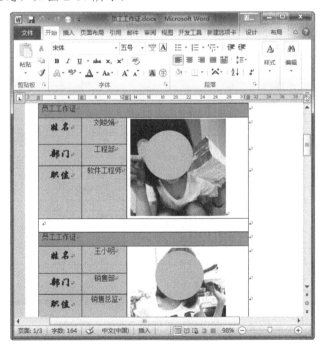

图 2-67　显示所有员工的胸卡信息

2.6 专家指导

2.6.1 查看和分析员工业绩考核分数

使用条件格式可以直观地查看和分析数据，发现关键问题以及识别模式和趋势。具体步骤如下。

利用条件格式，根据单元格的数值或者某一公式结果，既可以设置数据格式，也可以突出显示特定单元格的显示格式。

1．空出显示满足制定规则的单元格

图 2-68 所示是某公司销售部员工上半年各个月的业绩考核分数。下面按照如下规则，对各月中不同分数段区间的成绩，设置特定的字体格式；优秀成绩(≥85)，蓝色加粗效果；不及格(<60)红色斜体效果；其余中间成绩，仍用默认字体格式。

员工编号	员工姓名	上半年各月考核分数					
		1月份	2月份	3月份	4月份	5月份	6月份
1	马天宇	90	80	50	72	63	43
2	赵丽	75	85	79	94	65	95
3	李二	90	95	87	96	87	94
4	王天	80	50	72	63	43	65
5	李梅	85	79	94	65	95	85
6	王小雪	95	87	96	87	94	55
7	王莹	90	80	50	72	63	43
8	易正	75	85	79	94	65	95
9	佳乙	90	95	87	96	87	94
10	丁秋	50	72	63	90	95	87
11	苏润	79	94	65	80	50	72
12	刘小美	79	94	65	85	79	94
13	孙二	87	96	87	95	87	96
14	王雪	80	50	72	90	80	50
15	付春	85	79	94	75	85	79
16	张美	95	87	96	90	95	87
17	刘秋	72	63	43	97	85	70
18	李雪	94	65	95	85	74	65

图 2-68　某公司销售部员工业绩考核分数

这是一种基于数值的条件格式化设置方法。具体操作步骤如下。

步骤 1　选择表中需要设置条件格式的 C3:H20 单元格区域。

步骤 2　在"开始"选项卡下的"样式"组中单击"条件格式"按钮，然后从弹出的菜单中选择"突出显示单元格规则"菜单项，接着再从出现的子菜单中选择"大于"命令，

如图 2-69 所示。

步骤 3 弹出"大于"对话框，如图 2-70 所示，在"为大于以下值的单元格设置格式"下的输入框中输入"84"，在"设置为"下拉列表框中，根据需要选择需要的特殊显示格式。由于其中没有题目指定的格式，因此需选择最下面的"自定义格式"选项。

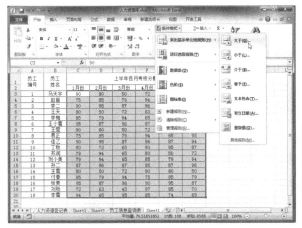

图 2-69　选择"大于"命令　　　　　　图 2-70　"大于"对话框

步骤 4 弹出"设置单元格格式"对话框，如图 2-71 所示，设置满足条件时单元格的格式(颜色为蓝色，字形加粗)。

步骤 5 单击"确定"按钮，返回"大于"对话框，如图 2-72 所示。

图 2-71　"设置单元格格式"对话框　　图 2-72　已经设置好规则和指定格式的"大于"对话框

步骤 6 单击"确定"按钮，85 分以上考核成绩的字体特定显示格式设置完毕，效果如图 2-73 所示。

步骤 7 采用与上面步骤 2～步骤 6 类似的操作，为 60 分以下的考核成绩设定"红色、斜体"的字体显示效果。最终得到的效果如图 2-74 所示。

2．根据项目选取原则突出显示特定单元格

除了可以设置一定的规则外，还可以根据一定的项目选取原则(如选择最高的前 5 名、选择量少的 20%，选择超过平均值的等)，对指定的单元格用特定格式突出显示。

Excel 在人力资源管理中的应用

图 2-73　对 85 分以上成绩设置的特定效果

图 2-74　设置条件格式化之后的最终效果

图 2-75 所示为某公司 5 月份上半月每天的销售金额情况。下面将当天销售金额超过上半月平均每天销售金额的相应数字突出显示出来。

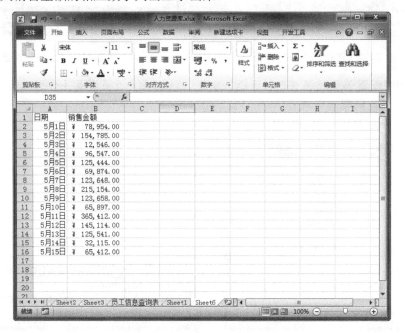

图 2-75　公司 5 月份上半月销售情况

本问题就是指定项目选取方法并基于数值的条件格式化设置，具体操作步骤如下。

步骤 1　选取表中需要设置条件格式的 B2:B16 单元格。

步骤 2　在"开始"选项卡下的"样式"组中单击"条件格式"按钮，从弹出的菜单中选择"项目选取规则"菜单项，接着再从出现的子菜单中选择"高于平均值"命令。

步骤 3　弹出"高于平均值"对话框，选择其中的第一种单元格设置。

步骤 4　单击"确定"按钮，就可以看到高于平均值的数字被标示出来，如图 2-76 所示。

图 2-76　高于平均值的数字显示效果

3．用数据条、色阶和图标集直观地显示数据

对于 B2:B16 单元格区域中的数据，分别用数据条、色阶和图标集来直观显示，操作步骤如下。

步骤 1　选择要设置条件格式的 B2:B16 单元格区域。

步骤 2　在"开始"选项卡下的"样式"组中单击"条件格式"按钮，从弹出的菜单中选择"数据条"命令，接着再从出现的子菜单中选择某种颜色的数据条件格式按钮，如图 2-77 所示。

步骤 3　单击选取好数据条按钮后，数据区域上便添加了不同长度的数据条，其长度与对应数据的大小有一定的比例关系，起到了一定的指示作用，如图 2-78 所示。

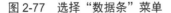

图 2-77　选择"数据条"菜单

图 2-78　添加第一种数据条

步骤 4　将 A1:B16 单元格区域复制到 D1:E16 单元格区域和 G1:H16 单元格区域，然后按照与步骤 1～步骤 3 类似的步骤，为销售数据表添加色阶和图标集。图 2-79 所示就是销售表分别添加了第一种色阶和图标集后的显示效果。

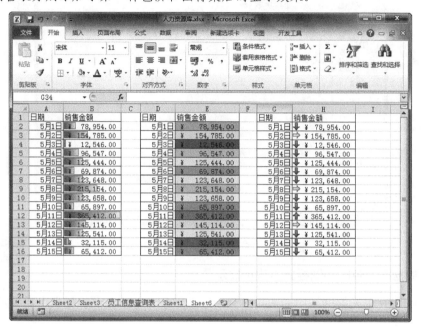

图 2-79　添加第一种色阶和图标集后的显示效果

2.6.2　使用通配符查找员工的姓

如果要查找的只是一个姓，例如姓"张"的所有员工，可以利用通配符进行查找，其操作方法如下。

步骤 1　在"开始"选项卡下的"编辑"组中，单击"查找和选择"按钮，选择"查找"命令，如图 2-80 所示。

步骤 2　弹出"查找和选择"对话框，在"查找内容"下拉列表框中输入"张*"，然后单击"查找全部"按钮，如图 2-81 所示。

图 2-80　选择"查找"命令

图 2-81　输入查找内容

步骤 3　系统将找到的内容显示在对话框下面，如图 2-82 所示，单击"关闭"按钮，关闭"查找和替换"对话框。

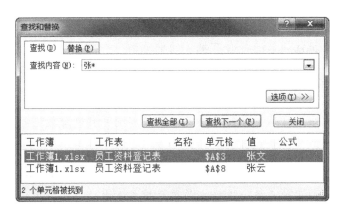

图 2-82　使用通配符找到的内容

2.6.3　快速定位到某一单元格

在 Excel 中，若想到达某一单元格，一般使用鼠标拖动滚动条来进行，但是如果数据范围超出屏幕显示范围或数据行数非常多，则用这种方法定位某一单元格可能要有点麻烦了，这时就可以用定位功能来快速定位到想要的单元格，步骤如下。

步骤 1　在"开始"选项卡下的"编辑"组中，单击"查找和选择"按钮旁的下三角按钮，选择"定位条件"命令，如图 2-83 所示。

步骤 2　在弹出的"定位条件"对话框中，选择所需要定位的条件，如图 2-84 所示，其中列出了所有可以选择的数据类型或单元格类型，对于常量和公式而言，还有"数字"、"文本"、"逻辑值"、"错误" 4 个子选项可供选择。例如，如果希望选择工作表中的所有数字和文本，但不包括公式，那么就需要在"定位条件"对话框中选中"常量"单选按钮，然后再选中"数字"和"文本"两个复选框。

图 2-83　选择"定位条件"命令

图 2-84　"定位条件"对话框

经常使用定位条件功能中的"空值"选项来选择指定区域中的空单元格，然后批量空单元格输入一个值，并按 Ctrl+Enter 组合键来确认。

"定位条件"对话框中各选项的功能如下。

- 批注：只选择含有批注的单元格。
- 常量：选择所有不含公式的非空单元格。
- 公式：选择所有包含公式的单元格。
- 空值：选择所有空单元格。
- 当前区域：环绕在所选单元格周围并且包含数据的单元格。
- 对象：选择工作表中文本框内的图形对象，包括图表和按钮。
- 行内容差异单元格：分析选择每一行中与其他单元格不同的单元格。
- 列内容差异单元格：分析选择每一列中与其他单元格不同的单元格。
- 引用单元格：选择当前单元格或选中的公式引用的所有单元格。
- 从属单元格：选择所有公式中引用的当前单元格或选择的单元格。
- 最后一个单元格：选择工作表中含有数据或格式区域右下角的单元格。
- 可见单元格：只选择被选中的可见单元格。当处理分组显示或自动筛选时使用该项。
- 条件格式：选择运用条件格式的单元格。
- 数据有效性：选择设置数据有效性的单元格。其中"全部"选项表示选择所有设置数据有效性的单元格；而"相同"选项表示只选择与当前单元格有相同有效性规则的单元格。

2.6.4　检查宏是否正确

如何检查宏是否正确呢？我们可以先建制一个宏，具体操作步骤如下。

步骤 1　在"视图"选项卡下的"宏"组中单击"宏"按钮，选择"录制宏"命令，如图 2-85 所示。

步骤 2　弹出"录制新宏"对话框，在"宏名"文本框中输入宏名，接着设置宏的快捷键，单击"保存在"下拉列表框右侧的下三角按钮，选择宏的保存位置。为了方便了解每个宏的功能，可以在"说明"文本框中输入对该宏的描述，如图 2-86 所示。

图 2-85　选择"录制宏"命令

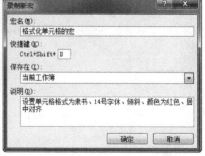

图 2-86　"录制新宏"对话框

步骤 3　单击"确定"按钮，开始录制宏。这里按照对宏的说明来录制宏。在"开始"选项卡下的"字体"组中单击对话框启动按钮，如图 2-87 所示。

步骤 4 　弹出"设置单元格格式"对话框，切换到"字体"选项卡；然后在"字体"列表中选择"隶书"选项，在"字形"列表中选择"倾斜"选项，在"字号"列表中选择14；接着单击"颜色"下拉列表框右侧的下三角按钮，在"标准色"中选择"红色"，如图 2-88 所示，最后单击"确定"按钮。

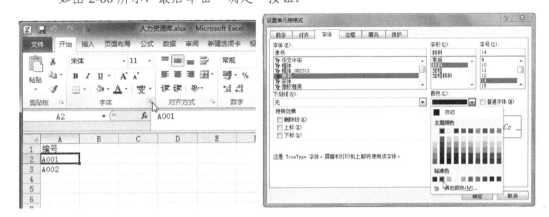

图 2-87　单击对话框启动按钮 　　　　　图 2-88　"设置单元格格式"对话框

步骤 5 　返回工作表窗口，然后在"开始"选项卡下的"对齐方式"组中单击"居中"按钮，如图 2-89 所示。

图 2-89　单击"居中"按钮

步骤 6 　当宏录制完毕后，在"视图"选项卡下的"宏"组中单击"宏"按钮，选择"停止录制"命令，如图 2-90 所示。

图 2-90　选择"停止录制"命令

当宏被录制到一个模块中后，只有在 Visual Basic 编辑器(VBE)对话框中才能看到模块中的代码。具体操作步骤如下。

步骤 1 　在"开发工具"选项卡下的"代码"组中单击 Visual Basic 按钮，如图 2-91 所示。

步骤 2 　打开 Visual Basic 编辑窗口，在"工程–VBAProject"窗格中单击"模块"前面的⊞按钮，然后在展开的列表中双击"模块 1"选项，如图 2-92 所示。弹出如图 2-93

所示的代码窗口。

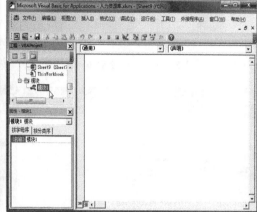

图 2-91　单击 Visual Basic 按钮　　　　　　　图 2-92　双击"模块 1"选项

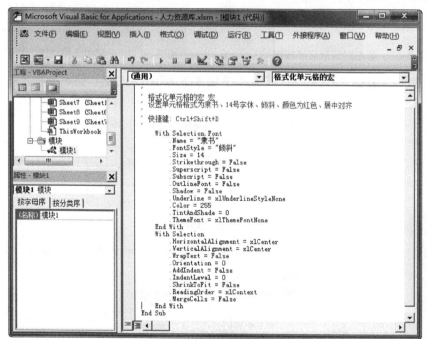

图 2-93　代码窗口

下面就可以检查录制的宏，具体操作步骤如下。

步骤 1　在 Visual Basic 代码窗口的"视图"菜单中选择 Microsoft Excel 命令，如图 2-94 所示，返回 Excel 窗口，或者按下 Alt+F11 组合键。

步骤 2　选择 A3 单元格区域，然后按 Ctrl+Shift+D 组合键执行录制的宏，即可看到选中的单元格中字体被改变了，如图 2-95 所示。

图 2-94　返回 Excel 窗口

图 2-95　按 Ctrl+Shift+D 组合键执行录制的宏

从图 2-95 中可以看到被改变的单元格中的字体格式与之前宏的说明所要求的是一样的。如果宏运行的结果跟之前所设定的格式是一样的，说明此宏就是正确的；反之，如果宏运行的结果跟之前所设定的不一样，那么宏就是错误的，或者宏不能正常运行也是错误的。

2.6.5　打印部分数据

有时我们不希望打印整张表格，而只想打印部分数据，那么如何把要打印的数据添加到打印区域呢？下面我们来介绍具体的操作步骤。

步骤 1　在"视图"选项卡下的"工作簿视图"组中，单击"分页预览"按钮，如图 2-96 所示。

步骤 2　选择要打印的单元格区域，在单元格上右击，然后在弹出的快捷菜单中选择"添加到打印区域"命令，即可将选中的单元格添加到打印区域，如图 2-97 所示。

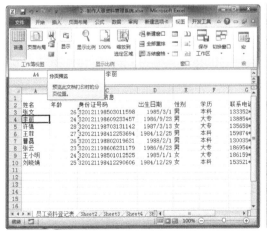

图 2-96　单击"分页预览"按钮

图 2-97　选择"添加到打印区域"命令

2.7 实战演练

一、选择题

1. 从( )中可以快速提取员工的出生日期和性别。
   A. 身份证　　　　　　　　　　　B. 生日
   C. 性别　　　　　　　　　　　　D. 姓名

2. 设置表格底纹有( )种方法。
   A. 1　　　　　　　　　　　　　B. 2
   C. 3　　　　　　　　　　　　　D. 4

3. 添加表格边框有( )种方法。
   A. 4　　　　　　　　　　　　　B. 3
   C. 2　　　　　　　　　　　　　D. 1

4. 本章中使用了( )函数来计算员工工龄。
   A. Sum　　　　　　　　　　　　B. If
   C. Today Year　　　　　　　　　D. Count

5. 添加打印区域的打印命令在( )中打开。
   A. 开始选项卡　　　　　　　　　B. 文件
   C. 视图选项卡　　　　　　　　　D. 审阅选项卡

二、实训题

1. 尝试完成添加单元格边框的操作。
2. 尝试完成添加打印区域的操作。

第 3 章

经典实例：分析统计人事数据

【本章学习重点】

- ◆ 分析员工信息
- ◆ 统计员工工龄分布情况
- ◆ 制作员工信息查询表
- ◆ 显示单元格中的公式

　　在当今飞速发展的信息时代，各个企业对人事统计信息的需求量越来越大，时效性要求越来越高。完全依靠手工方式进行人事信息统计，不仅工作量大、效率低、而且很容易出错。但是一旦掌握了 Excel 的使用方法，一切就会变得很简单。

【本章实例展示】

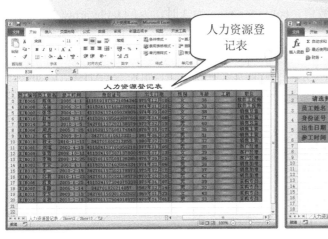

人力资源登记表

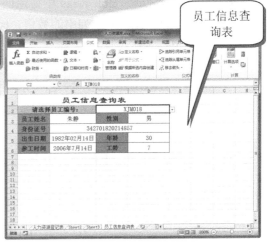

员工信息查询表

3.1 要点分析

本章主要介绍如何使用 Excel 分析统计人事数据，在分析统计过程中会用到数据排序和筛选功能。除此之外，还将运用 VLOOKUP 函数。为了方便读者学习，下面先来了解数据排序、数据筛选、VLOOKUP 函数的含义及使用方法。

1. 数据排序

数据排序是把一列或多列无序的数据变成有序的数据，这样能方便地管理数据，数据排序的方法可以分为简单排序、高级排序和自定义排序。

2. 数据筛选

数据筛选是指可以在表格中选择满足条件的记录。数据筛选可以分为数字筛选、文本筛选和日期筛选等；也可以分为自动筛选和高级筛选。

3. VLOOKUPF 函数

VLOOKUP 函数用于在表格数组的首列查找指定的值，并由此返回表格数组当前行中其他列的值。其语法格式为：

```
VOOKUP(Lookup_value,table_array,col_index_num,range_lookup)
```

其中，各参数的含义如下。

- Lookup_value：需要在表格数组第一列中查找的数值，可以是数值或引用。
- table_array：两列或多列数据，使用对区域或区域名称的引用。
- col_index_num：table_array 中待返回的匹配值的列序号。当 col_index_num 为 1 时，返回 table_array 第一列中的数值；col_index_num 为 2 时，返回 table_array 第二列中的数值，依次类推。
- range_lookup：逻辑值，指定希望 VLOOKUP 查找精确的匹配值还是近似匹配值。如果为 TRUE 或省略，则返回精确匹配值或近似匹配值；如果为 FALSE，VLOOUP 将只寻找精确匹配值。在此情况下，table_array 第一列的值不需要排序。

3.2 直接分析员工信息

通过 Excel 的操作来分析员工信息，可以使分析更快、更准确。

3.2.1 按职位由高到低排列员工信息

要将员工信息按职位由高到低的顺序排列，直接使用 Excel 提供的升序或降序功能无法实现，因为它们只能按拼音首字母或数值大小排序，而现在是要按职位排序，不符合以上的排序规则，因此，只能使用自定义排序。下面将介绍如何按职位由高到低排列员工信息，本例中自定义序列排序为软件工程师、销售总监、销售主管、客户经理、销售助理和采购专员六类，具体操作步骤如下。

步骤 1　打开"人力资源库.xlsx"工作簿(图书素材\第 3 章)，切换到"人力资源登记表"工作表，在"文件"菜单下选择"选项"命令，如图 3-1 所示。

步骤 2　弹出"Excel 选项"对话框，切换到"高级"选项卡，然后单击右侧的"编辑自定义列表"按钮，如图 3-2 所示。

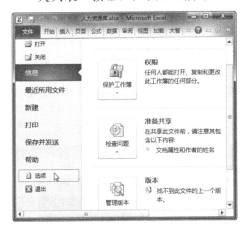

图 3-1　选择"选项"命令

图 3-2　单击"编辑自定义"按钮

步骤 3　弹出"自定义序列"对话框，在"输入序列"列表框中按职位高低顺序输入职位名称，一个职位占一行。输入完成后单击"添加"按钮，将职业列表添加到左侧的列表框中，如图 3-3 所示。

步骤 4　单击两次"确定"按钮，关闭所有打开的对话框。右击工作表中数据区域内的任一单元格，在弹出的快捷菜单中选择"自定义排序"命令，如图 3-4 所示。

图 3-3　创建自定义序列

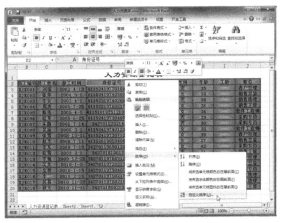

图 3-4　选择"自定义排序"命令

步骤 5　打开"排序"对话框，将"主要关键字"设置为"职位"，将"排序依据"设置为"数值"，将"次序"设置为"自定义序列"，如图 3-5 所示。

步骤 6 弹出"自定义序列"对话框，如图 3-3 所示在左侧列表框中选择前面创建好的职位序列并单击"确定"按钮。返回"排序"对话框，在"次序"下拉列表框中将看到职位序列已作为排序条件，如图 3-6 所示。

图 3-5 设置排序条件　　　　　　图 3-6 将"次序"设置为自定义序列

步骤 7 设置完成后单击"确定"按钮，将按照职位由高到低对员工信息进行排序，如图 3-7 所示。

员工编号	员工姓名	参工时间	身份证号	出生日期	性别	年龄	工龄	职位
			人力资源登记表					
XJ005	陈伟	2005-4-1	411510197512105424	1975年12月10日	女	36		软件工程师
XJ008	吴丽	2006-3-1	411524197401230923	1974年01月23日	女	38		软件工程师
XJ002	张华	2004-5-1	411524197409028909	1974年09月02日	女	38		销售总监
XJ010	赵杰	2008-7-11	411526198504088760	1985年04月08日	女	27		销售总监
XJ014	吴美	2001-1-5	342701197202138579	1972年02月13日	男	40		销售总监
XJ004	周虎	2005-7-25	411528197608174540	1976年08月17日	男	36		销售主管
XJ012	程雪	2009-8-1	342701810612321	1981年06月12日	男	31		销售主管
XJ018	秋天	2010-11-11	342701800213855	1980年02月13日	男	32		销售主管
XJ001	刘璐	2003-4-15	411524197701053218	1977年01月05日	男	35		客户经理
XJ009	张雪	2008-10-11	411524197307137800	1973年07月13日	女	39		客户经理
XJ013	李梅	2009-12-25	342701197609126285	1976年09月12日	女	36		客户经理
XJ003	李安	2003-4-1	411525197403064334	1974年03月06日	男	38		销售助理
XJ016	李二	2010-2-15	411524197502158573	1975年02月17日	男	37		销售助理
XJ017	苏易	2010-11-23	342701197002158573	1970年02月15日	男	42		销售助理
XJ006	程爽	2005-6-25	411524197304075339	1973年04月07日	男	39		采购专员
XJ007	朱静	2006-7-14	342701820214857	1982年02月14日	男	30		采购专员
XJ011	李东	2010-11-15	342701196901232522	1969年01月23日	女	43		采购专员
XJ015	金秋	2010-1-15	342701197904018573	1979年04月01日	男	33		采购专员

图 3-7 按职位由高到低排列员工信息

3.2.2 按职位与工资双条件排序员工信息

运用 Excel 的排序功能，可以实现对员工信息按职位与工资进行排序，具体操作如下。

步骤 1 为"人力资源登记表"插入 "工资"的列，选中工作表中任意单元格。

步骤 2 右击工作表中数据区域的任意单元格，在弹出的快捷菜单中选择"自定义排序"命令，如图 3-8 所示。

步骤 3 打开"排序"对话框，单击"添加条件"按钮，在"主要关键字"下面会出现"次要关键字"，如图 3-9 所示。

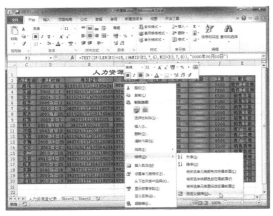

图 3-8 选择"自定义排序"命令   图 3-9 单击"添加条件"按钮

步骤 4 在"次要关键字"下拉列表中选择"工资"选项，这表示按照主要关键字进行排序后还有相同的数据时则按照次要关键字继续排序，如图 3-10 所示。

步骤 5 设置完成后单击"确定"按钮，将同时按照职位与工资对员工信息进行排序，如图 3-11 所示。

图 3-10 设置次要关键字排序   图 3-11 成功同时按照职位与工资对员工信息进行排序

3.2.3 统计各部门男女员工人数比例

要了解公司员工在性别上的大致比例，就要去统计各部门男女员工的人数，方便为日后员工招聘计划和人员储备做准备。下面将介绍如何统计各部门男女员工人数的比例，具体操作步骤如下。

步骤 1 在"插入"选项卡下的"表格"组中单击"数据透视表"按钮，在展开的菜单中选择"数据透视表"命令，如图 3-12 所示。

步骤 2 弹出"创建数据透视表"对话框，不做任何修改，如图 3-13 所示。

Excel 在人力资源管理中的应用

图 3-12　选择"数据透视表"命令　　　　图 3-13　"创建数据透视表"对话框

步骤 3　单击"确定"按钮，在一个新建的工作表中创建一个空白的数据透视表，如图 3-14 所示。

步骤 4　在右侧打开"数据透视表字段列表"窗格，对字段进行布局，效果如图 3-15 所示。
　　　　将"性别"字段从"数据透视表字段列表"窗格的上方向下拖动到"列标签"列表框中。
　　　　将"部门"字段从"数据透视表字段列表"窗格的上方向下拖动到"行标签"列表框中。
　　　　将"员工姓名"字段从"数据透视表字段列表"窗格的上方向下拖动到"数值"列表框中。

图 3-14　创建一个空白的数据透视表　　　　图 3-15　对字段进行布局

步骤 5　在"设计"选项卡下的"布局"组中单击"报表布局"按钮，从打开的下拉菜单中选择"以表格形式显示"命令，如图 3-16 所示。

步骤 6　此时将数据透视表转换为表格形式布局，完成统计各部门男女员工人数的工作，如图 3-17 所示。

步骤 7　统计出各部门男女员工人数后下面就可以计算出各部门男女员工人数的比例，在数据透视表的下面创建一个各部门男女员工人数比例的表格，如图 3-18 所示。

步骤 8　选取 B12 单元格，输入公式"= B5/D5"，按下 Enter 键，计算出工程部男员工所占的比例，如图 3-19 所示。

图 3-16 选择 "以表格形式显示" 命令

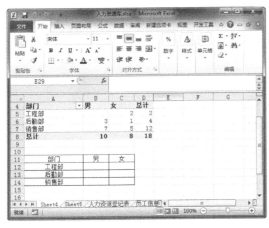

图 3-17 统计出各部门男女员工人数

图 3-18 创建表格

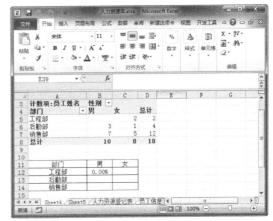

图 3-19 计算出工程部男员工所占比例

步骤 9 选取 B12 单元格，拖动填充柄，向下复制公式一直到 B14 单元格，计算出其他部门男员工所占比例。

步骤 10 选取 C12 单元格，输入公式 "=C5/D5"，按下 Enter 键，计算出工程部女员工所占比例。然后拖动填充柄，向下复制公式一直到 C14 单元格，计算出其他部门女员工所占比例。最终各部门男女员工人数的比例如图 3-20 所示。

图 3-20 统计出各部门男女员工人数的比例

3.2.4 统计不同年龄段的员工人数

下面来统计不同年龄段的员工人数，具体操作步骤如下。

步骤 1 　按照上一节的方法，在 Sheet5 工作表中创建一个数据透视表，然后在"数据透视表字段列表"窗格中对字段进行以下布局：

将"性别"字段拖动到"列标签"列表框中。

将"年龄"字段拖动到"行标签"列表框中。

将"员工姓名"字段拖动到"数值"列表框中。

效果如图 3-21 所示。

步骤 2 　右击数据透视表"年龄"字段所在列的任一单元格，从快捷菜单中选择"创建组"命令，如图 3-22 所示。

图 3-21　显示各个年龄的人数

图 3-22　选择"创建组"命令

步骤 3 　弹出"组合"对话框，将"起始于"设置为"20"，将"终止于"设置为"49"，将"步长"设置为"10"，如图 3-23 所示。

步骤 4 　单击"确定"按钮，得到如图 3-24 所示的按年龄段分组后的结果，其中统计出了年龄在 20～29、30～39、40～49 不同年龄段的员工人数。

图 3-23　"组合"对话框

图 3-24　按年龄段统计员工人数

3.2.5　统计员工的工龄分布情况

下面根据之前统计的不同年龄段的员工人数来制作员工年龄分布图，具体操作步骤如下。

1．制作年龄分布图

步骤 1　接着上面的操作，选取数据透视表中的区域 A4:C7，按下 Ctrl+C 组合键复制该区域。切换到工作表 Sheet3，单击单元格 A1，按下 Ctrl+V 键粘贴复制到该区域，如图 3-25 所示。

步骤 2　在当前数据区域外的任一单元格里输入"-1"，按下 Ctrl+C 组合键复制该值。

步骤 3　选择女员工所在区域 C2:C4，右击选中的区域，从快捷菜单中选择"选择性粘贴"命令，打开"选择性粘贴"对话框，选中"数值"和"乘"单选按钮，如图 3-26 所示。

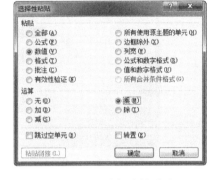

图 3-25　复制后的数据区域　　　　　图 3-26　设置选择性粘贴选项

步骤 4　单击"确定"按钮，将女员工数据变为负值，如图 3-27 所示。

图 3-27　选择排序

步骤 5　单击数据区域内的任一单元格，在"插入"选项卡下的"图表"组中单击"条形图"按钮，在展开的列表中选择"簇状条形图"选项，如图 3-28 所示。

图 3-28　设置排序

步骤 6　查看创建的簇状条形图，如图 3-29 所示。

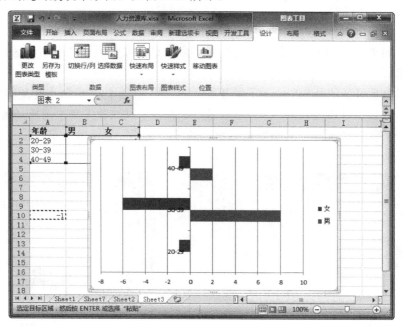

图 3-29　创建条形图

2. 美化图表

为了使图表更加美观，可以进行一些设置，具体操作步骤如下。

步骤 1　选中图表，然后在"图表工具"下的"设计"选项卡中，单击"类型"组中的"更改图表类型"按钮，如图 3-30 所示。

步骤 2　弹出"更改图表类型"对话框，然后在左侧列表中选择"条形图"选项，接着在其右侧列表中选择一种类型，如图 3-31 所示。

图 3-30　单击"更改图表类型"按钮

图 3-31　选择一种类型

步骤 3　单击"确定"按钮，返回工作表，效果如图 3-32 所示。

步骤 4　右击水平坐标轴，从快捷菜单中选择"设置坐标轴格式"命令，如图 3-33 所示。

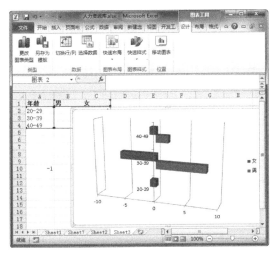

图 3-32　更改图表类型

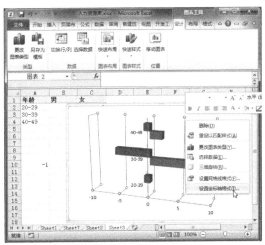

图 3-33　选择"设置坐标轴格式"命令

步骤 5　在打开的对话框中选择"数字"选项，然后在"格式代码"文本框中输入"0;0;0"，如图 3-34 所示，这样可以保证原来的负数显示为正数。然后单击"添加"按钮和"关闭"按钮。

步骤 6　右击垂直坐标轴，从弹出的快捷菜单中选择"设置坐标轴格式"命令，如图 3-35 所示。

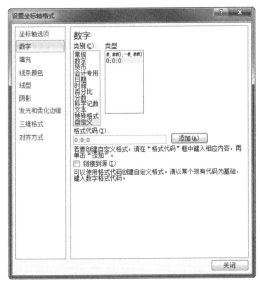

图 3-34　自定义数字格式

图 3-35　选择"设置坐标轴格式"命令

步骤 7　在垂直坐标轴的"设置坐标轴格式"对话框中将"主要刻度线类型"和"次要刻度线类型"设置为"无"，然后将"坐标轴标签"设置为"低"，如图 3-36 所示。

步骤 8　单击"关闭"按钮，返回工作表，得到如图 3-37 所示的图表。

图 3-36　设置坐标轴刻度和标签样式

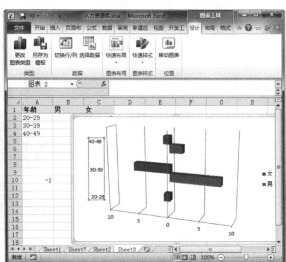

图 3-37　调整坐标轴后的图表

步骤 9　右击图表中任意一个数据系列，从弹出的快捷菜单中选择"设置数据系列格式"命令。将"系列间距"设置为"150%"，将"分类间距"设置为"0%"，如图 3-38 所示。

步骤 10　单击"关闭"按钮，返回工作表，此时图表效果如图 3-39 所示。

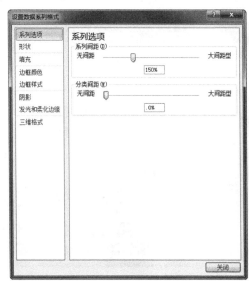

图 3-38　设置数据系列间距

图 3-39　调整数据系列后的图表

步骤 11　分别选中两个数据系列并右击，从弹出的快捷菜单中选择"添加数据标签"命令，将数据显示出来，如图 3-40 所示。

步骤 12　右击女员工数据系列，在弹出的快捷菜单中选择"设置数据标签格式"命令，在打开的对话框中选择"数字"选项，然后在"格式代码"文本框中输入"0; 0; 0"，如图 3-41 所示。然后单击"添加"按钮和"关闭"按钮。

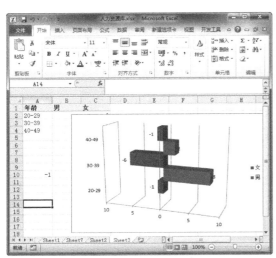

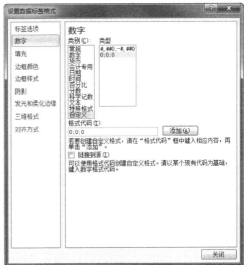

图 3-40　添加数据标签　　　　　　　　图 3-41　自定义数字格式

步骤 13　右击"图例"，从弹出的快捷菜单中选择"设置图例格式"命令，在打开的对话框中选择"图例选项"选项，然后选中"靠上"单选按钮，如图 3-42 所示。最后单击"关闭"按钮。

步骤 14　在"布局"选项卡下的"标签"组中单击"图表标题"按钮，在展开的菜单中选择"图表上方"命令，如图 3-43 所示。

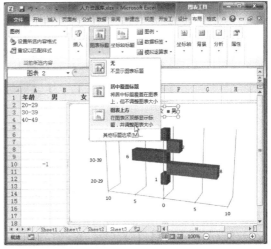

图 3-42　"设置图例格式"对话框　　　　图 3-43　选择"图表上方"命令

步骤 15　输入标题内容"统计不同年龄段员工人数"，如图 3-44 所示。

步骤 16　分别选中女员工和男员工数据系列，在"格式"选项卡下的"形状样式"组中单击"形状效果"按钮，在展开的列表中选择一种效果，如图 3-45 所示。

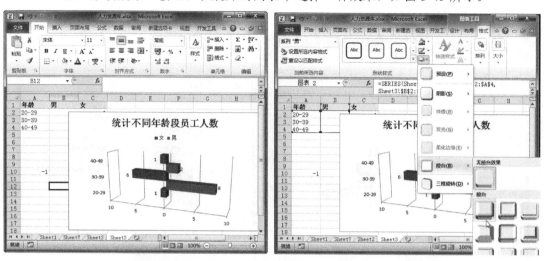

图 3-44　输入标题内容　　　　　　　　图 3-45　选择一种形状

步骤 17　适当调整图表的位置及大小，最终公司员工年龄分布图表的效果如图 3-46 所示。

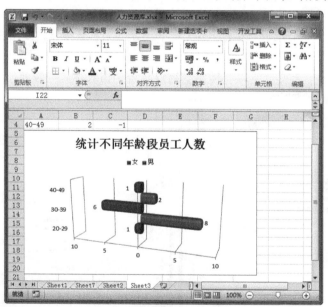

图 3-46　公司员工年龄分布图

3.3　制作员工信息查询表

由于一般公司的员工都比较多，所以员工信息表里的数据也很多。如果要快速查询某位员工的详细信息，则显得非常麻烦。这时我们可以制作员工信息查询表，并通过查询函数进行链接，自动显示指定员工的信息。

首先建立一个员工信息查询表的表格框架，具体操作步骤如下。

步骤 1 接上一节操作，在"人力资源库.xlsx"工作簿中新建"员工信息查询表"，输入信息项目，如图 3-47 所示。

步骤 2 将标题项以及相应的内容单元格区域合并，再设置表格的边框和底纹，效果如图 3-48 所示。

图 3-47 创建员工信息查询表

图 3-48 美化表格

步骤 3 选取 C2 单元格，在"数据"选项卡下的"数据工具"组中单击"数据有效性"按钮，如图 3-40 所示。

步骤 4 弹出"数据有效性"对话框，在"设置"选项卡中单击"允许"右侧的下三角按钮，并选择"序列"选项，如图 3-50 所示。

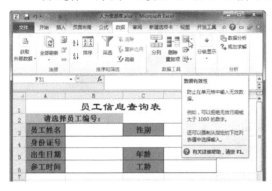

图 3-49 单击"数据有效性"按钮

图 3-50 选择允许条件

步骤 5 在"来源"文本框中设置数据来源信息，在此输入"=人力资源登记表!\$B\$3:\$B\$20"，表示"人力资源登记表"中的员工编号，如图 3-51 所示。

步骤 6 单击"确定"按钮，返回工作表，单击 C2 单元格右侧出现的下三角按钮，在展开的下拉列表中可以看到所有的员工编号，选择需要查询的编号即可，如图 3-52 所示。

下面为了使各项的数据信息随查找的员工编号自动发生变化，就需要通过 VLOOKUP 函数建立查询系统，具体操作步骤如下。

步骤 1 选中 B3 单元格，在"公式"选项卡下的"函数"组中单击"插入函数"按钮，如图 3-53 所示。

步骤 2 弹出"插入函数"对话框，在"或选择类别"下拉列表框中选择"查找与引用"选项，如图 3-54 所示。

图 3-51　设置数据来源

图 3-52　选择员工编号

图 3-53　单击"插入函数"按钮

图 3-54　选择函数类别

步骤 3　在"选择函数"列表框中选择 VLOOKUP 函数，再单击"确定"按钮，如图 3-55 所示。

步骤 4　弹出"函数参数"对话框，在 Lookup-value 文本框中输入"C2"，表示要查找的值，如图 3-56 所示。

图 3-55　选择函数

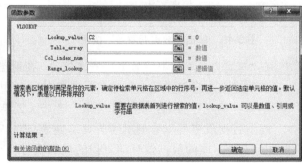

图 3-56　设置 Lookup_value

步骤 5　在 Table_array、Col_index_num、Range_lookup 文本框中依次输入"人力资源登记表!B3:C20"、"2"、"TRUE"，如图 3-57 所示。

步骤 6　单击"确定"按钮，返回工作表，此时可以看到在目标单元格中显示了返回的员工姓名，即员工编号为"XJM002"的员工姓名为"张雪"，如图 3-58 所示。

图 3-57　设置其他参数

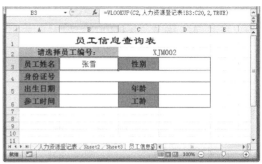

图 3-58　显示返回的员工姓名

步骤 7　选择 D3 单元格，在其中插入 VLOOKUP 函数查询员工性别。在"函数参数"对话框的 Lookup_value 文本框中输入"C2"，如图 3-59 所示。

步骤 8　在 Table_array、Col_index_num、Range_lookup 文本框中依次输入"人力资源登记表!B3:G20"、"6"、"TRUE"，如图 3-60 所示。

图 3-59　设置 Lookup_value

图 3-60　设置其他参数

步骤 9　单击"确定"按钮，返回工作表，此时可以看到目标单元格中显示了返回的员工性别，即员工编号为"XJM002"的员工的性别为"女"，如图 3-61 所示。

步骤 10　选取 B4 单元格，输入公式"=VLOOKUP(C2,人力资源登记表!B3:E20,4)"，表示查找单元格区域 B3:E20 第 4 列对应的值，如图 3-62 所示。

图 3-61　显示返回的员工性别

图 3-62　输入公式查询员工身份证号码

步骤 11　按下 Enter 键，此时可以看到在目标单元格中显示了返回的身份证号码，即员工编

号为 "XJM002" 的员工的身份证号为 411524197307137800，如图 3-63 所示。

步骤 12 选中 B5 单元格，输入公式 "=VLOOKUP(C2,人力资源登记表!B3:F20,5)"，计算与员工编号 "XJM002" 相对应的出生日期的公式，如图 3-64 所示。

图 3-63 显示返回的身份证

图 3-64 输入公式获取相应的出生日期

步骤 13 按下 Enter 键，即可看到在目标单元格中显示了返回的出生日期，即员工编号为 "XJM002" 的员工的出生日期为 1973 年 07 月 13 日，如图 3-65 所示。

步骤 14 选中 D5 单元格，输入公式 "=VLOOKUP(C2,人力资源登记表!B3:H20,7)"，计算员工的年龄，如图 3-66 所示。

图 3-65 显示返回的出生日期

图 3-66 输入公式获取员工的年龄

步骤 15 按下 Enter 键，即可看到在目标单元格中显示了返回的年龄，即编号为 "XJM002" 的员工年龄 39 岁，如图 3-67 所示。

步骤 16 选中 B6 单元格，输入公式 "=VLOOKUP(C2,人力资源登记表!B3:D20,3)"，如图 3-68 所示。

步骤 17 按下 Enter 键，此时可以看到在目标单元格中显示了返回的结果，员工编号为 "XJM002" 的员工的参工时间为 2008 年 10 月 11 日，如图 3-69 所示。

步骤 18　选中 D6 单元格，输入公式 "=VLOOKUP(C2,人力资源登记表!B3:I20,8)"，如图 3-70 所示。

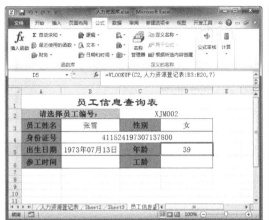

图 3-67　显示返回的年龄

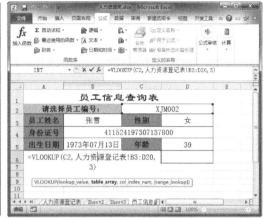

图 3-68　输入公式获取参工时间

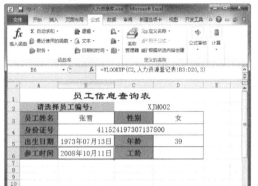

图 3-69　显示返回的参工时间

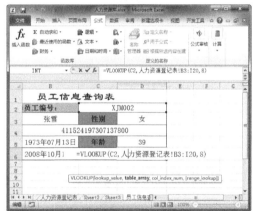

图 3-70　输入公式获取参工时间

步骤 19　按下 Enter 键，此时可以看到在目标单元格中显示了返回的工龄，如图 3-71 所示。

图 3-71　显示返回的工龄

步骤 20　此时查询系统已经建立，如果需要在员工信息查询表中查看其他员工的详细信息，则选择员工编号即可。选中 C2 单元格，并单击其右侧的下三角按钮，再选择所需的编号，如图 3-72 所示。

步骤 21 经过上一步的操作之后，此时可以看到员工信息查询表中的信息自动发生了变化。它根据选择的员工编号自动查询了新的数据信息进行匹配，如图 3-73 所示。

图 3-72 选择其他员工编号

图 3-73 显示自动更新信息的效果

3.4 专家指导

3.4.1 为单元格重命名

在 Excel 中每一个单元格都有一个名称，一般默认的是列号加行号，例如 A2，表示 A 列第 2 行的单元格，有时我们需要重命名单元格，具体操作如下。

1. 在数据编辑区重命名

步骤 1 选中需要重命名的单元格，可以看到选中单元格的默认名字为 B3，如图 3-74 所示。

步骤 2 将光标定位在左上角的名称框中，输入需要重命名的名称，例如输入 "B"，如图 3-75 所示。

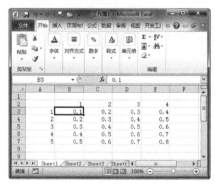

图 3-74 选中需要修改的单元格

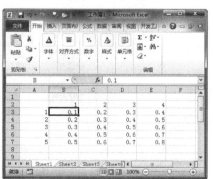

图 3-75 单元格名称被修改

步骤 3　输入名称后按 Enter 键，即可重命名。

2．右击鼠标重命名

步骤 1　右击需要重命名的单元格，从弹出的快捷菜单中选择"定义名称"命令，如图 3-76 所示。

步骤 2　弹出"新建名称"对话框，在"新建名称"对话框中输入需要重命名的名称，然后单击"确定"按钮，如图 3-77 所示。

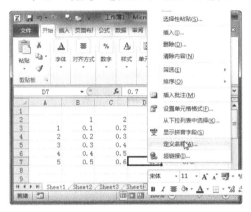

图 3-76　选择"定义名称"命令　　　　图 3-77　"新建名称"对话框

步骤 3　再次单击刚才选中的单元格，发现名称已经重命名了，如图 3-78 所示。

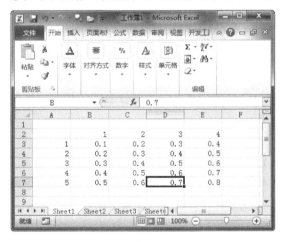

图 3-78　最终效果

3．在工具栏中重命名

步骤 1　选中需要重命名的单元格，在"公式"选项卡下的"定义的名称"组中，单击"定义名称"按钮，如图 3-79 所示。

步骤 2　在弹出的"新建名称"对话框中输入需要重命名的名称，最后单击"确定"按钮，如图 3-80 所示。

图 3-79　单击"定义名称"按钮　　　　　图 3-80　"新建名称"对话框

步骤 3　再单击刚才选中的单元格，发现名称已经重命名了，如图 3-81 所示。

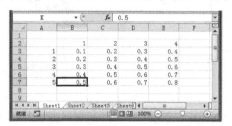

图 3-81　最终效果

3.4.2　显示单元格中的公式

在 Excel 的默认状态下，输入的公式和调用的内部函数除了显示在编辑栏外，是不在当前单元格显示的，如果想一边输入公式，一边进行公式的检查，那就需要显示公式了，步骤如下。

步骤 1　打开"员工信息表"工作表，如图 3-82 所示，单元格中并不显示公式。

步骤 2　在"公式"选项卡下的"公式审核"组中，单击"显示公式"按钮，如图 3-83 所示。

图 3-82　单元格不显示公式　　　　　图 3-83　单击"显示公式"按钮

步骤 3 此时，工作表中存在公式的单元格都自动将公式显示出来，如图 3-84 所示。

图 3-84 单元格中公式显示出来

3.4.3 快速查看各工作表中各单元的数据

使用监视窗口可以方便地在大型工作表中检查、审核或确定公式计算及其结果。使用监视窗口无须反复滚动或定位到工作表的不同部分。

1. 向"监视窗口"中添加单元格

步骤 1 选择要监视的单元格，在"开始"选项卡下的"编辑"组中，单击"查找和选择"按钮，在展开的下拉列表中选择"定位条件"命令，如图 3-85 所示。

步骤 2 在"公式"选项卡下的"公式审核"组中，单击"监视窗口"按钮，如图 3-86 所示。

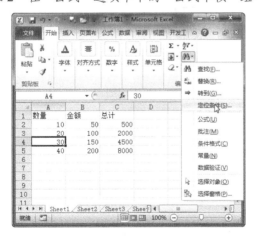

图 3-85 选择"定位条件"命令

图 3-86 单击"监视窗口"按钮

步骤 3 在"监视窗口"窗格中再单击"添加监视点"按钮，如图 3-87 所示。

步骤 4 将"监视窗口"窗格中移动到窗口的顶部、底部、左侧或右侧，如图 3-88 所示。

图 3-87　添加监视点

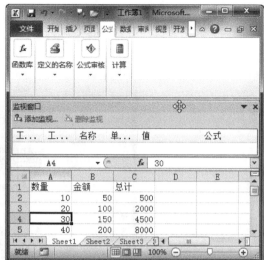

图 3-88　移动"监视窗口"

步骤 5　要调整窗口的大小，可以拖动列标题右侧边界，如图 3-89 所示。

步骤 6　要显示"监视窗口"窗格中的监视，可以双击该监视，如图 3-90 所示。

图 3-89　调整监视窗口大小

图 3-90　双击条目

2. 从"监视窗口"中删除单元格

步骤 1　如果"监视窗口"未显示，可以在"公式"选项卡下的"公式审核"组中，单击"监视窗口"按钮，如图 3-91 所示。

步骤 2　选择要删除的单元格，如果要选择删除多个单元格，可以按住 Ctrl 键并单击所需单元格，如图 3-92 所示。

图 3-91　单击"监视窗口"按钮　　　　　　　图 3-92　选择单元格

步骤 3　在"监视窗口"单击"删除监视"按钮，如图 3-93 所示。

图 3-93　单击"删除监视"按钮

3.4.4　调整工作簿的颜色

工作簿有 3 种颜色，蓝色、银色、黑色，想要调整工作簿颜色应该怎么做呢？具体操作步骤如下。

步骤 1　选择"文件"|"选项"命令，弹出"Excel 选项"对话框，单击"常规"选项，接着在右侧的窗格中单击"配色方案"旁边的下三角按钮，并在展开的下拉列表中选择所需的颜色，如图 3-94 所示。

步骤2 单击"确定"按钮，返回工作簿，此时已成功调整工作簿颜色，效果如图 3-95 所示。

图 3-94 选择所需颜色   图 3-95 效果图

3.4.5 修改工作簿默认保存格式

在默认情况下，工作簿将保存为当前的 Microsoft Excel 格式，如果用户要修改工作薄的默认保存格式，其实方法很简单，具体操作步骤如下。

步骤1 选择"文件"|"选项"命令，打开"Excel 选项"对话框，选择"保存"选项，如图 3-96 所示。

步骤2 在"将文件保存为此格式"下拉列表框中选择"XML 数据(*.xml)"格式，单击"确定"按钮，如图 3-97 所示。

图 3-96 "Excel 选项"对话框   图 3-97 选择格式

还可以在"另存为"窗口中，修改工作簿的默认保存格式，具体操作步骤如下。

步骤1 打开 Excel 工作表，选中"文件"|"另存为"命令，如图 3-98 所示。

步骤2 在弹出的"另存为"对话框中，单击"保存类型"下拉列表框，选择所需的文件格式，最后单击"保存"按钮，如图 3-99 所示。

图 3-98　选择"另存为"命令

图 3-99　选择文件格式

3.5　实战演练

一、选择题

1. 使用(　　)函数可以统计各部门男女员工人数的比例。

A．IF
B．COUNTIF
C．COUNT
D．SUM

2. 重命名单元格有(　　)种方法。

A．1
B．2
C．3
D．4

3. 监视窗口可以用在(　　)选项卡中打开。

A．开始
B．插入
C．视图
D．公式

4. 在(　　)调整工作簿的颜色。

A．文件|选项
B．开始
C．页面布局
D．视图

5. 冻结拆分窗格在(　　)选项卡下完成。

A．审阅
B．数据
C．公式
D．视图

二、实训题

1. 尝试完成调整工作簿颜色的操作。
2. 尝试完成制作员工信息查询表的操作。

第 4 章

经典实例：管理员工培训

【本章学习重点】

- 管理培训信息
- 制作培训调查表
- 分析调查结果
- 判定培训结果

目前，很多公司都开始重视员工的培训工作，通过培训使员工不断地更新知识，开拓技能，改进员工的态度和行为，让他们更能适应新的要求，更好地胜任现职工作或担任更高级的职务。本章我们将学习如何使用 Excel 来管理员工培训。

【本章实例展示】

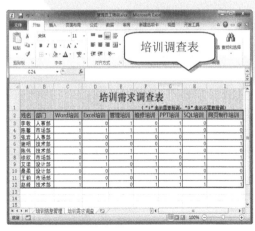

Excel 在人力资源管理中的应用

4.1　要点分析

本章将使用 Excel 表格来管理员工培训，在制作过程中会用到数据透视表来统计分析调查结果，为了便于读者使用数据透视表，下面就来介绍数据透视表的基本术语。

由于数据透视表的结构比较复杂，因此对数据透视表中各元素进行统一的描述就变得非常重要了，数据透视表的基本术语包括数据源、字段项。

数据源是用于创建数据透视表的数据来源，可以是单元格区域、定义的名称、另一个数据透视表数据或其他外部数据。

字段是数据透视表的数据源中各列的标题，每一个字段代表一类数据。

根据字段所在的区域不同，可以将字段分为报表筛选字段、行字段、列字段、值字段。

- 报表筛选字段：位于数据透视表报表筛选区域中的字段，可以对整个数据透视表进行筛选，从而显示单个项或所有项的数据。
- 行字段：位于数据透视表行区域中的字段。
- 列字段：位于数据透视表列区域中的字段。
- 值字段：位于最外部行字段上方的字段。

4.2　管理培训信息

管理员工信息是必要的，一个公司要进行员工培训首先要做好管理信息，下面就让我们来学习一下吧。

4.2.1　设计培训人员信息管理表

在涉及员工培训的各种类型的表格中，都少不了培训人员的基本信息。下面首先根据企业培训人员的情况建立培训人员基本信息表，以方便制作其他表格时对员工基本信息的使用，避免重复输入相同的数据信息，从而节约大量的工作时间。

步骤 1　打开工作簿文件(图书素材\第 4 章\管理员工培训.xlsx)，然后创建"培训人员信息管理"工作表，并输入员工基本信息，效果如图 4-1 所示。

步骤 2　选中 A1:E1 单元格区域，在"开始"选项卡下的"对齐方式"组中单击"合并后居中"按钮，如图 4-2 所示。

步骤 3　选中 A1:E1 单元格区域，在"开始"选项卡的"字体"组中设置其字体格式为"华文中宋"、"20"，效果如图 4-3 所示。

步骤 4　选中单元格区域 A2:E12，在"开始"选项卡的"字体"组中设置其字体格式为"微软雅黑"、"12"、"居中"，如图 4-4 所示。

图 4-1　创建"培训人员信息管理"工作表

图 4-2　合并标题单元格

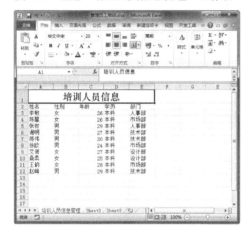

图 4-3　设置标题字体格式

图 4-4　设置表格内容字体格式

步骤 5　选中 A2:E2 单元格区域，在"开始"选项卡下的"字体"组中单击"填充颜色"旁边的下三角按钮，在展开的下拉列表中选择"浅绿"选项，如图 4-5 所示。

步骤 6　选中单元格区域 A2:E12 并右击，在弹出的快捷菜单中选择"设置单元格格式"命令，如图 4-6 所示。

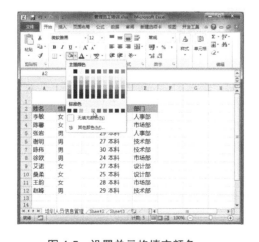

图 4-5　设置单元格填充颜色

图 4-6　选择"设置单元格格式"命令

步骤 7 弹出"设置单元格格式"对话框，切换至"边框"选项卡，在"样式"列表框中选择双实线型的线条，单击"预置"选项组中的"外边框"按钮，可以看到应用外边框样式后的效果，如图 4-7 所示。

步骤 8 在"样式"列表框中选择所需要的内部边框线条样式，单击"内部"按钮，可以看到应用内部边框样式后的效果，如图 4-8 所示。

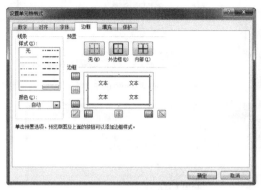 

图 4-7 应用外边框样式　　　　　　图 4-8 应用内部边框样式

步骤 9 单击"确定"按钮，返回工作表，此时可以看到表格已经应用了所设置的边框效果，如图 4-9 所示。

图 4-9 显示应用边框后的效果

4.2.2 设计课程信息管理表

公司为了提高员工的专业知识，经常会进行各种各样的培训。为了使接受培训的员工了解培训课程的内容和开课时间等信息，需要制作一个详细的课程信息管理表，包括开课日期、开课时间、授课地点、开课内容和授课人信息。

步骤 1 接上一节操作，在"管理员工培训.xlsx"工作簿中将 Sheet2 工作表重命名为"课程信息管理"，然后创建"课程信息管理表"表格，如图 4-10 所示。

步骤 2 合并 A2:A3、B2:B3、E2:E3、F2:F3、G2:G3、C2:D2 单元格区域，如图 4-11 所示。

步骤 3 在 A4 单元格中输入"2012/12/25"，然后拖动填充柄向下填充序列数据，如图 4-12 所示。

步骤 4   此时 A5:A10 单元格中被填充数据，选中 B4 单元格，然后在编辑栏中单击"插入函数"按钮，如图 4-13 所示。

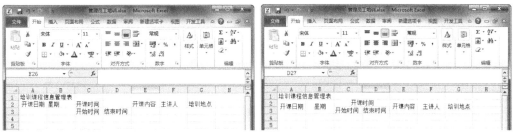

图 4-10   创建"课程信息管理表"表格   图 4-11   合并单元格

图 4-12   填充日期   图 4-13   单击"插入函数"按钮

步骤 5   弹出"插入函数"对话框，在"或选择类别"下拉列表框中选择"日期与时间"选项，在"选择函数"列表框中选择 WEEKDAY 选项，如图 4-14 所示，单击"确定"按钮。

步骤 6   弹出"函数参数"对话框，在 Serial_number 文本框中输入"A4"，在 Return_type 文本框中输入"1"，如图 4-15 所示，单击"确定"按钮。

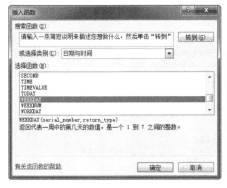

图 4-14   选择函数   图 4-15   设置函数参数

步骤 7   此时在 B4 单元格中显示了计算结果"3"，如图 4-16 所示。

Excel 在人力资源管理中的应用

步骤 8　选中 B4 单元格，在"开始"选项卡下单击"数字"组中的对话框启动器，如图 4-17 所示。

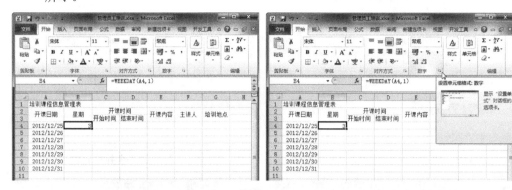

图 4-16　查看函数计算结果　　　　　　图 4-17　单击"数字"组中的对话框启动器

步骤 9　弹出"设置单元格格式"对话框，在"数字"选项卡中，在"分类"列表框中单击 "日期"选项，在右侧列表框中选择"星期三"选项，如图 4-18 所示，单击"确定" 按钮。

步骤 10　选中 B4 单元格，按 Ctrl+C 键，然后选中目标单元格区域 B5:B10，如图 4-19 所示。

图 4-18　设置数字格式为日期型　　　　　　图 4-19　选中目标单元格区域

步骤 11　在"开始"选项卡下的"剪贴板"组中单击"粘贴"下三角按钮，在展开的下拉 列表中选择"公式"选项，如图 4-20 所示。

步骤 12　此时在 B5:B10 单元格中显示了粘贴公式计算的星期数，并以 B4 单元格中的数字 格式显示，如图 4-21 所示。

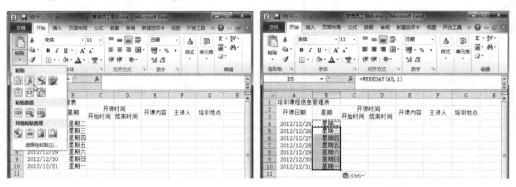

图 4-20　粘贴公式　　　　　　图 4-21　查看粘贴后的效果

步骤 13 在 C4 单元格中输入课程的开始时间 "9:30"，如图 4-22 所示。

步骤 14 选中 C4 单元格，打开"设置单元格格式"对话框，在"数字"选项卡中，在"分类"列表框中单击"日期"选项，在右侧列表框中选择"1:30PM"选项，如图 4-23 所示。

图 4-22　输入时间　　　　　　　　图 4-23　设置数字格式

步骤 15 此时 C4 单元格中的数据即以指定日期格式显示，选中 C4 单元格，按 Ctrl+C 组合键，该单元格以虚线显示，如图 4-24 所示。

步骤 16 选中单元格区域 C4:D10，在"开始"选项卡下的"剪贴板"组中单击"粘贴"下三角按钮，在展开的下拉列表中选择"选择性粘贴"选项，如图 4-25 所示。

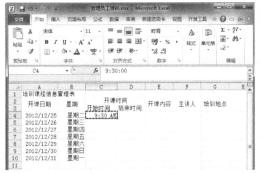 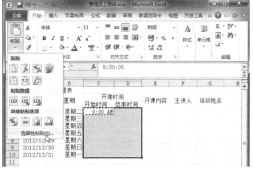

图 4-24　复制数据　　　　　　　　图 4-25　选择"选择性粘贴"选项

步骤 17 弹出"选择性粘贴"对话框，在"粘贴"选项组中选择"格式"单选按钮，如图 4-26 所示，然后单击"确定"按钮。

步骤 18 在单元格区域 C4:D10 中输入每种课程的开始时间和结束时间，如图 4-27 所示。

图 4-26　粘贴格式　　　　　　　　图 4-27　输入数据

步骤 19 在 E 列单元格中输入开课内容，拖动 E 列右侧的界线，调整列宽，如图 4-28 所示。

步骤 20 在 F 列单元格输入主讲人姓名，如图 4-29 所示。

图 4-28 输入开课内容

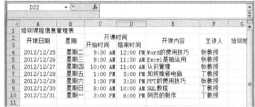

图 4-29 输入主讲人姓名

步骤 21 在 G 列输入培训地点。若要在 G5 单元格中输入与 G4 单元格相同的数据，可右击 G5 单元格，在弹出的快捷菜单中选择"从下拉列表中选择"命令，如图 4-30 所示。

步骤 22 在展开的下拉列表中单击"综合楼 12 号楼 2 楼报告厅"选项，如图 4-31 所示。

图 4-30 利用下拉列表选择添加数据　　　　图 4-31 选择输入的数据

步骤 23 用相同的方法输入其他培训地点，得到如图 4-32 所示的课程信息管理表。

步骤 24 选中标题所在的单元格区域 A1:G1，右击选中的单元格区域，打开"设置单元格格式"对话框，设置水平和垂直居中，选中"合并单元格"复选框，如图 4-33 所示。

图 4-32 输入其他培训地点　　　　图 4-33 设置对齐方式

步骤 25 切换至"字体"选项卡，设置字体为"华文楷体"，字形加粗，字号为 22，如图 4-34 所示。

步骤 26 切换至"边框"选项卡，在"样式"列表框中单击双横线样式，然后单击"下框线"按钮，如图 4-35 所示，单击"确定"按钮。

步骤 27 选中单元格区域 A2:G3，在"开始"选项卡下的"字体"组中单击"字体颜色"按钮，选择橙色选项，得到如图 4-36 所示的表格表头。

步骤 28 选中 A2:G10 单元格区域，打开"设置单元格格式"对话框，在"边框"选项卡的

"样式"列表框中选择线条样式，按照如图4-37所示添加边框。

图4-34　设置字体格式　　　　　　　　　图4-35　设置边框格式

图4-36　设置表头字体　　　　　　　　　图4-37　添加边框

步骤29　此时选中单元格即添加了相应的边框样式，得到如图4-38所示的培训课程信息管理表。

图4-38　查看添加边框样式后的效果

4.2.3　设计培训信息管理表

使用Excel创建培训信息管理表的具体操作步骤如下。

步骤1　接上一节操作，在"管理员工培训.xlsk"工作簿中，将Sheet3工作表重命名为"培训信息管理"，创建"员工培训信息管理表"表格，效果如图4-39所示。

步骤2　选中单元格区域A1:H1，然后在"开始"选项卡下的"对齐方式"组中单击"合并后居中"下三角按钮，然后在打开的下拉菜单中选择"合并后居中"命令，如图4-40所示。

步骤3　选中单元格区域A1:H1，在"开始"选项卡下的"字体"组中设置字体为"华文行楷"，字号为"22"，如图4-41所示。

步骤4　按下Ctrl键，选中单元格区域B2:D3和F2:H3，然后在"开始"选项卡下的"对齐方式"组中单击"合并后居中"下三角按钮，在打开的下拉菜单中选择"跨越合并"命令，如图4-42所示。

步骤5　选中A1:H1单元格区域并右击，在弹出的快捷菜单中选择"复制"命令，如图4-43所示。

步骤6　选中 A4 单元格，在"开始"选项卡下的"剪贴板"组中单击"粘贴"下三角按钮，在展开的下拉列表中选择"选择性粘贴"选项，如图 4-44 所示。

图 4-39　创建"员工培训信息管理表"表格　　　　图 4-40　选择"合并后居中"选项

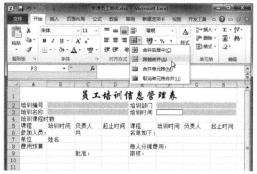

图 4-41　设置标题行的字体格式　　　　图 4-42　选择"跨越合并"命令

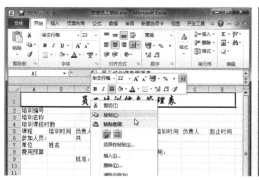

图 4-43　选择"复制"命令　　　　图 4-44　选择"选择性粘贴"选项

步骤7　弹出"选择性粘贴"对话框，在"粘贴"选项组中选中"格式"单选按钮，如图 4-45 所示，单击"确定"按钮。

步骤8　此时单元格区域 A4:H4 应用了剪贴板中文本的格式。若要缩小字号，在"开始"选项卡下的"字体"组中单击"减少小号"按钮，如图 4-46 所示。

图 4-45　粘贴格式　　　　　　　　　　　　　　　图 4-46　减小字号

步骤 9　在第 5 行和第 6 行之间，利用插入行命令添加 6 行，如图 4-47 所示。

步骤 10　选中单元格区域 A5:H5，拖动填充柄向下复制数据，单击选项按钮，在下拉列表中选中"仅填充格式"单选按钮，如图 4-48 所示。

图 4-47　插入空行　　　　　　　　　　　　　　　图 4-48　复制单元格格式

步骤 11　在第 13 行与第 14 行之间插入空白行，共插入 5 行，如图 4-49 所示。

步骤 12　选中 A13:B13 单元格区域，然后在"开始"选项卡下的"剪贴板"组中单击"复制"按钮，如图 4-50 所示。

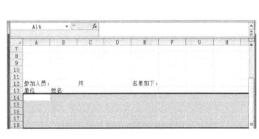

图 4-49　插入空白行　　　　　　　　　　　　　　图 4-50　选中需要复制的数据

步骤 13　选中 C13:H13 单元格区域，然后在"开始"选项卡下的"剪贴板"组中单击"粘贴"下三角按钮，在展开的列表中选择"粘贴"命令，如图 4-51 所示。

步骤 14　按下 Ctrl 键，分别选中单元格区域 A12:B12、C12:D12 和 E12:H12，然后在"开始"选项卡下的"对齐方式"组中单击"合并后居中"下三角按钮，在打开的下拉菜单中选择"跨越合并"命令，如图 4-52 所示。

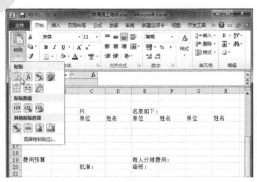

图 4-51　复制数据

图 4-52　跨越合并

步骤 15　选中单元格区域 A5:H5，按住 Ctrl 键选中 A12、C12、E12 和 A13:E13，然后在"开始"选项卡下的"字体"组中单击"加粗"按钮，如图 4-53 所示，可将选定单元格中的数据文本进行加粗。

步骤 16　接着在"对齐方式"组中单击"垂直居中"和"居中"按钮，如图 4-54 所示。

图 4-53　设置字形加粗

图 4-54　设置文本居中

步骤 17　选中 A2:H20 单元格区域，然后单击"对齐方式"组中的对话框启动器，如图 4-55 所示。

步骤 18　弹出"设置单元格格式"对话框，切换至"边框"选项卡，选择线条样式，单击"外边框"和"内部"按钮，如图 4-56 所示，单击"确定"按钮。

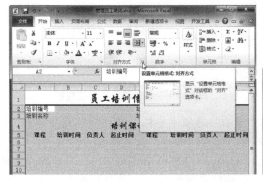

图 4-55　单击"对齐方式"组中的对话框启动器

图 4-56　设置边框样式

步骤 19　若要隐藏工作表中的网格线，可在"视图"选项卡的"显示"组中，取消选中"网格线"复选框，如图 4-57 所示，工作表中的网格线被隐藏了。

图 4-57　隐藏网格线

4.3　制作培训需求调查表

制作培训需求调查表，可以清楚地知道各个员工应培训的项目，下面就来详细介绍。

4.3.1　美化培训需求调查表的标题

设置培训需求调查表的标题可以使用户更清楚地查看，操作步骤如下。

步骤 1　接上一节操作，在"管理员工培训.xlsx"工作簿中插入新的工作表并重命名为"培训需求调查"，并创建"培训需求调查表"表格，效果如图 4-58 所示。

步骤 2　选中 A1:I1 单元格区域，在"开始"选项卡下的"对齐方式"组中单击"合并后居中"的下三角按钮，在打开的菜单中选择"合并后居中"命令，如图 4-59 所示。

图 4-58　创建"培训需求调查表"表格　　　　图 4-59　选择"合并后居中"命令

步骤 3　选中"培训需求调查表"文本，然后在"开始"选项卡的"字体"组中设置其字体格式为"华文中宋"、"22"，效果如图 4-60 所示。

步骤 4　选中"（"1"表示需要培训，"0"表示不需要培训)"文本，然后在"开始"选项卡的"字体"组中设置字体格式为"9"、字形"加粗",并调整标题行至适当的宽度,如图 4-61 所示。

图 4-60　设置字体格式

图 4-61　调整行宽

步骤 5　选中标题行,打开"设置单元格格式"对话框,切换至"填充"选项卡,设置"图案颜色"为"橙色,强调文字颜色 6,深色 25%","图案样式"为 25%灰色,如图 4-62 所示。

步骤 6　切换至"边框"选项卡,在"样式"列表框架中选择线条样式,设置颜色为紫色,单击"下框线"按钮,如图 4-63 所示。

图 4-62　设置填充色

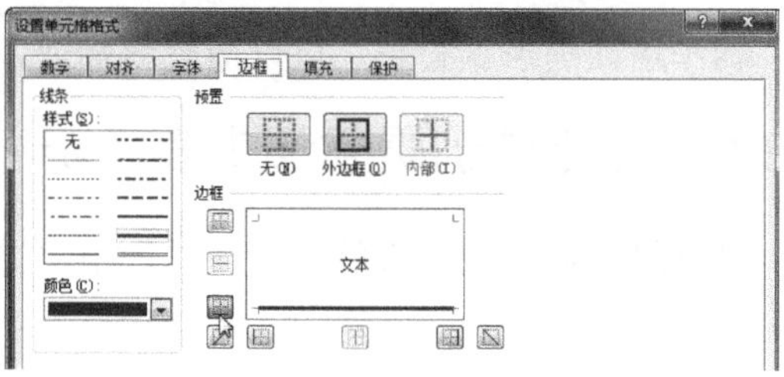

图 4-63　添加边框

步骤 7　单击"确定"按钮,返回工作表,此时培训需求调查表的标题如图 4-64 所示。

图 4-64　成功设置培训需求调查表的标题

4.3.2　设置培训需求调查表的格式

下面为培训需求调查表设置相应的格式,使其更加美观,具体操作步骤如下。

步骤 1　选中 A2:I2 单元格区域,在"开始"选项卡下的"单元格"组中单击"格式"旁边的下三角按钮,在打开的下拉菜单中选择"自动调整列宽"命令,如图 4-65 所示。

步骤 2　选中单元格区域 A2:I2,在"开始"选项卡下的"字体"组中设置字体为"微软雅黑"，字号为 12 磅，填充色为"橙色"，如图 4-66 所示。

图 4-65 调整列宽 　　　　　　　图 4-66 设置字段项目格式

步骤 3 选中 A3:I12 单元格区域，在"开始"选项卡下的"字体"组中设置字体为"黑体"，如图 4-67 所示。

步骤 4 选中 A2:I12 单元格区域，打开"设置单元格格式"对话框，切换至"边框"选项卡，在"样式"列表框中选择所需要的线条，并为表格添加框，如图 4-68 所示。

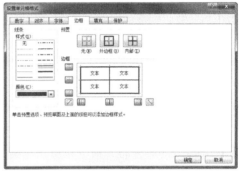

图 4-67 设置其他单元格区域字体格式 　　　　图 4-68 添加边框

步骤 5 单击"确定"按钮，返回工作表，此时已设置培训需求调查表的格式，如图 4-69 所示。

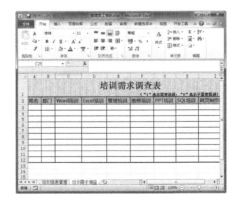

图 4-69 成功设置培训需求调查表的格式

Excel 在人力资源管理中的应用

4.3.3 录入调查结果信息

培训需求调查表制作好之后就可以录入调查结果信息了，具体操作步骤如下。

步骤 1 接着上面操作，选中 A3 单元格，输入公式 "=培训人员信息管理!A3:A12"，按下 Enter 键，得出第一个员工的姓名，如图 4-70 所示。

步骤 2 选中 A3 单元格，向下拖动填充柄，复制公式一直到 A12 单元格区域，得出其他员工的姓名，如图 4-71 所示。

图 4-70 得出第一个员工的姓名　　　　图 4-71 复制公式得到其他员工姓名

步骤 3 选中 B3 单元格，输入公式 "=培训人员信息管理!E3:E12"，按下 Enter 键，得出第一个员工所属的部门，如图 4-72 所示。

步骤 4 选中 B3 单元格，向下拖动填充柄，复制公式一直到 B12 单元格区域，得出其他员工所属的部门，如图 4-73 所示。

图 4-72 得出第一个员工所属部门　　　　图 4-73 复制公式得出其他员工所属部门

步骤 5 根据实际调查情况，录入各员工的实际培训情况，培训需求调查表的最终效果如图 4-74 所示。

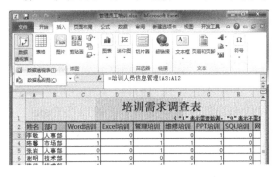

图 4-74　培训需求调查表最终效果

4.4　使用数据透视表统计分析调查结果信息

数据透视表是一种对大量数据快速汇总和建立交叉列表的交互式表格。用户可以旋转其行和列查看源数据的不同汇总，还可以根据需要显示区域的明细数据。下面就利用数据透视表统计分析调查结果信息。

4.4.1　根据调查结果创建数据透视表

创建数据透视表的具体步骤如下。

步骤 1　接着上面操作，在"插入"选项卡的"表"组中，单击"数据透视表"旁边的下三角按钮，选择"数据透视表"命令，如图 4-75 所示。

步骤 2　弹出"创建数据透视表"对话框，在"请选择要分析的数据"选项组中，选中"选择一个表或区域"单选按钮，单击右侧的  按钮，如图 4-76 所示。

图 4-75　选择"数据透视表"选项　　　　图 4-76　单击右侧的 按钮

步骤 3　选择 A2:A12 单元格区域，如图 4-77 所示，单击"数据透视表"框中的 按钮。

步骤 4　返回"创建数据透视表"对话框，在"选择放置数据透视表的位置"选项组中，选中"现有工作表"单选按钮，然后单击"位置"文本框右侧的 按钮，如图 4-78 所示。

图 4-77　选择数据区域

图 4-78　单击"位置"文本框右侧的 ⊞ 按钮

步骤 5　在工作表中选择一个单元格，比如选择 A15，然后单击 ⊞ 按钮，如图 4-79 所示。

步骤 6　最后回到"创建数据透视表"对话框，单击"确定"按钮即可创建如图 4-80 所示的空白数据透视表。

图 4-79　单击 ⊞ 按钮

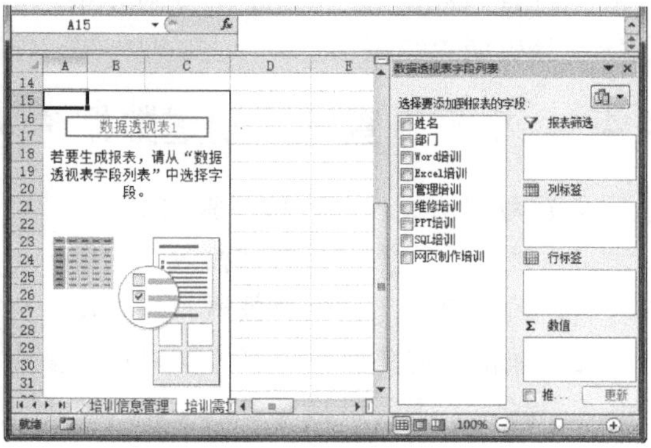

图 4-80　创建空白数据透视表

4.4.2　对数据透视表中的各个字段进行布局

最新创建的数据透视表是一个空白的表，其中不包含任何内容，只有在用户对字段进行布局后才会呈现出一份有意义的报表。对字段布局的方法有很多种，可以让 Excel 按照默认规则自动布局，也可以使用拖动或命令的方式手动布局。下面就对刚才创建的数据透视表中的字段进行布局，具体操作步骤如下。

步骤 1　接着上面的操作，从右侧"数据透视表字段列表"中选择要添加到报表中的字段。选中全部字段，系统按照默认的规则将其添加到"列标签"、"行标签"和"数值"中，如图 4-81 所示。

步骤 2　右击字段列表中的"姓名"，会弹出如图 4-82 所示的快捷菜单，可以使用这些命令对指定字段布局。这里选择"添加到报表筛选"命令。

步骤 3　此时，即可完成对数据透视表中的字段的布局，最终效果如图 4-83 所示。

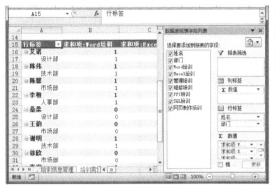 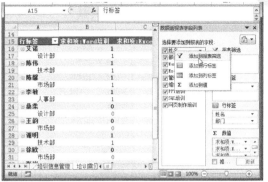

图 4-81 添加字段　　　　　　　　图 4-82 选择"添加到报表筛选"命令

图 4-83 数据透视表中的字段布局

4.4.3 重命名数据透视表中的字段名称

数据透视表中的字段名称一般都是系统创建透视表的时候根据行标题或列标题定义的，如果想要更改，那应该如何操作呢？下面具体介绍。

1. 在菜单的工具栏中更改

在工具栏中更改字段名称和汇总方式就是指根据 Excel 工作表提供的在菜单工具栏中的已有工具区进行更改，具体操作步骤如下。

步骤 1　打开工作簿文件(图书素材\第 4 章\管理员工培训.xlsx)中的 "培训需求调查"工作表，选中需要更改字段名称的列中的任意单元格，这里选择 B16 单元格。

步骤 2　在"数据透视表工具"选项卡下的"选项"中，单击"活动字段"按钮，然后在展开的"活动字段"文本框中输入字段名称"Word 培训总人数"，按 Enter 键即可修改透视表字段名称，如图 4-84 所示。

2. 在字段列表中的字段按钮上更改

在工具栏中更改字段名称是指在"数据透视表字段列表"列表框中，在"字段按钮"上单击鼠标左键进行更改，具体操作步骤如下。

步骤 1　在工作表右侧的"数据透视表字段列表"中选择需要更改的字段，这里单击"求和项：Excel 培训"，在弹出的快捷菜单中选择"值字段设置"命令，如图 4-85 所示。

步骤 2　弹出"值字段设置"对话框，在"自定义名称"文本框中输入新的字段名称，这里输入"Excel 培训总人数",如图 4-86 所示,然后单击"确定"按钮,完成设置。

图 4-84　修改字段名称

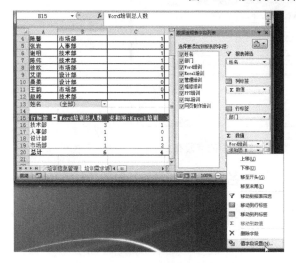

图 4-85　选择"值字段设置"命令

图 4-86　修改字段名称

提示

如果看不到字段列表,在"选项"下的"显示"组中,单击"字段列表"按钮,可以重新显示"字段列表"对话框,如图 4-87 所示,再次单击就可以隐藏。

图 4-87　显示或隐藏字段列表

4.4.4　设置数据透视表中值的显示方式

设置值显示的方式有两种方法,下面将具体介绍。

1. 在菜单的工具栏中显示

在菜单的工具栏中显示值的具体操作步骤如下。

步骤1　接着上面的操作，在"培训需求调查"工作表中选中需要设置值显示方式的单元格，这里选择 B20 单元格。

步骤2　在"数据透视表工具"下的"选项"中，单击"计算"下三角按钮，在展开的列表中单击"值显示方式"按钮，然后在打开的下拉菜单中选择一种值的显示方式，这里选择"父级汇总的百分比"命令，如图4-88所示。

图 4-88　选择值的显示方式

2. 通过快捷菜单更改

通过快捷菜单更改值的显示方式的具体操作步骤如下。

步骤1　选中需要更改值显示方式的单元格，这里选中 B20 单元格。

步骤2　右击选中的单元格，在弹出的快捷菜单中选择"值显示方式"命令，在子菜单中选择一种值的显示方式，这里选择"父级汇总的百分比"命令，如图4-89所示。

图 4-89　选择值的显示方式

4.5 使用数据透视图统计分析调查结果

数据透视图是以图形的形式来表示数据透视表中的数据，像数据透视表一样，可以更改数据透视图的布局和数据。

数据透视图通常有一个使用相应布局的相关联的数据透视表。两个报表中的字段相互对应。如果更改了某一报表中某个字段的位置，则另一报表中相应字段的位置也会改变。

4.5.1 根据调查结果创建数据透视图

下面就根据之前所创建的"培训需求调查"工作表，创建数据透视图，具体操作步骤如下。

步骤 1 接着上面的操作，在"培训需求调查"工作表中选择要包含在图表中的数据单元格，这里选择 A1:I12 单元格区域，然后在"插入"选项卡下的"图表"组中单击"柱形图"按钮旁边的下三角按钮，选择一种图表形式，这里选择"三维堆积柱形图"，如图 4-90 所示。

步骤 2 此时，在工作表中即可创建图表，移动图表至合适的位置，如图 4-91 所示。

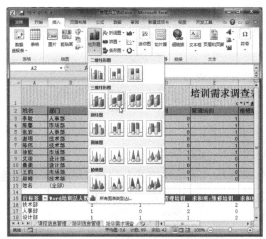

图 4-90 选择一种图表形式

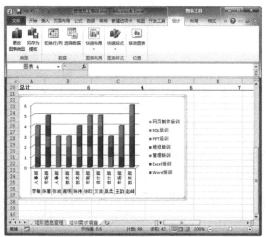

图 4-91 成功创建数据透视图

4.5.2 美化数据透视图

数据透视图创建好之后，下面就来介绍如何设置数据透视图的格式。

1. 利用对话框设置数据透视图的格式

利用对话框设置数据透视图的格式的具体操作步骤如下。

步骤 1 接着上面的操作，单击数据透视图，然后在"图表工具"下的"布局"选项卡中的

经典实例：管理员工培训

"当前所选内容"组中，单击"图表元素"右侧的下三角按钮，如图4-92所示。

步骤2　在展开的下拉列表中选择"图表区"选项，如图4-93所示。

图4-92　单击"图表元素"右侧的下三角按钮

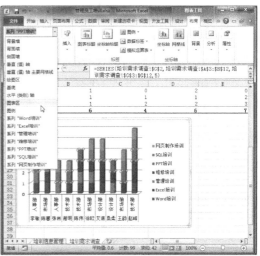

图4-93　选择"图表区"选项

步骤3　在"图表工具"下的"布局"选项卡中的"当前所选内容"组中，单击"设置所选内容格式"按钮，如图4-94所示。

步骤4　弹出"设置图表区格式"对话框，在"填充"选项中选中"渐变填充"单选按钮，然后单击"预设颜色"下三角按钮，在展开的下拉列表中单击"麦浪滚滚"图标，如图4-95所示。

图4-94　单击"设置所选内容格式"按钮

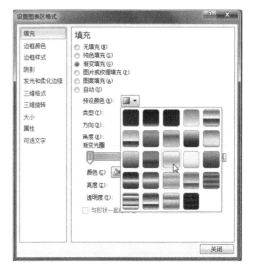

图4-95　设置填充格式

步骤5　切换至"边框颜色"选项，然后选中"实线"单选按钮，单击"颜色"下三角按钮，在展开的下拉列表中单击"橙色，强调文字颜色为6，深色25%"图标，如图4-96所示。

步骤6 设置完成后单击"关闭"按钮，此时数据透视图的图表区即可应用刚才设置的格式，得到如图 4-97 所示的图表效果。

图 4-96 设置边框颜色

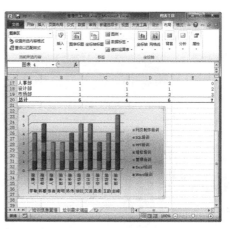

图 4-97 显示设置图表区格式后的效果

2．利用形状样式设置绘图区格式

接下来学习如何使用 Excel 提供的预定义形状样式设置数据透视图，例如，设置绘图区格式，其操作步骤如下。

步骤1 在"图表工具"下的"布局"选项卡中的"当前所选内容"组中，单击"图表元素"右侧的下三角按钮，在展开的下拉列表中选择"绘图区"选项，如图 4-98 所示。

步骤2 在"图表工具"下的"格式"选项卡中，单击"形状样式"组中的其他按钮，如图 4-99 所示。

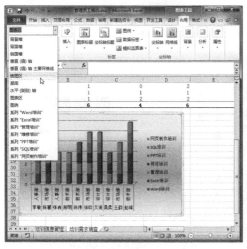

图 4-98 选择"绘图区"选项

图 4-99 单击"形状样式"组中的其他按钮

步骤3 在展开的形状样式库中选择需要的样式，这里选择"细微效果-蓝色，强调颜色 1"样式，如图 4-100 所示。

步骤4 此时数据透视图的绘图填充了指定的形状样式，如图 4-101 所示。

经典实例：管理员工培训

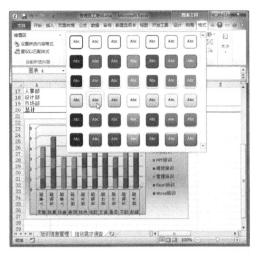

图 4-100　选择样式

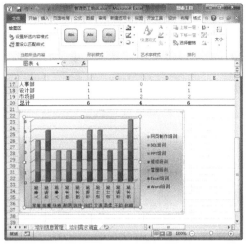

图 4-101　应用样式后的效果

4.6　使用切片器分析调查结果

在 Excel 2010 中新增了一种可视性极强的筛选方法，用以筛选数据透视表中的数据，即切片器。一旦插入切片器，即可使用多个按钮对数据进行快速分段和筛选，以仅显示所需数据。具体操作步骤如下。

步骤 1　接着上面的操作，在"培训需求调查"工作表中选中数据透视表中的任意单元格，切换至"数据透视表工具"选项卡下的"选项"卡，然后单击"插入切片器"下三角按钮，从打开的下拉菜单中选择"插入切片器"命令，如图 4-102 所示。

步骤 2　弹出"插入切片器"对话框，在列表框中选择需要创建为切片器的字段名称，例如选中"部门"和"Word 培训"字段前的复选框，如图 4-103 所示，然后单击"确定"按钮。

图 4-102　选择"插入切片器"命令

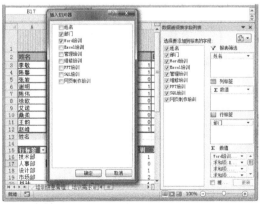

图 4-103　选择切片器字段选项

步骤 3　返回工作表，此时，在工作表中创建了"部门"和"Word 培训"切片器，如图 4-104 所示。

步骤 4　在"部门"切片器中选中"技术部"和"人事部"按钮，如图 4-105 所示。

图 4-104　显示插入的切片器效果　　　　图 4-105　筛选数据

步骤 5　此时在数据透视表中只显示了"技术部"和"人事部"各培训人数的汇总，如图 4-106 所示。

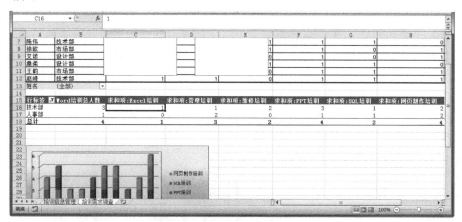

图 4-106　显示筛选结果

4.7　判定培训结果

员工培训结束之后，为了考核员工的培训效果，通常需要对培训的员工进行考试，以选拔培训期间成绩优异的员工。员工的在职培训成绩反映员工培训的各科成绩、总分、平均分名次等信息。

4.7.1 评定员工考核成绩

员工每科培训课程的成绩之和，可使用 SUM 函数来计算，还可以使用 AVERAGE 函数来计算平均成绩，具体操作步骤如下。

步骤 1 接着上节操作，在"管理员工培训.xlsx"工作簿中插入新的工作表，并重命名为"员工考核成绩"，然后创建"员工考核成绩表"，并根据实际情况输入员工培训成绩，效果如图 4-107 所示。

步骤 2 选中 J3 单元格，在单元格中输入公式"=SUM(C3:I3)"，按下 Enter 键，计算出第一个员工的成绩总分，如图 4-108 所示。

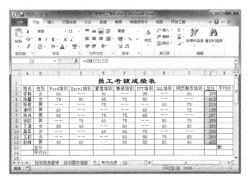

图 4-107　创建"员工考核成绩表"　　　图 4-108　计算出第一个员工的成绩总分

步骤 3 选中 J3 单元格，拖动 J3 单元格右下角的填充柄，向下复制公式一直到 J12 单元格，此时计算出其他员工的成绩总分，如图 4-109 所示。

步骤 4 选中 K3 单元格，输入公式"=AVERAGE(C3:I3)"，按下 Enter 键，计算出第一个员工的平均分，如图 4-110 所示。

图 4-109　计算出其他员工的成绩总分　　　图 4-110　计算出第一个员工的平均成绩

步骤 5 选中 K3 单元格，拖动 K3 单元格右下角的填充柄，向下复制公式一直到 K12 单元格，计算出其他员工的平均分，如图 4-111 所示。

步骤 6 选中单元格区域 K3:K12，然后在"开始"选项卡下的"数字"组中单击"减少小数位数"按钮，如图 4-112 所示。

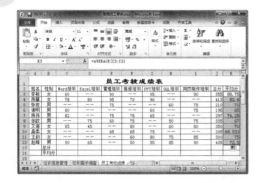

图 4-111 计算出其他员工的平均成绩

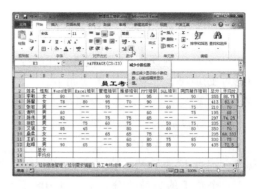

图 4-112 单击"减少小数位数"按钮

步骤 7 将"平均分"列的数据小数位数设置为 0，如图 4-113 所示。

步骤 8 选中 C13 单元格，输入公式"=SUM(C3:C12)"，按下 Enter 键，计算出 Word 培训科目的总分，如图 4-114 所示。

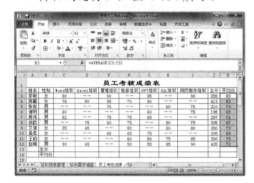

图 4-113 设置小数位数为 0

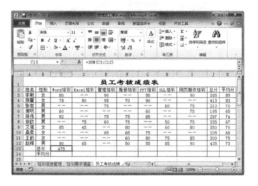

图 4-114 计算出 Word 培训科目的总分

步骤 9 选中 C13 单元格，拖动填充柄向右复制公式，一直到 I13 单元格，得到其他所有科目的总分，如图 4-115 所示。

步骤 10 选中 C14 单元格，输入公式"=AVERAGE(C3:C12)"，按下 Enter 键，计算出 Word 培训科目的平均分，如图 4-116 所示。

图 4-115 得到其他所有科目的总分

图 4-116 计算出 Word 培训科目的平均分

步骤 11 选中 C14 单元格，拖动填充柄向右复制公式，一直到 I14 单元格，得到其他所有科目的平均分，如图 4-117 所示。再选中 C14:I14 单元格区域，设置数据小数位数为 2。

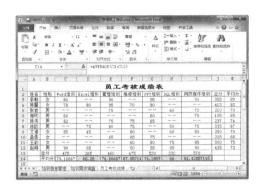

图 4-117　得到其他所有科目的平均分

4.7.2　判断员工成绩是否合格

统计出员工培训成绩后，还可以根据本次培训成绩的要求，来查看员工培训的成绩是否合格。假设培训平均成绩达到 70，则为合格，否则为不合格。下面就用 IF 函数来进行判断，具体操作步骤如下。

步骤 1　接着上面的操作，在数据表格的右侧新添加"判断员工成绩是否合格"列，并选中M3 单元格，如图 4-118 所示。

步骤 2　在"公式"选项卡下的"函数库"组中单击"插入函数"按钮，如图 4-119 所示。

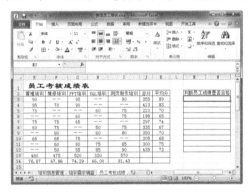

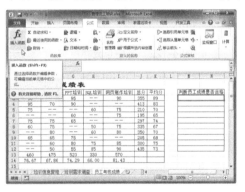

图 4-118　新建表格　　　　　　　　图 4-119　单击"插入函数"按钮

步骤 3　弹出"插入函数"对话框，在"或选择类别"下拉列表框中选择"逻辑"选项，在"选择函数"列表框中选择 IF 选项，如图 4-120 所示，单击"确定"按钮。

步骤 4　弹出"函数参数"对话框，设置 Logical_test 为"K3>=70"，Value_if_true 为"合格"，Value_if_false 为"不合格"，如图 4-121 所示，单击"确定"按钮。

步骤 5　此时在 M3 单元格中显示了判断结果，选中单元格区域 M3:M15，如图 4-122 所示。

步骤 6　在"开始"选项卡下的"编辑"组中单击"填充"按钮，在展开的下拉列表中选择"向下"选项，如图 4-123 所示。

图 4-120　选择函数

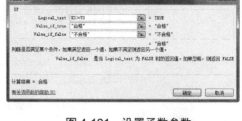

图 4-121　设置函数参数

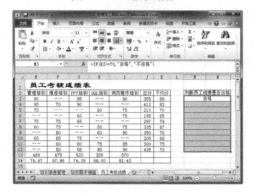

图 4-122　选中单元格区域

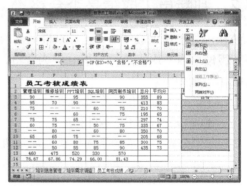

图 4-123　利用填充功能复制公式

步骤 7　此时，在单元格中即可显示各员工的成绩是否合格的情况，如图 4-124 所示。

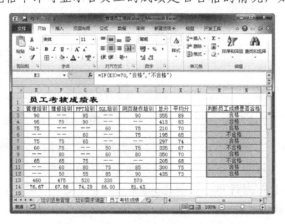

图 4-124　显示复制公式的判断结果

4.7.3　对员工培训成绩进行排名

统计出员工的成绩后，为了能够很快地看出员工的成绩好坏，可对员工的培训成绩进行排名，具体操作步骤如下。

步骤 1　接着上面的操作，在"员工考核成绩"工作表中添加"排名"列，用于显示员工培训成绩排名，选中 L3 单元格，如图 4-125 所示。

步骤 2　在"公式"选项卡下的"函数库"组中单击"插入函数"按钮，如图 4-126 所示。

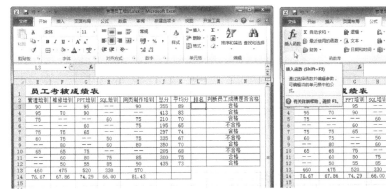

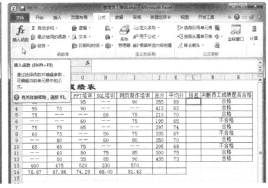

图 4-125　添加"排名"列　　　　　　　　　图 4-126　单击"插入函数"按钮

步骤 3　弹出"插入函数"对话框，在"或选择类别"下拉列表中选择"统计"选项，在"选择函数"列表框中选择 RANK.EQ 选项，如图 4-127 所示，单击"确定"按钮。

步骤 4　弹出"函数参数"对话框，在 Number 文本框中输入"K3"，在 Ref 文本框中输入"$K$3:$K$12"，在 Order 文本框中输入"0"，如图 4-128 所示，单击"确定"按钮。

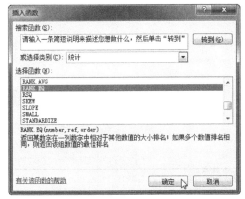

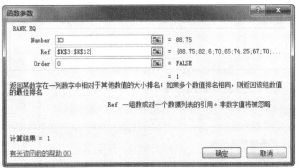

图 4-127　选择函数　　　　　　　　　　图 4-128　设置函数参数

提示　　这里因为要计算指定的排位都是 K3:K12 单元格区域中的数值，即各个数值在这个指定区域中的排位，所以为了便于复制公式需要使用绝对引用。

步骤 5　此时在 L3 单元格中显示了该平均成绩在所有平均成绩中所处的位置，也就是名次，如图 4-129 所示。

步骤 6　选中 L3 单元格，拖动填充柄，向下复制公式一直到 L12 单元格，计算出其他员工的排名，如图 4-130 所示。

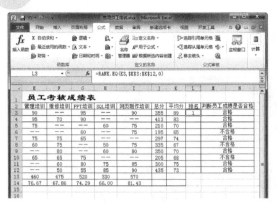

图 4-129　显示第一个员工的排名

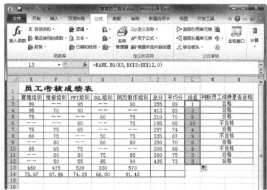

图 4-130　计算出其他员工的排名

4.7.4　对员工培训成绩进行中国式排名

所谓中国式排名，是指排名时如果出现并列的情况，并列者不占用名次。例如有两个第 6 名，则下一个还是第 7 名，而不是排到第 8 名，这似乎更符合中国人的习惯。而在 Excel 中用 RANK.EQ 函数排序时，并列者将占用名次，因而会导致后面有的名次出现空缺。在许多情况下，我们可能要用到中国式排名。下面就将对员工培训成绩进行中国式排名，具体操作步骤如下。

步骤 1　接着上面的操作，在"员工考核成绩"工作表中添加"中国式排名"列，并插入一列空列方便之后的排序，如图 4-131 所示。

步骤 2　选中 L3 单元格，然后在"数据"选项卡下的"排序和筛选"组中单击"降序"按钮，如图 4-132 所示。

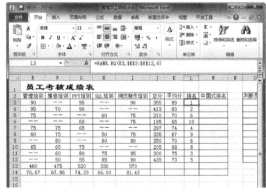

图 4-131　添加"中国式排名"列

图 4-132　单击"降序"按钮

步骤 3　此时，当前工作表中的数据依次从高到低进行排序，得到如图 4-133 所示的排序结果。

步骤 4　选中 M3 单元格，输入公式："=SUMPRODUCT((K\$3:K\$12>K3)*(1/(COUNTIF(K\$3:K\$12, K\$3:K\$12))))+1"，按下 Ctrl+Shift+Enter 组合键，计算出第一员工的中国式排名，如图 4-134 所示。

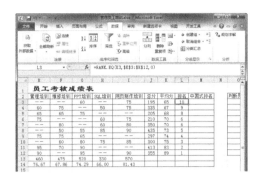

图 4-133　从高到低进行排序

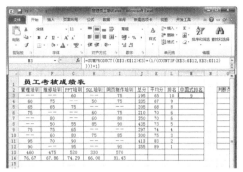

图 4-134　计算出第一员工的中国式排名

步骤 5　选中 M3 单元格，拖动填充柄向下复制公式一直到 M12 单元格，得出其他员工的中国式排名，如图 4-135 所示。

图 4-135　得出其他员工的中国式排名

4.7.5　快速查询各个员工的成绩

如果数据过多，想要快速查询员工成绩会显得比较麻烦，此时可以制作员工成绩查询表，通过查询函数进行链接，将自动显示员工成绩。具体操作步骤如下。

步骤 1　接着上面的操作，在"员工考核成绩"工作表中添加"编号"列，并输入员工编号，如图 4-136 所示。

步骤 2　在当前工作簿中插入新的工作表，并重命名为"员工成绩查询表"，然后创建"员工成绩查询表"表格，并输入基本内容，效果如图 4-137 所示。

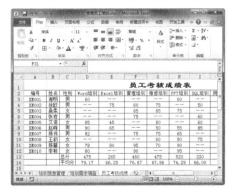

图 4-136　添加"编号"列

图 4-137　创建"员工成绩查询表"表格

步骤 3   选中 A3 单元格，在"数据"选项卡下的"数据工具"组中单击"数据有效性"按钮，如图 4-138 所示。

步骤 4   弹出"数据有效性"对话框，在"设置"选项卡中单击"允许"右侧的下三角按钮，并选择"序列"选项，如图 4-139 所示。

图 4-138   单击"数据有效性"按钮   图 4-139   选择允许条件

步骤 5   在"来源"文本框中设置数据来源信息，在此输入"=员工考核成绩!$A$3:$A$12"，表示"员工考核成绩"表中的编号，如图 4-140 所示。

步骤 6   单击"确定"按钮，返回工作表，单击 A3 单元格右侧的下三角按钮，在展开的下拉列表中可以看到所有的员工编号，选择需要查询的编号即可，如图 4-141 所示。

图 4-140   设置数据来源   图 4-141   选择员工编号

步骤 7   选中 B3 单元格，在"公式"选项卡下的"函数库"组中单击"插入函数"按钮，如图 4-142 所示。

步骤 8   弹出"插入函数"对话框，在"或选择类别"下拉列表框中选择"查找与引用"选项，如图 4-143 所示。

步骤 9   在"选择函数"列表框中选择 VLOOKUP 函数，再单击"确定"按钮，如图 4-144 所示。

步骤 10   弹出"函数参数"对话框，在 Lookup_value 文本框中输入"A3"，表示要查找的值；在 Table_array 文本框中输入"员工考核成绩!A2:B12"；在 Col_index_num 文本框中输入"2"；在 Range_lookup 文本框中输入"TRUE"，如图 4-145 所示。

图 4-142　单击"插入函数"按钮

图 4-143　选择函数类别

图 4-144　选择函数

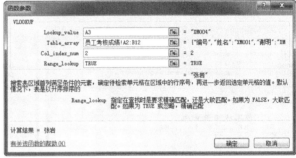

图 4-145　设置函数参数

步骤 11　单击"确定"按钮，返回工作表，此时可以看到在目标单元格中显示了返回的员工姓名，即编号为"XM004"的员工姓名为"张岩"，如图 4-146 所示。

步骤 12　选中 C3 单元格，输入公式"=VLOOKUP(A3,员工考核成绩!A3:K12,11)"，表示查找单元格区域 A3:K12 第 11 列对应的值，如图 4-147 所示。

图 4-146　显示返回的员工姓名

图 4-147　输入公式查询员工总成绩

步骤 13　输入正确的公式之后，按下 Enter 键，此时在目标单元格中显示了返回的总成绩，即编号为"XM004"的员工的总成绩为 210，如图 4-148 所示。

步骤 14　选中 D3 单元格，并在其中输入计算与员工编号"XM004"相对应的平均分的公式，在此输入公式"=VLOOKUP(A3,员工考核成绩!A3:L12,12)"，如图 4-149 所示。

Excel 在人力资源管理中的应用

图 4-148 显示返回的总成绩

图 4-149 输入公式获取与"XM004"相对应的平均分

步骤 15 按 Enter 键，即可看到目标单元格中显示了返回的平均分，即编号为"XM004"的员工平均分为 70，如图 4-150 所示。

步骤 16 选中 E3 单元格，并输入获取员工排名的计算公式"=VLOOKUP(A3,员工考核成绩!A3:M12,13)"，如图 4-151 所示。

图 4-150 显示返回的平均分　　　　　图 4-151 输入查询员工排名公式

步骤 17 按 Enter 键，即可看到在目标单元格中显示了返回的排名，即编号为"XM004"的员工的排名为 6，如图 4-152 所示。

步骤 18 此时查询系统已经建立，如果需要在员工成绩查询表中查看其他员工的成绩，则选择编号即可。选中 A3 单元格，并单击其右侧的下三角按钮，再选择所需的员工编号，如图 4-153 所示。

图 4-152 显示返回的排名

图 4-153 选择其他员工编号

步骤 19 经过上一步操作之后，此时可以看到在员工成绩查询表中的信息自动发生了变化。它根据选择的员工编号自动查询了新的数据信息进行匹配，结果如图 4-154 所示。

图 4-154　显示自动更新信息的效果

4.8　专家指导

4.8.1　数据透视图在格式设置上的限制

Excel 2010 对数据透视图做了很大的改进，现在的数据透视图几乎和普通图表所具有的功能一样。只要熟悉图表使用的方法，那么使用数据透视图就没有任何问题。但是，在 Excel 2010 中的数据透视图还是会存在某些方面的限制。在使用数据透视图之前，有必要了解这些限制，具体如下。

● 无法创建图表类型为 XY 图、气泡图和股价图的数据透视图。

● 无法直接调整数据透视图中的数据标签的大小。

● 如果在数据透视图中添加了趋势线，那么当在它所基于的数据透视表中添加或删除字段时，这些趋势可能会丢失。

4.8.2　通过连接到另一个数据透视表共享切片器

通过连接到另一个数据透视表来插入该数据透视表的切片器，步骤如下。

步骤 1　在"数据"选项卡下单击"获取外部数据"按钮，在展开的列表中单击"现有连接"按钮，如图 4-155 所示。

步骤 2　在"现有连接"对话框中的"显示"下拉列表框中，选择"所有连接"选项，如图 4-156 所示。

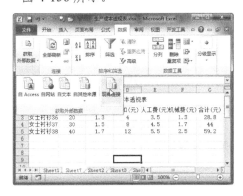

图 4-155　单击"现有连接"按钮

图 4-156　选择所有连接

步骤 3 在"选择连接"列表框中选择所需要的连接，然后单击"打开"按钮，如图 4-157 所示。

步骤 4 在"导入数据"对话框中的"请选择该数据在工作簿中的显示方式"下，选中"数据透视表"单选按钮，如图 4-158 所示。

图 4-157　单击打开　　　　　　　　　　　图 4-158　选择数据透视表

步骤 5 单击"确定"按钮，返回工作，创建如图 4-159 所示的数据透视表。

步骤 6 在"选项"选项卡下的"排序和筛选"组中，单击"插入切片器"按钮，在展开的列表中选择"切片器连接"选项，如图 4-160 所示。

图 4-159　数据透视表　　　　　　　　　　图 4-160　切片器连接

步骤 7 在"切片器连接"对话框中，选中要使用的切片器复选框，单击"确定"按钮，如图 4-161 所示。

步骤 8 在每个切片器中，单击要筛选的项目，若要选择多个，按 Ctrl 键，然后再单击要筛选的项目。

图 4-161　使用切片器

4.8.3　创建独立的切片器

如何创建独立的切片器呢？步骤如下。

步骤 1　在"插入"选项卡下的"筛选器"组中，单击"切片器"按钮。

步骤 2　在"现有连接"对话框中的"显示"框中，执行下列操作之一。

● 若要显示所有连接，单击"所有连接"命令，默认情况下会选择此选项。

● 若要显示最近使用的连接列表，单击"此工作簿中的连接"命令，此列表是从以下连接创建的：已经定义的连接、使用数据连接向导的"选择数据源"对话框创建的连接或者以前在该对话框中选择的连接。

● 若要只显示计算机上可用的连接，单击"此计算机的连接文件"命令，此列表是从通常存储在"我的文档"文件夹中的"我的数据源"文件夹创建的。

● 若要只显示通过网络访问的连接文件的可用连接，单击"网络的连接文件"命令。

步骤 3　在"选择字段"对话框中，选中要为其创建切片器的字段的复选框。

步骤 4　单击"确定"按钮，将为选中的每一个字段创建一个切片器。

4.8.4　制作半透明的条形或柱形数据系列

Excel 图表并不支持颜色的透明，当我们为柱形或条形图表系列应用颜色时，该颜色必定是一种实色。

下面将介绍如何通过粘贴自选图形的方式制作半透明的条形或柱形数据系列，如图 4-162 所示，该图表中的数据系列并不是透明的，下面就介绍如何将该图表设置为透明，具体操作步骤如下。

步骤 1　在"插入"选项卡下的"插图"组中单击"形状"按钮，在展开的下拉列表中选择"矩形"形状，然后在工作表的空白单元格处绘制如图 4-163 所示的矩形形状。

步骤 2　右击绘制的矩形，从弹出的快捷菜单中选择"设置形状格式"命令，在"设置形状格式"对话框中选择"填充"选项，设置透明度为 60%，如图 4-164 所示。

步骤 3　切换到"线条颜色"选项，单击"无线条"单选按钮，如图 4-165 所示，最后单击"关闭"按钮。

步骤 4　右击刚刚设置好的矩形，从弹出的快捷菜单中选择"复制"命令，如图 4-166 所示。

步骤 5　选中图表中的柱形数据系列，按下 Ctrl+V 键，就得到了如图 4-167 所示的透明柱形数据系列。

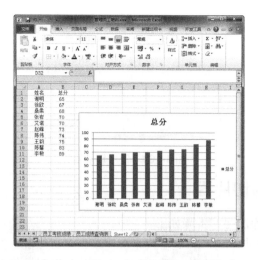

图 4-162　没有应用透明数据系列的图表

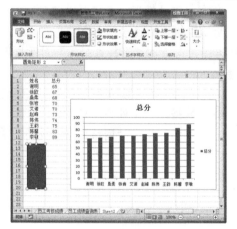

图 4-163　绘制矩形

图 4-164　设置透明度

图 4-165　选中"无线条"单选按钮

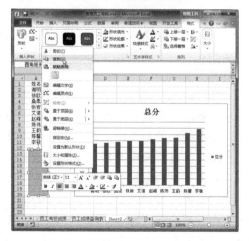

图 4-166　选择"复制"命令

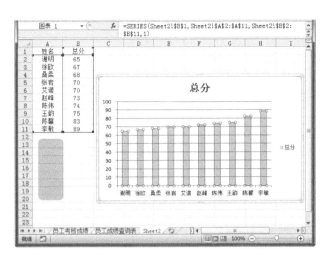

图 4-167　成功设置图表透明

4.9　实战演练

一、选择题

1. 在(　　)选项卡下添加数据透视表。
   A．开始　　　　　　　　　　B．插入
   C．视图　　　　　　　　　　D．数据

2. 设置值显示的方式有(　　)种方法。
   A．1　　　　　　　　　　　 B．2
   C．3　　　　　　　　　　　 D．4

3. 右击鼠标，选择(　　)命令可以将数字转换成文本。
   A．设置单元格格式　　　　　B．超链接
   C．定义名称　　　　　　　　D．排序

4. 用(　　)函数来查询员工成绩信息表。
   A．IF　　　　　　　　　　　B．SUM
   C．LOOKUP　　　　　　　　 D．COUNT

5. 用(　　)函数对员工进行中国式排名。
   A．IF　　　　　　　　　　　B．SUM
   C．LOOKUP　　　　　　　　 D．RANK

二、实训题

1. 请手动完成员工的中国式排名。
2. 请手动完成制作员工成绩查询表。

第5章

经典实例：管理人员招聘与录用

由于人员流失或其他原因，每个公司定期都会进行人员招聘工作，那么在招聘与录用员工时应该做哪些工作呢？本章我们就要详细讲解如何使用 Excel 软件来全面、高效地管理人员招聘与录用工作。

【本章实例展示】

5.1　要点分析

　　本章主要介绍如何使用 Excel 制作管理人员招聘与录用的工作簿，在制作过程中会用 SmartArt 图形来创建招聘流程图。下面先来简单介绍下什么是 SmartArt 图形。

　　SmartArt 图形是信息和观点的视觉表示形式。可以通过选择不同的布局来创建 SmartArt 图形。根据用途和结构的不同，SmartArt 图形被分为很多类，例如流程图、层次结构图、关系图等。每一种类别还细化为多个具体的图形类型，这样就为用户提供了广阔的图形制作空间。在创建 SmartArt 图形时可以根据需要选择一种类别。

5.2　制作招聘流程图

　　为了强化企业的招聘管理制度，企业需要制作招聘流程图。人力资源部门在招聘员工时，必须严格按照企业招聘流程图中的程序进行，不得因为各种原因越级考核员工，遵循择优录取的原则，使企业能够招聘到优秀并且适合岗位的人才。

5.2.1　创建 SmartArt 图形

　　创建 SmartArt 图形的具体步骤如下。

步骤 1　新建"招聘流程图"工作簿，然后打开 Sheet1 工作表，在"插入"选项卡下的"插图"组中，单击 SmartArt 按钮，如图 5-1 所示。

步骤 2　在弹出的"选择 SmartArt 图形"对话框中，选择"流程"，单击"垂直蛇形流程"按钮，如图 5-2 所示。

图 5-1　单击 SmartArt 按钮

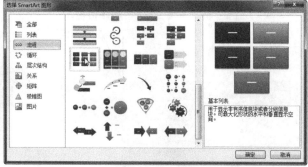

图 5-2　选择垂直蛇形流程

步骤 3　单击"确定"按钮，返回工作表，如图 5-3 所示，可以看到插入的 SmartArt 图形。

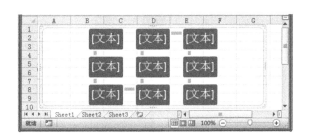

图 5-3　插入 SmartArt

5.2.2　调整招聘流程图的图形布局

在创建 SmartArt 图形之后，如果 SmartArt 图形的布局影响了招聘流程图的整体效果，则可以根据需要调整流程图的布局，操作步骤如下。

步骤 1　在"SmartArt 工具"下的"设计"选项卡中，单击"布局"组中的其他按钮，如图 5-4 所示。

步骤 2　在弹出的下拉列表中选择"其他布局"命令，如图 5-5 所示。

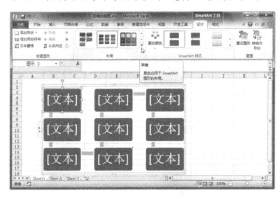

图 5-4　单击"布局"组中的其他按钮

图 5-5　选择"其他布局"命令

步骤 3　弹出"选择 SmartArt 图形"对话框，单击"图片"选项，选择需要的布局样式，如图 5-6 所示。

步骤 4　单击"确定"按钮，返回工作表，并输入标题，最终效果如图 5-7 所示。

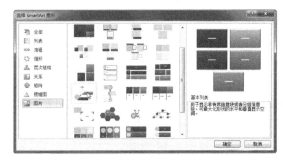

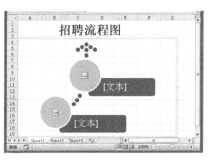

图 5-6　选择布局样式

图 5-7　效果图

步骤5 单击 SmartArt 图形中的图片按钮，如图 5-8 所示。

步骤6 在弹出的"插入图片"对话框中，选择要插入的图片，然后单击"插入"按钮，如图 5-9 所示。

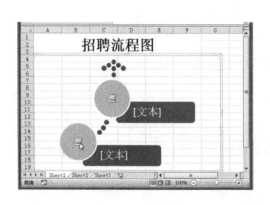

图 5-8 单击图片按钮　　　　　　　　　　　图 5-9 选择要插入的图片

步骤7 此时，在 SmartArt 指定形状前添加了图片，如图 5-10 所示。

步骤8 用相同的方法添加其他形状的图片，并在文本框中输入相应内容，最终效果如图 5-11 所示。

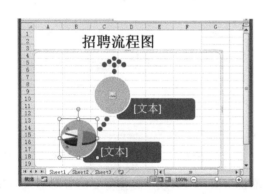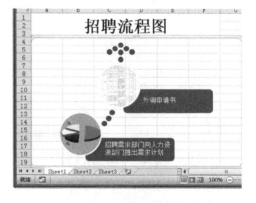

图 5-10 添加图片　　　　　　　　　　　　图 5-11 添加第二张图片

5.2.3 更改招聘流程图的图形外观

除了可以更改图形的布局外，还可以应用预定义的 SmartArt 样式快速更改图形的外观，步骤如下。

步骤1 选择 SmartArt 图形，单击"SmartArt 样式"组中的其他按钮，如图 5-12 所示。

步骤2 在弹出的下拉列表中单击"三维"选项组中的"优雅"图标，如图 5-13 所示。

步骤3 SmartArt 图形应用了指定的 SmartArt 样式，如图 5-14 所示。

步骤4 单击"SmartArt 样式"组中的"更改颜色"按钮，如图 5-15 所示。

经典实例：管理人员招聘与录用

步骤 5　在弹出的下拉列表中单击"彩色-强调文字颜色"选项，如图 5-16 所示。此时图表
　　　　效果如图 5-17 所示。

图 5-12　单击其他按钮

图 5-14　效果图

图 5-15　更改颜色

图 5-16　选择颜色

图 5-17　更改字体颜色的效果

图 5-13　选择优雅图标

Excel 在人力资源管理中的应用

步骤 6　选中 SmartArt 图形，在 "SmartArt 工具" 选项下的 "格式" 组中，单击 "形状样式" 组中的 "形状填充" 按钮，在弹出的下拉列表中选择所需颜色，如图 5-18 所示。如图 5-19 所示为背景填充了颜色的效果。

图 5-18　选择颜色

图 5-19　填充背景颜色的效果

5.2.4　添加与删除形状

1．添加形状

在创建 SmartArt 图形之后，如果其中的默认形状个数不够用，则可以在其中添加形状，添加的形状可以在图形的任意位置插入，添加形状的步骤如下。

步骤 1　接上一节操作，在 Sheet2 工作表中创建 SmartArt 图形，在需要插入形状的位置选择目标形状，如图 5-20 所示。

步骤 2　在 "设计" 选项卡中，单击 "创建图形" 组中的 "添加形状" 按钮，在弹出的下拉列表中单击 "在后面添加形状" 选项，如图 5-21 所示。添加形状后效果，如图 5-22 所示。

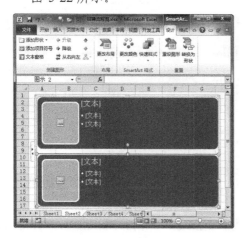

图 5-20　选择目标形状

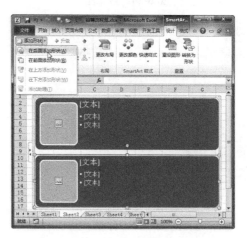

图 5-21　单击 "在后面添加形状" 选项

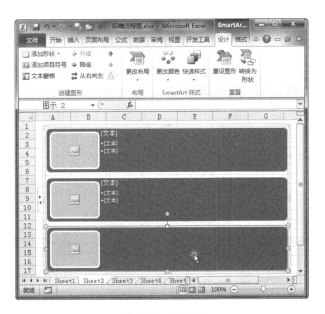

图 5-22　效果图

2．删除形状

对于层次结构的 SmartArt 图形而言，删除一个包含下级形状的形状后，被删除形状的下一级形状将取代其位置，删除形状的步骤如下。

步骤 1　选中需要删除的目标形状，如图 5-23 所示。

步骤 2　按 Delete 键删除，删除后的效果如图 5-24 所示。

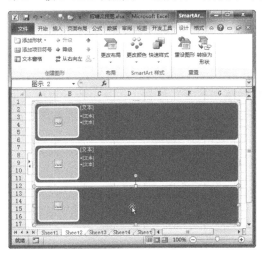

图 5-23　选中需要删除的形状

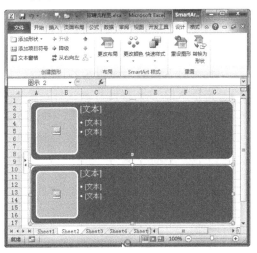

图 5-24　删除后的效果图

5.3　制作招聘费用预算表

在招聘工作实施的过程中，会产生一笔费用，如招聘广告费、场地租用费、交通费等，这些都要计入企业的生产成本。因此，企业需要对招聘费用进行预算，得到审批后才能执行该工作。

5.3.1 设置招聘费用预算表的格式

招聘费用预算表包括招聘时间、招聘地点、负责部门、具体负责人、序号、项目、预算金额、广告制作费、场地租用费、会议室租用费、交通费、食宿费等项目。创建招聘费用预算表格式的操作步骤如下。

步骤 1 接上一节操作，在"招聘流程图"工作簿中，将 Sheet3 工作表重命名为"招聘费用预算表"，如图 5-25 所示。

步骤 2 在"招聘费用预算表"中输入内容，如图 5-26 所示。

图 5-25 修改工作表名称   图 5-26 输入内容

步骤 3 在 A8 单元格中输入"1"，将鼠标指针移至该单元格右下角，当鼠标指针呈十字形状时向下拖动，如图 5-27 所示。

步骤 4 拖至 A13 单元格时释放鼠标，单击"自动填充选项"按钮，在弹出的下拉列表中选择"填充序列"单选按钮，如图 5-28 所示。如图 5-29 所示，显示了填充序列。

图 5-27 自动填充序列   图 5-28 选中"填充序列"单选按钮

步骤 5　选中 A1:E1 单元格，在"开始"选项卡下的"对齐方式"组中，单击"合并后居中"
　　　　按钮，如图 5-30 所示。效果如图 5-31 所示。

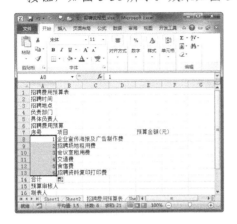

图 5-29　显示了填充序列的效果

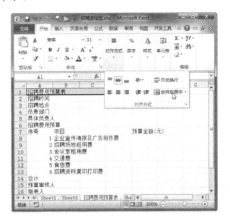

图 5-30　单击"合并后居中"按钮

步骤 6　单击"字体"旁的下拉按钮，在下拉列表中选择"华文中宋"选项，如图 5-32 所示。

图 5-31　合并后居中的效果

图 5-32　选择"华文中宋"选项

步骤 7　单击"字号"旁的下拉按钮，在下拉列表中选择所需字号"18"，如图 5-33 所示。
　　　　经过前面的操作之后，标题文本的效果，如图 5-34 所示。

步骤 8　选中 B8:D8 单元格，单击"合并后居中"旁的下拉按钮，选择"合并单元格"命令，
　　　　如图 5-35 所示。

步骤 9　用同样的方式合并其他单元格，如图 5-36 所示为合并完毕后的效果。

步骤 10　选中 A2:E16 单元格，设置字体为"微软雅黑"、字号为"12"，如图 5-37 所示。

步骤 11　将鼠标指针移至 A 列右侧的边界处，当鼠标指针变成双向箭头形状时，按下鼠标
　　　　左键向左拖动，拖至合适大小后释放鼠标，如图 5-38 所示。

步骤 12　用同样的方法调整其他单元格的列宽和行高，效果如图 5-39 所示。

步骤 13　选中 A2:E15 单元格，在"字体"组中单击"下框线"旁的下拉按钮，在下拉列表
　　　　中选择"所有框线"选项，如图 5-40 所示。

图 5-33　设置字号

图 5-34　标题效果

图 5-35　选择"合并单元格"命令

图 5-36　合并其他单元格效果

图 5-37　设置字体

图 5-38　调整 A 列宽度

经典实例：管理人员招聘与录用

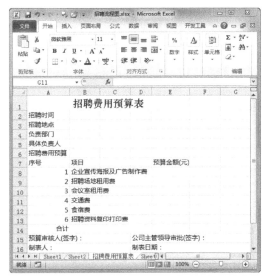 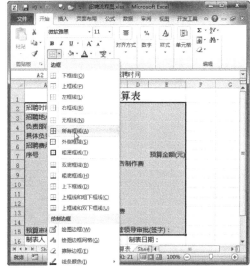

图 5-39　调整其他单元格效果　　　　　图 5-40　选择"所有线框"选项

至此，招聘费用预算表就做好了，效果如图 5-41 所示。

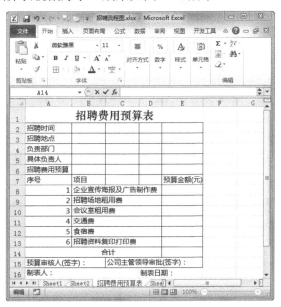

图 5-41　完整的招聘费用预算表

5.3.2　录入预算信息

招聘费用预算表做好之后，下面我们就要录入预算信息了，如图 5-42 所示为录入信息后的预算信息表格。

图 5-42　录入信息后的招聘费用预算表

5.4　统计试用期到期人数

每个员工刚进公司工作时都有试用期，当试用期到期时，我们应该怎样统计试用期到期人数呢？下面我们就来学习一下。

步骤 1　接上一节操作，在"招聘流程图.xlsx"工作簿中，插入一张工作表，并重命名为"试用期到期人数"，这里试用期为 2 个月，如图 5-43 所示。

步骤 2　在工作表中选择要输入函数的单元格，如单元格 F4。

步骤 3　在"公式"选项卡下的"函数库"组中单击"插入函数"按钮，打开如图 5-44 所示的"插入函数"对话框。

图 5-43　输入信息

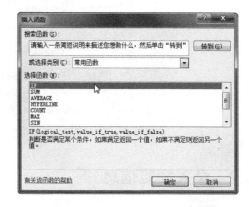

图 5-44　"插入函数"对话框

步骤 4　选定我们所需要的函数 IF，单击"确定"按钮即可打开"函数参数"对话框，如图 5-45 所示。

图 5-45　"函数参数"对话框

步骤 5　分别在 Logical_test 行中输入 DATEDIF(E3,TODAY(),"d")>60、value_true 行中输入
　　　　"到期"、value_if_false 行中输入""，如图 5-46 所示，设置好参数后，单击"确定"
　　　　按钮，完成函数的输入。

图 5-46　设置参数

 注 意

输入的""是英文输入状态下的双引号，是 Excel 定义显示值为字符串的标
识符号。

步骤 6　选择 F4 单元格，向下拖动填充柄，一直复制公式到 F10 单元格，此时统计出试用
　　　　期到期人数，最终效果如图 5-47 所示。

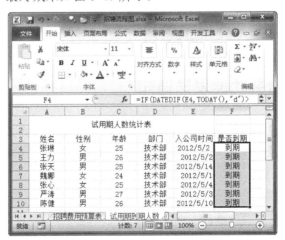

图 5-47　复制公式统计出所有试用期到期人数

5.5　发布录用通知

员工通过试用期之后，公司会正式录用他们，录用员工需要准备一些什么材料呢？下面我们具体学习一下。

5.5.1　创建"员工录用通知书" Word 文档

公司需要一张录用通知书来通知员工上岗，通知书需要在 Word 里完成，如图 5-48 所示。

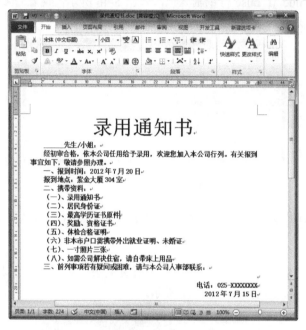

图 5-48　录用通知书

5.5.2　使用邮件合并功能发送通知

制作好录用通知书之后，要使用邮件功能发送通知，那应该怎么做呢？操作步骤如下。

步骤 1　在"邮件"选项卡下的"开始邮件合并"组中，单击"开始邮件合并"按钮，如图 5-49 所示。

步骤 2　在弹出的下拉列表中，选择"邮件合并分布向导"命令，如图 5-50 所示。

步骤 3　这时弹出"邮件合并"窗格，选择文档类型为"信函"，单击"正在启动文档"按钮，如图 5-51 所示。

步骤 4　选中"使用当前文档"单选按钮，单击"选取收件人"按钮，如图 5-52 所示。

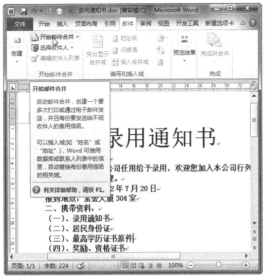

图 5-49　单击"开始邮件合并"按钮

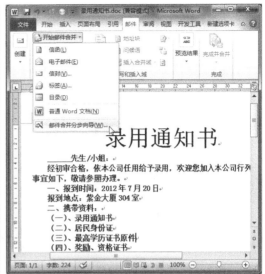

图 5-50　选择"邮件合并分布向导"命令

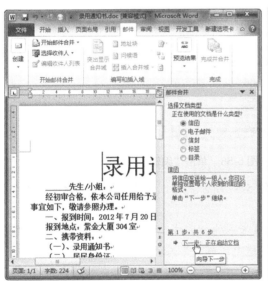

图 5-51　选择信函类型

图 5-52　单击"选取收件人"按钮

步骤 5　返回 Word 文档，在"邮件"选项卡下的"开始邮件合并"组中单击"选择收件人"按钮，在打开的下拉菜单中选择"使用现有列表"命令，如图 5-53 所示。

步骤 6　弹出"选择数据源"对话框，选择所需的数据源，如图 5-54 所示，然后单击"打开"按钮。

步骤 7　弹出"选择表格"对话框，选择要录用人员所在的工作表，如图 5-55 所示，单击"确定"按钮。

步骤 8　返回 Word 文档，在"邮件"选项卡下的"开始邮件合并"组中单击"编辑收件人列表"按钮，如图 5-56 所示。

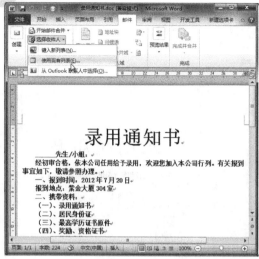

Excel 在人力资源管理中的应用

图 5-53 选择"使用现有列表"命令

图 5-54 选择所需的数据源

图 5-55 "选择表格"对话框

图 5-56 单击"编辑收件人列表"按钮

步骤 9 弹出"邮件合并收件人"对话框,如图 5-57 所示,可以选择添加或删除收件人,然后单击"确定"按钮。

步骤 10 返回 Word 文档,然后在"邮件"选项卡下的"完成"组中单击"完成并合并"按钮,在打开的下拉列表菜单中选择"发送电子邮件"命令,如图 5-58 所示。

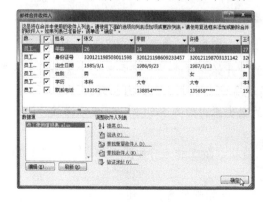

图 5-57 "邮件合并收件人"对话框

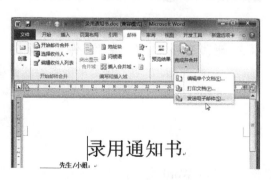

图 5-58 选择"发送电子邮件"命令

步骤 11 弹出"合并到电子邮件"对话框，在"收件人"下拉列表框中选择所需要的收件人，如图 5-59 所示，然后单击"确定"按钮，发送邮件。

图 5-59 发送电子邮件

5.6 专家指导

5.6.1 在工作表中添加水印

要想在工作表中添加水印效果，应该怎么做呢？步骤如下。

步骤 1 单击要添加水印效果一起显示的工作表，只选中一个工作表。

步骤 2 在"插入"选项卡下的"文本"组中，单击"页眉和页脚"按钮，如图 5-60 所示。

步骤 3 在"页眉"的"左"、"中"、"右"框中选择一个要插入水印的地方，比如这里选择"左"框，这时菜单中会出现"页眉和页脚工具"的"设计"选项卡，如图 5-61 所示。

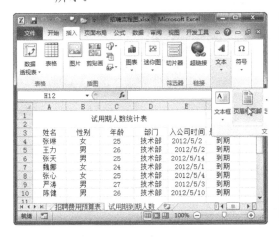

图 5-60 单击"页眉和页脚"按钮

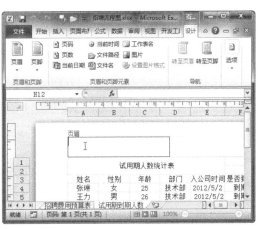

图 5-61 选择左框

步骤 4 在"页眉和页脚元素"组中，单击"图片"按钮，出现如图 5-62 所示的对话框，选择需要的图片。

Excel 在人力资源管理中的应用

步骤5　单击"插入"按钮，这时图片被添加进去了，但是在页眉中看不到图片，如图 5-63 所示。

图 5-62　选择图片

图 5-63　添加图片

步骤6　单击"页眉和页脚元素"组中的"设置图片格式"按钮，弹出如图 5-64 所示的对话框，在"设置图片格式"对话框中的"大小"选项卡中选择所需选项。

步骤7　单击"确定"按钮，返回工作表，效果如图 5-65 所示。

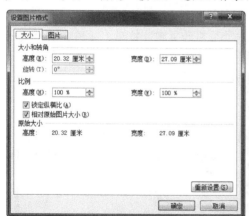

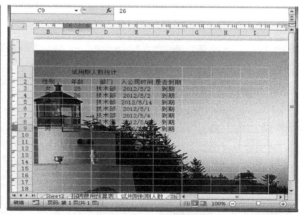

图 5-64　设置大小

图 5-65　水印效果

注意

- 对图形或图形格式所做的更改会立即生效，并且不能撤销。
- 如果要在图形上面或下面增加空间，请在"&[图片]"之前或之后单击，然后按 Enter 键开始新的一行。
- 要更换图形，应先选择"&[图片]"，然后单击"图片"按钮，再单击"替换"按钮。
- 要删除图形，请选择"&[图片]"，然后按 Delete 键。

5.6.2 页眉添加公司 logo 图片

在 Excel 2010 工作表中的页眉或页脚插入图片的步骤如下。

步骤 1　打开 Excel 工作表窗口，单击"视图"选项卡中的"页面布局"按钮，如图 5-66 所示。

步骤 2　在"页面布局"视图下，单击"单击可添加页眉"或"单击可添加页脚"文字框，进入页眉/页脚的编辑状态，如图 5-67 所示。

图 5-66　单击"页面布局"按钮

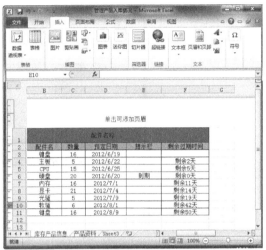

图 5-67　页眉处于编辑状态

步骤 3　切换到"页眉和页脚工具设计"功能区，在"页眉和页脚元素"组中单击"图片"按钮，如图 5-68 所示。

步骤 4　打开"插入图片"对话框，选择需要插入的图片，并单击"插入"按钮，如图 5-69 所示。

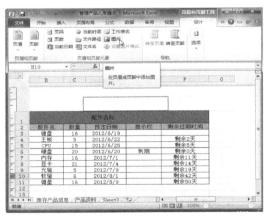

图 5-68　单击"图片"按钮

图 5-69　"插入图片"对话框

步骤 5　返回 Excel 工作表窗口，在页眉/页脚区域以外的任意位置单击鼠标左键，即可看到被插入到页眉/页脚中的图片，如图 5-70 所示。

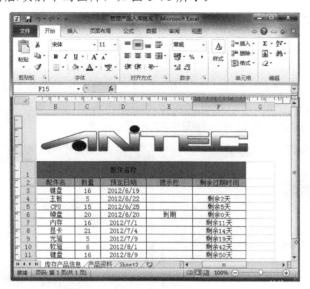

图 5-70　在页眉/页脚中插入图片

5.6.3　让单元格内数据自动换行

Excel 处理数据之便捷众人皆知，可在其单元格内换行就略显不便，不知您有没有遇到过此类问题？通过下面两种方法就可以轻松实现单元格内的自动换行。

- 若要输入数据时换行，只要按 Alt+Enter 组合键，即可轻松实现，如图 5-71 所示。
- 在"开始"选项卡下的"对齐方式"组中，单击"自动换行"按钮，如图 5-72 所示。效果如图 5-73 所示。

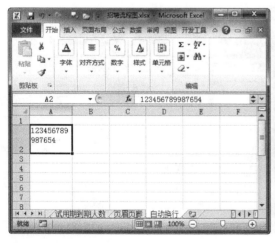

图 5-71　按 Alt+Enter 组合键自动换行

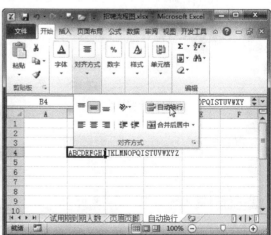

图 5-72　单击"自动换行"按钮

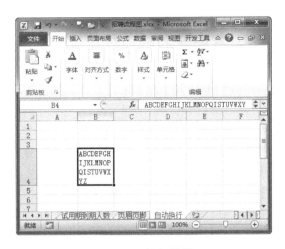

图 5-73 换行效果

5.6.4 检查并修复 Excel 工作簿中的错误

使用"打开并修复"命令可检查并修复 Excel 工作簿中的错误，如果使用常规方法无法打开受损文件，可使用该办法，步骤如下。

步骤 1 打开任意工作簿，选择"文件"|"打开"命令，弹出"打开"对话框，如图 5-74 所示。

步骤 2 选中要修复的工作簿，单击"打开"按钮右边的下拉按钮，选择"打开并修复"命令，如图 5-75 所示。

图 5-74 "打开"对话框   图 5-75 选择"打开并修复"命令

步骤 3 在弹出的对话框中，单击"修复"按钮，如图 5-76 所示。

图 5-76 单击"修复"按钮

5.6.5　在工作表中插入不相邻的行或列

在 Excel 工作表中，有时我们要插入不相邻的行或列，如何实现呢？其实方法很简单，操作步骤如下。

步骤 1　打开要插入行或列的工作表。

步骤 2　首先选择第一个要插入行或列的单元格位置，这里我们选择 D3，按下 Ctrl 键，选中第二个要插入行或列的位置，这里我们选择 G9 单元格，右击选中的单元格，从弹出的快捷菜单中选择"插入"命令，如图 5-77 所示。

步骤 3　弹出"插入"对话框，在"插入"对话框中选中"整行"单选按钮(如果要插入列，就选中"整列"单选按钮)，如图 5-78 所示。

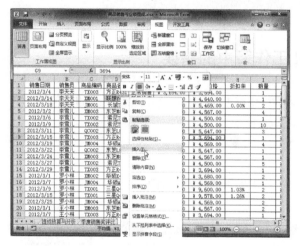

图 5-77　选择"插入"命令　　　　　　　图 5-78　"插入"对话框

步骤 4　单击"确定"按钮，这时工作表中就插入了不相邻的行，如图 5-79 所示。

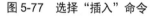

图 5-79　成功插入不相邻的行

5.6.6 实现多个图形对象同时操作

在 Excel 工作表中有时包含多个图形对象，当要对这些图形对象进行操作的时候，一个一个地设置是非常麻烦并且很浪费时间的，可不可以同时操作多个图形对象呢？如图 5-80 所示，在工作表中有五个矩形图形对象，我们要为这些矩形设置透明度为 60%，一个一个设置很浪费时间。

下面将介绍如何将这几个图形对象同时设置透明度为 60%，具体操作步骤如下。

步骤 1　在"开始"选项卡下的"编辑"组中单击"查找和选择"按钮，在打开的下拉菜单中选择"定位条件"命令，如图 5-81 所示。

步骤 2　弹出"定位条件"对话框，选中"对象"单选按钮，如图 5-82 所示，最后单击"确定"按钮。此时工作表中五个矩形图形对象，处于选中状态，如图 5-83 所示。

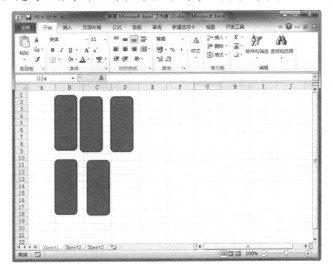

图 5-80　五个矩形图形对象

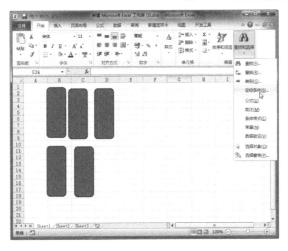

图 5-81　选择"定位条件"命令

图 5-82　选中"对象"单选按钮

步骤 3 右击选中的图形对象，从弹出的快捷菜单中选择"设置形状格式"命令，在"设置形状格式"对话框中选择"填充"选项，设置透明度为 60%，如图 5-84 所示。

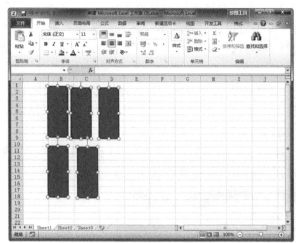

图 5-83 工作表中的图形对象处于选中状态   图 5-84 "设置形状格式"对话框

步骤 4 单击"关闭"按钮，返回工作表，此时工作表中五个矩形图形对象已经全部设置为透明度 60%，如图 5-85 所示。

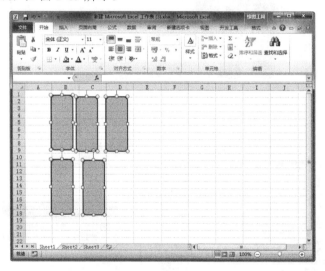

图 5-85 成功同时设置图形对象

5.6.7 将图形合并成一个整体

在 Excel 工作表中，如果图形过多，除了可以像上一节利用定位来解决外，还可以把这些图形合并起来再进行设置，具体操作步骤如下。

步骤 1 在"开始"选项卡下的"编辑"组中单击"查找和选择"按钮，在打开的下拉菜单中选择"选择对象"命令，如图 5-86 所示。

经典实例：管理人员招聘与录用

步骤 2　按下 Ctrl 键，选中表格中的五个矩形图形，右击选中的图形，在弹出的快捷菜单中
　　　　选择"组合"|"组合"命令，如图 5-87 所示。

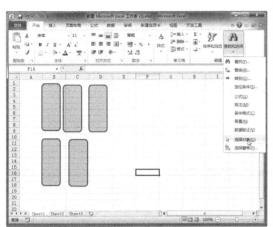

图 5-86　选择"选择对象"命令

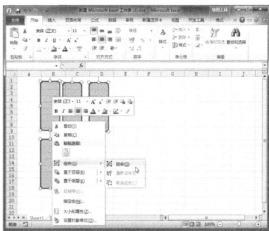

图 5-87　选择"组合"命令

步骤 3　此时表格中的矩形图形已经合并成一个整体，如图 5-88 所示。

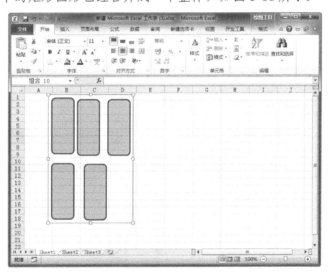

图 5-88　成功合并图形

5.6.8　运用 VBA 将图表保存为图片

在 Excel 中，可以利用 Visual Basic 编辑器来编写一个简单的宏，将图表保存为图片，
具体操作步骤如下。

步骤 1　打开需要将图表保存为图片的工作簿，按下 Alt+F11 组合键，打开 Visual Basic 编辑
　　　　器，然后在菜单栏中选择"插入"|"模块"命令，如图 5-89 所示。

步骤 2　在工作簿中插入一个新模块 1，并显示在代码窗口中，如图 5-90 所示。

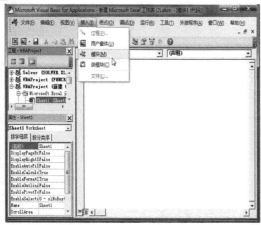

图 5-89　选择"模块"命令

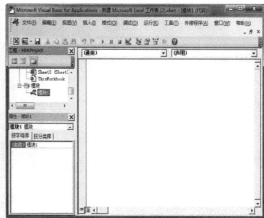

图 5-90　代码窗口

步骤 3　在窗口中输入以下代码，如图 5-91 所示。

```
Sub SaveChartAsGIF()
Fname = ThisWorkbook.Path & "" & ActiveChart.Name & ".gif"
ActiveChart.Export Filename:=Fname, FilterName:="GIF"
End Sub
```

代码输入完成后保存，然后关闭 Visual Basic 编辑器。

步骤 4　选中图表，按下 Alt+F8 组合键，打开"宏"对话框，选中 SaveChartAsGIF 宏，单击"执行"按钮，如图 5-92 所示。

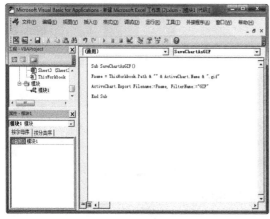

图 5-91　输入代码

图 5-92　"宏"对话框

注意　这个宏是一个简单的没有错误检查机制的宏，所以在执行宏之前一定要选中图表，也要保存工作簿，否则会出现错误提示。

步骤 5　运行宏之后，该图表就会被保存到该工作簿所在的文件夹下，打开文件夹，就可以看到生成的 GIF 文件，如图 5-93 所示。

图 5-93　成功将图表保存为图片

5.7　实战演练

一、选择题

1. 在(　　)选项卡下插入 SmartArt 图形。
   A. 开始
   B. 插入
   C. 视图
   D. 页面布局

2. 用(　　)函数来统计试用期到期人数。
   A. COUNT
   B. IF
   C. SUM
   D. MAX

3. 在(　　)选项卡下添加水印效果。
   A. 开始
   B. 视图
   C. 插入
   D. 页面布局

4. 在(　　)选项卡下设置字体。
   A. 开始
   B. 插入
   C. 数据
   D. 审阅

5. 按(　　)键可让数字自动换行。
   A. Alt+Enter
   B. Ctrl+Alt
   C. Shift
   D. Ctrl+Shift

二、实训题

1. 创建 SmartArt 图形。
2. 在页眉/页脚中插入图片。

第6章

经典实例：管理员工合同

【本章学习重点】

- 管理试用期员工合同
- 管理正式员工合同
- 保护合同

Excel 是 Office 系列办公软件中一款功能强大、操作简单的电子表格制作软件，使用该软件，可以将杂乱无章的数据、信息等变得有序，使工作变得轻松自如，更加省时、省力。本章将介绍如何使用 Excel 管理员工的合同。

【本章实例展示】

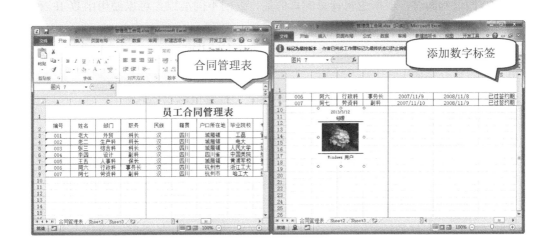

6.1 要点分析

本章主要介绍如何使用 Excel 制作管理员工合同的工作簿，在制作过程会用到 MID、MONTH 和 IF 等函数来计算试用期到期日、试用期合同到期前提醒等信息。为了便于读者使用函数，下面先来了解每个函数的含义及使用方法。

1. MID 函数

MID 函数用于从文本字符串中的指定位置开始，截取指定数目的字符。其语法格式为：

```
MID(text,start num,num chars)
```

其中各参数介绍如下。

- text：要提取字符的文本字符串。
- start num：从文本字符串中提取第一个字符的开始位置。
- num chars：提取字符的个数。

2. MONTH 函数

MONTH 函数表示返回一个 Variant(Integer)，其值为 1 到 12 之间的整数，表示一年中的某月。其语法格式为：

```
Month(date)
```

3. IF 函数

执行真假值判断时，根据逻辑计算的真假值，返回不同结果。可以使用函数 IF 对数值和公式进行条件检查。其语法格式为：

```
IF(logical_test,value_if_true,value_if_false)
```

其中各参数介绍如下。

- logical_test：计算结果为 TRUE 或 FALSE 的任意值或表达式。
- value_if_true：为 TRUE 时返回的值。
- value_if_false：为 FALSE 时返回的值。

函数 IF 可以嵌套七层，用 value_if_false 及 value_if_true 参数可以构造复杂的检测条件。

6.2 管理员工合同

在 Excel 中管理员工的合同，除了员工的基本信息外，还需要计算试用期到期日，合同到期提醒等内容。

6.2.1 设计合同管理表

设计合同管理表是将员工的个人信息及与公司签订合同的时间、年限等输入 Excel 中，制作出一个简单、明了的表格。下面就介绍制作合同管理表的过程及方法。

步骤 1　打开工作簿文件(图书素材\第 6 章\管理员工合同.xlsx)，将 Sheet1 重命名为"合同管理表"工作表，在该工作表中共设 17 列，分别为"编号"、"姓名"、"部门"、"职务"、"身份证号码"、"性别"、"出生月日"、"年龄"、"民族"、"籍贯"、"户口所在地"、"毕业院校"、"专业"、"学历"、"学位"、"入司日期"和"劳动合同到期提醒"，如图 6-1 所示。

步骤 2　选中 A3:A9 单元格区域并右击，在弹出的快捷菜单中选择"设置单元格格式"命令，如图 6-2 所示。

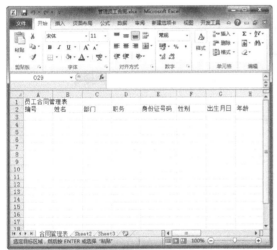

图 6-1　"合同管理表"工作表

图 6-2　选择"设置单元格格式"命令

步骤 3　弹出"设置单元格格式"对话框，切换至"数字"选项卡，在"分类"列表框中选择"文本"格式，如图 6-3 所示，单击"确定"按钮。

步骤 4　单击单元格 A3，然后输入"001"，运用类似的方法在单元格 A4 中输入"002"，这样就输入了前两个员工的编号，如图 6-4 所示。

步骤 5　选中 A3:A4 单元格区域，然后将鼠标指针移向 A4 单元格的右下角，待指标变为黑色十字交叉形状时，按下鼠标并向下拖动至 A9 单元格，如图 6-5 所示。

步骤 6　释放鼠标，A5:A9 单元格中自动输入了所需的编号序列，如图 6-6 所示。

步骤 7　在工作表中输入员工姓名、部门和职务基本信息，效果如图 6-7 所示。

步骤 8　在"身份证号码"列中输入员工身份证号码，在输入时首先输入"'"，员工的身份证号码就能完全显示出来而不是以科学计数方式显示，如图 6-8 所示。

步骤 9　选中 F3 单元格，输入公式 "=IF(LEN(E3)=15,IF(ISODD(MID(E3,15,1)),"男","女"),IF(ISODD(MID(E3,17,1)),"男","女"))" 并按下 Enter 键，计算出第一个员工的

Excel 在人力资源管理中的应用

性别，如图 6-9 所示。

步骤 10　选中 F3 单元格，向下拖动填充柄复制公式一直到 F9 单元格，计算出其他员工的性别，如图 6-10 所示。

图 6-3　选择"文本"格式　　　　　　　　图 6-4　输入前两个员工的编号

图 6-5　拖动填充柄

图 6-6　填充员工编号

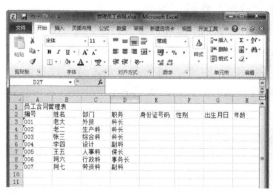

图 6-7　输入员工姓名、部门和职务基本信息

图 6-8　正确输入员工身份证号码

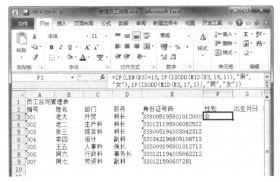

图 6-9　计算出第一个员工的性别

图 6-10　计算出其他员工的性别

步骤 11　选中 G3 单元格，输入公式 "=TEXT(IF(LEN(E3)=15,19&MID(E3,7,6),MID(E3,7,8)),"0000 年 00 月 00 日")"，按下 Enter 键，计算出第一个员工的出生日期，如图 6-11 所示。

步骤 12　选中 G3 单元格，向下拖动填充柄，复制公式一直到 G9 单元格，计算出其他员工的出生日期，如图 6-12 所示。

图 6-11　计算出第一个员工的出生日期

图 6-12　计算出其他员工的出生日期

步骤 13　选中 H3 单元格，输入公式 "=DATEDIF(G3,TODAY(),"y")"，按下 Enter 键，计算出第一员工的年龄，如图 6-13 所示。

步骤 14　选中 H3 单元格，向下拖动填充柄，复制公式一直到 H9 单元格，计算出其他员工的年龄，如图 6-14 所示。

步骤 15　接着输入员工的"民族"、"籍贯"、"户口所在地"、"毕业院校"、"专业"、"学历"、"学位"和"入司日期"信息，如图 6-15 所示。

步骤 16　选中 A1:S1 单元格区域，在"开始"选项卡下的"对齐方式"组中单击"合并后居中"按钮将其合并。在"字体"组中设置其字体格式为"华文中宋"、"22"，效果如图 6-16 所示。

步骤 17　选中单元格区域 A2:S9，在"开始"选项卡下的"字体"组中单击"边框"旁边的下三角按钮，在打开的菜单中选择"所有框线"命令，如图 6-17 所示。

步骤 18　在"对齐方式"组中，设置单元格中字体垂直水平居中，效果如图 6-18 所示。

Excel 在人力资源管理中的应用

图 6-13　计算出第一员工的年龄

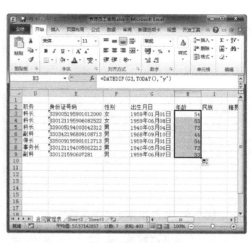

图 6-14　计算出其他员工的年龄

图 6-15　输入员工其他信息

图 6-16　设置表格标题

图 6-17　选择"所有框线"命令

图 6-18　设置单元格中字体垂直水平居中

步骤 19　为了能够更加方便地浏览"合同管理表"中的数据，选中工作表中的第 5 列，然后在"视图"选项卡下的"窗口"组中单击"冻结窗格"旁边的下三角按钮，在打开的菜单中选择"冻结拆分窗格"命令，如图 6-19 所示。

图 6-19 选择"冻结拆分窗格"命令

6.2.2 计算员工试用期到期日

在 Excel 中，计算员工的试用期到期日期是很方便、简单的。下面介绍如何计算员工试用期的到期日，具体操作步骤如下。

步骤 1 接着上面操作，在当前工作表中添加"试用期到期时间"列，用于计算员工试用期到期日，如图 6-20 所示。

步骤 2 假设试用期为三个月，选择 Q3 单元格，输入公式"=DATE(YEAR(P3),MONTH(P3)+3，DAY(P3)-1)"，然后按 Enter 键，计算出第一个员工的试用期到期日，如图 6-21 所示。

图 6-20 添加"试用期到期时间"列

图 6-21 计算出第一个员工的试用期到期日

Excel 在人力资源管理中的应用

步骤 3　选中 Q3 单元格，向下拖动填充柄，复制公式一直到 Q9 单元格，计算出其他员工的试用期到期日，如图 6-22 所示。

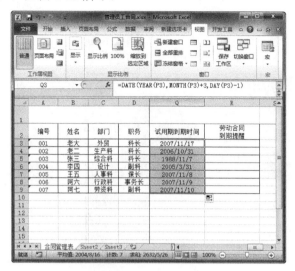

图 6-22　计算出其他员工的试用期到期日

6.2.3　设置员工合同到期提醒

为了方便在诸多信息中查看合同到期的信息，以便即时续签劳动合同，可以设置合同到期提醒，假设这里设置合同提醒的时间为 30 天，具体步骤如下。

步骤 1　接着上面操作，在当前工作表中添加"合同到期时间"列，并输入合同到期时间，如图 6-23 所示。

步骤 2　选中 S3 单元格并打开"插入函数"对话框，在此选择函数类别为"逻辑"，在"选择函数"列表框中选择 IF 函数，再单击"确定"按钮，如图 6-24 所示。

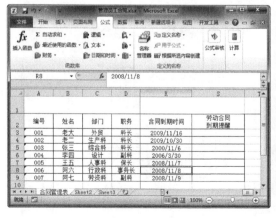

图 6-23　添加"合同到期时间"列

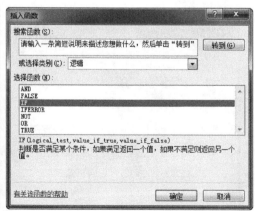

图 6-24　选择函数

步骤 3　弹出"函数参数"对话框，在 Logical_test 文本框中输入参数"TODAY()>R3"，如

图 6-25 所示。

步骤 4　在 Value_if_true 文本框中输入 ""已过签约期""，如图 6-26 所示。

图 6-25　设置 Logical_test 参数　　　　　图 6-26　设置 Value_if_true 参数

步骤 5　在 Value_if_false 文本框中输入"IF(R3-TODAY()<=30,"签合同期还有"&R3-TODAY()&"天结束", "正在签订合同期")"，如图 6-27 所示。

步骤 6　单击"确定"按钮，返回工作表，此时在目标单元格中显示第一个员工的合同到期提醒，如图 6-28 所示。

图 6-27　设置 Value_if_false 参数　　　　　图 6-28　显示返回的结果

步骤 7　选中 S3 单元格，向下拖动填充柄，复制公式一直到 S9 单元格，计算出其他员工的合同到期提醒，如图 6-29 所示。

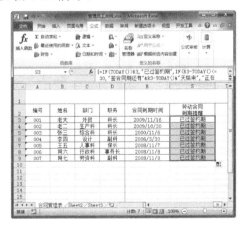

图 6-29　计算出其他员工的合同到期提醒

6.3 保护合同

合同在实际工作中是非常重要的,它包含所有员工的个人信息,有些是不能对外公开的,所以对于合同的保护是很重要的。

6.3.1 禁止他人修改员工合同所在工作表

工作表类似于账本中的活页,Excel 中默认有三个工作表,使用者可以根据需要对工作表进行添加、删除以及重命名等操作,操作起来很方便。对工作表的保护是很重要的,下面就介绍一种保护工作表的方法。

通过保护工作表命令,可以禁止他人修改甚至删除工作表中的数据,或者设置数据格式等操作。

1. 保护工作表

保护工作表的具体操作步骤如下。

步骤 1 接着上面的操作,在"审阅"选项卡下的"更改"组中单击"保护工作表"按钮,如图 6-30 所示。

步骤 2 弹出"保护工作表"对话框,然后选中"保护工作表及锁定的单元格内容"复选框,接着在"取消工作表保护时使用的密码"文本框中设置密码,在"允许此工作表的所有用户进行"列表框中选择用户允许进行的操作,最后单击"确定"按钮,如图 6-31 所示。

图 6-30 单击"保护工作表"按钮   图 6-31 "保护工作表"对话框

步骤 3 弹出"确认密码"对话框,再次输入密码,单击"确定"按钮,如图 6-32 所示。

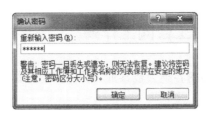

图 6-32 "确认密码"对话框

 提示

在完成工作表保护操作后，再进行输入和删除等操作时，就会弹出如图 6-33 所示的警告对话框，提示单元格和工作表是受保护的，如果要更改请先撤销工作表的保护。

图 6-33 警告对话框

2. 撤销工作表保护

如果用户要编辑已经保护的工作表，需要先撤销工作表的保护。撤销工作表保护的操作步骤如下。

步骤 1 打开受保护的工作表，然后在"审阅"选项卡下的"更改"组中单击"撤销工作表保护"按钮，如图 6-34 所示。

步骤 2 弹出"撤消工作表保护"对话框，输入设置的密码，单击"确定"按钮，如图 6-35 所示。

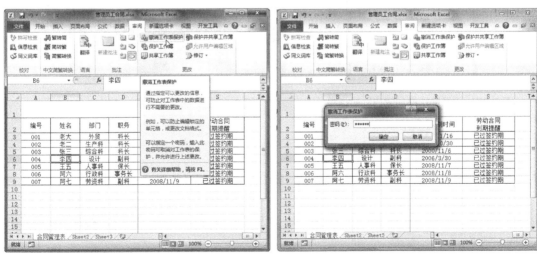

图 6-34 单击"撤销工作表保护"按钮　　图 6-35 "撤消工作表保护"对话框

6.3.2 禁止他人打开员工合同工作簿

虽然被保护的工作表中的内容不会被其他人修改，但工作簿还是处于可编辑的状态。为此，还需要对工作簿进行保护。

1. 保护工作簿

保护工作簿的具体操作步骤如下。

步骤 1 打开要保护的工作簿。

步骤 2 在"审阅"选项卡下的"更改"组中单击"保护工作簿"按钮，如图 6-36 所示。

图 6-36 单击"保护工作簿"按钮

步骤 3 弹出"保护结构和窗口"对话框，选中"结构"和"窗口"两个复选框，然后在"密码"文本框中输入设置的密码，单击"确定"按钮，如图 6-37 所示。

步骤 4 弹出"确认密码"对话框，再次输入密码，单击"确定"按钮后再重复输入一次密码，如图 6-38 所示，单击"确定"按钮即可。

 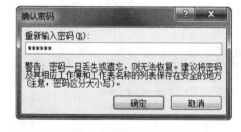

图 6-37 "保护结构和窗口"对话框　　图 6-38 "确定密码"对话框

2. 撤消工作簿保护

撤消工作簿保护的操作步骤如下。

步骤 1 打开受保护的工作簿，在"审阅"选项卡下的"更改"组中单击"保护工作簿"按钮，如图 6-39 所示。

步骤 2 弹出"撤消工作簿保护"对话框，输入设置的密码，再单击"确定"按钮，如图 6-40 所示。

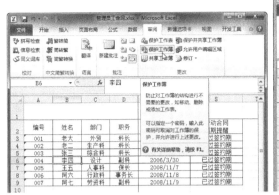

图 6-39　单击"保护工作簿"按钮

图 6-40　"撤消工作簿保护"对话框

6.3.3　为员工合同管理表添加个性签名

使用数字签名可以减少在进行电子交易时所带来的风险，数字签名提供了签名内容的确切记录，而且可以让人们在以后进行查证。下面就介绍如何在 Excel 中添加数字签名。

步骤 1　接着上面的操作，切换到要添加个性签名的工作表，然后打开"合同管理表"工作表。在"插入"选项卡下的"文本"组中单击"签名行"按钮旁的下三角按钮，在展开的列表中选择"图章签名行"命令，如图 6-41 所示。

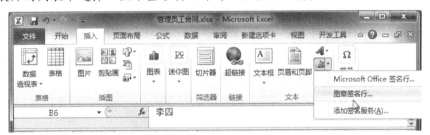

图 6-41　选择"图章签名行"命令

步骤 2　弹出微软免责声明对话框，单击"确定"按钮，如图 6-42 所示。

图 6-42　微软免责声明

步骤 3　在"签名设置"对话框中的各个文本框中输入信息，然后单击"确定"按钮，如图 6-43 所示。

步骤 4　添加完成的待签名的空白签名占位符如图 6-44 所示。

图 6-43 "签名设置"对话框

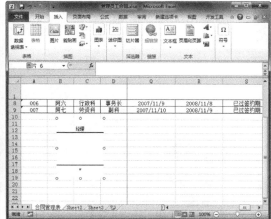

图 6-44 空白签名占位符

步骤 5 双击空白签名占位符，会再次弹出微软免责声明，单击"确定"按钮，如图 6-45 所示。

图 6-45 微软免责声明

步骤 6 在弹出的"签名"对话框中单击"选择图像"链接，选择一张图片作为自己的签名，如图 6-46 所示。

图 6-46 单击"选择图像"链接

步骤 7 在弹出的"选择签名图像"对话框中选择一张图片，然后单击"选择"按钮，如图 6-47 所示。

步骤 8 在弹出的"签名"对话框中单击"签名"按钮，如图 6-48 所示。

图 6-47 "选择签名图像"对话框

图 6-48 单击"签名"按钮

步骤 9 单击"签名"按钮后，会弹出"签名确认"对话框，然后单击"确定"按钮即可，如图 6-49 所示。至此，数字签名就完成了，如图 6-50 所示。

图 6-49 "签名确认"对话框

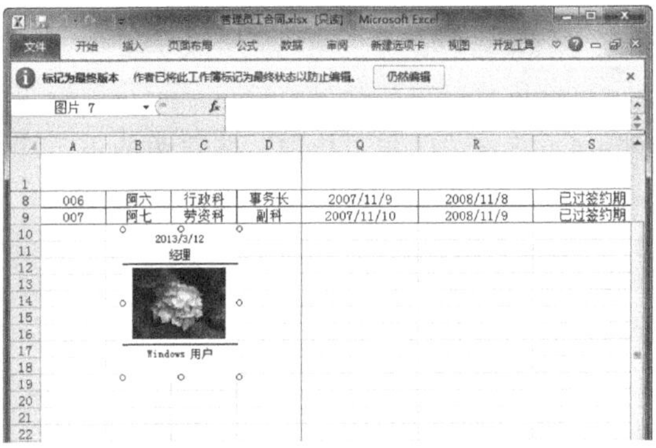

图 6-50 成功完成数字签名

6.4 专家指导

6.4.1 允许有限的用户访问工作表

设置访问权限就是指允许哪些用户进行查看和修改 Excel，我们可以通过填写用户 ID 来允许他们查看工作表，而他们的 ID 也就是在微软免费注册的账号。下面就来介绍如何设置工作表访问权限，具体操作步骤如下。

步骤 1 打开需要设置工作表访问权限的工作簿，然后选择"文件"|"选项"命令，如图 6-51 所示。

步骤 2 弹出"Excel 选项"对话框，在左侧列表中选择"自定义功能区"选项，然后在右侧窗格中单击"从下列位置选择命令"下拉列表框右侧的下三角按钮，选择"所有命令"选项，接着从下面的列表中选择"保护工作簿"选项，单击"添加"按钮，如图 6-52 所示。

图 6-51　选择"选项"命令

图 6-52　"Excel 选项"对话框

步骤 3　单击"确定"按钮，"保护工作簿"按钮就被添加到"新建选项卡"中，如图 6-53 所示。

步骤 4　单击"保护工作簿"按钮旁的下三角按钮，在打开的菜单中选择"限制访问"命令，如图 6-54 所示。

图 6-53　成功添加"保护工作簿"按钮

图 6-54　选择"限制访问"命令

步骤 5　弹出"权限"对话框，如图 6-55 所示，选中"限制对此工作簿的权限"，然后就能对下面的内容进行更改。

步骤 6　分别在"读取"和"更改"文本框里输入允许查看和更改该工作簿的用户的 ID（此 ID 就是在微软里注册的账号），如图 6-56 所示。

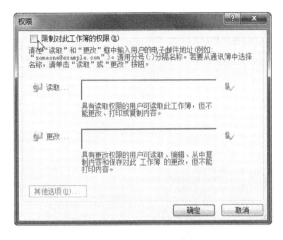

图 6-55 "权限"对话框

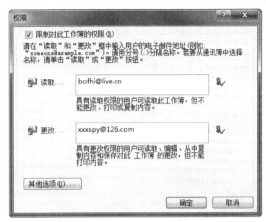

图 6-56 输入允许查看和更改该工作簿的用户的 ID

步骤 7 单击"其他选项"按钮，如图 6-57 所示，进行更高级的设置。

步骤 8 弹出"权限"对话框，选中"此工作簿的到期日期为"复选框，在下拉列表中设置文件的有效期，过了有效期加密文件就会失效，如图 6-58 所示。

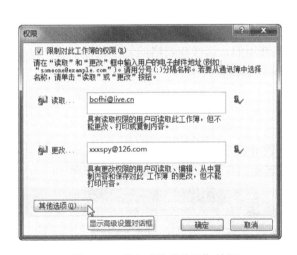

图 6-57 单击"其他选项"按钮

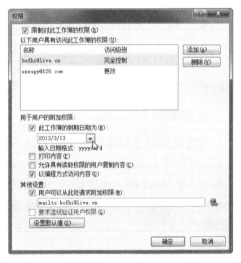

图 6-58 选择到期时间

步骤 9 如图 6-59 所示，设置用户可选的三个具体权限，也就是你想允许他人进行哪些操作：打印、复制、编程。

步骤 10 如图 6-60 所示，填写自己的邮件地址，当其他用户想要更改自己的权限时，可以给你发送邮件。

步骤 11 设置完成后单击"确定"按钮，保存工作表。

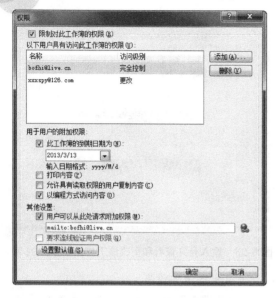

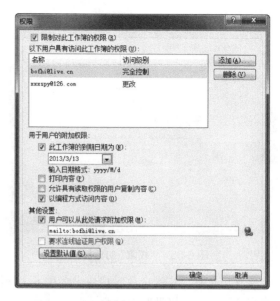

图 6-59　设置允许他人进行的操作　　　　图 6-60　填写索取权限的邮件地址

6.4.2　让单元格随着数据而变化

在 Excel 中默认的单元格大小大多数都是不够用的，这样在表格的制作过程中会产生很多的麻烦，下面就介绍两种方法，让单元格随着数据调整大小。

1．调整列宽

通过鼠标调整单元格大小的方法简单方便。

步骤 1　打开 Excel 工作表，输入相关信息，如图 6-61 所示。

步骤 2　按 Enter 键，确定输入，发现输入的内容溢出了该单元格，如图 6-62 所示。

图 6-61　输入内容　　　　　　　　　图 6-62　确认输入

步骤 3　将鼠标指针放置在 A、B 两列列标之间的黑色线框上，当其变为图 6-63 所示的形状时，双击即可调整单元格的大小。

图 6-63　单元格适应内容大小

2．设置单元格格式

通过设置单元格格式来调整单元格大小的方法简单、方便。在整个表格中，每一个单元格都可以根据内容的多少自动调整大小。

步骤 1　将整个表格全部选中，如图 6-64 所示。

步骤 2　在"开始"选项卡下的"单元格"组中单击"格式"按钮，在打开的下拉菜单中选择"设置单元格格式"命令，如图 6-65 所示。

图 6-64　选中整个工作表

图 6-65　选择"设置单元格格式"命令

步骤 3　在弹出的"设置单元格格式"对话框中切换到"对齐"选项卡，选中"自动换行"复选框，然后单击"确定"按钮，如图 6-66 所示。

步骤 4　在任意单元格中输入内容，该单元格都可以根据内容自动调整大小，如图 6-67 所示。

图 6-66　选中"自动换行"复选框

图 6-67　设置成功

6.4.3 解决工作表密码忘记问题

忘记密码是很多人都遇到过的问题，下面就介绍如何解决工作表忘记密码的问题。

1. 方法一

将设置密码的工作表复制到另一个空白的工作表中，此方法简单易操作，具体步骤如下。

步骤 1　如果想要将该工作表中的"副科"改为"科长"，因为该文件受密码保护，就没办法更改，单击"确定"按钮，关闭对话框，如图 6-68 所示。

步骤 2　按 Ctrl+A 组合键，将该工作表全选中，如图 6-69 所示。

图 6-68　无法更改提醒

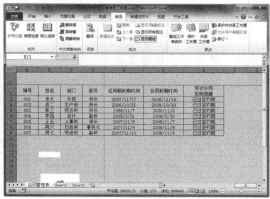

图 6-69　选中整个工作表

步骤 3　执行"文件"|"新建"命令，然后双击"空白工作簿"选项，新建一个工作簿，如图 6-70 所示。

步骤 4　返回之前的工作表，按 Ctrl+C 组合键，复制该工作表，如图 6-71 所示。

图 6-70　双击"空白工作簿"选项

图 6-71　复制工作表

步骤 5　打开新建的工作表，按 Ctrl+V 组合键，粘贴已复制的内容，如图 6-72 所示。

步骤 6　这时之前所设置的密码保护就解除了，因此就可以将 D6 单元格中的"副科"更改为"科长"了，如图 6-73 所示。

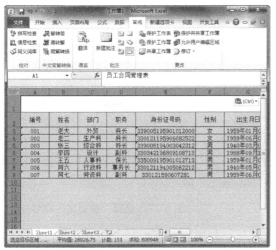

图 6-72　粘贴工作表

图 6-73　成功解除密码

2．方法二

下面这个方法可以直接破解工作表中设置的密码，具体步骤如下。

步骤 1　在"视图"选项卡下的"宏"组中单击"宏"按钮，在打开的下拉菜单中选择"录制宏"命令，如图 6-74 所示。

步骤 2　在弹出的"录制新宏"对话框中的"宏名"文本框中输入名称，例如"宏 1"，然后单击"确定"按钮，如图 6-75 所示。

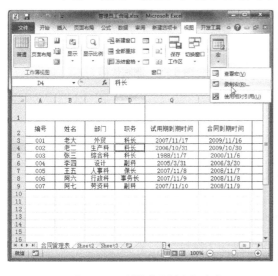

图 6-74　选择"录制宏"命令

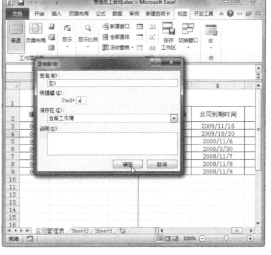

图 6-75　"录制新宏"对话框

步骤 3　在"视图"选项卡下的"宏"组中选择"停止录制"命令，如图 6-76 所示，这样就可以得到一个空的宏了。

步骤 4　在"视图"选项卡下的"宏"组中选择"查看宏"命令，如图 6-77 所示。

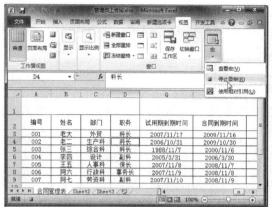

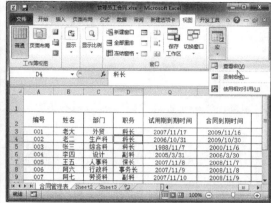

图 6-76　单击"停止录制"命令　　　　　图 6-77　选择"查看宏"命令

步骤 5　选中之前录制的宏，然后单击"编辑"按钮，如图 6-78 所示。

步骤 6　在弹出的对话框窗口中删除其中的代码，如图 6-79 所示。

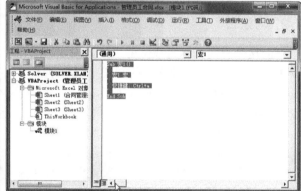

图 6-78　单击"编辑"按钮　　　　　　图 6-79　删除代码

步骤 7　删除原有的字符后，输入如下代码：

```
Public Sub AllInternalPasswords()
' Breaks worksheet and workbook structure passwords. Bob McCormick
' probably originator of base code algorithm modified for coverage
' of workbook structure / windows passwords and for multiple passwords'
' Norman Harker and JE McGimpsey 27-Dec-2002 (Version 1.1)
' Modified 2003-Apr-04 by JEM: All msgs to constants, and
' eliminate one Exit Sub (Version 1.1.1)
' Reveals hashed passwords NOT original passwords
Const DBLSPACE As String = vbNewLine & vbNewLine
Const AUTHORS As String = DBLSPACE & vbNewLine & _
"Adapted from Bob McCormick base code by" & _
"Norman Harker and JE McGimpsey"
Const HEADER As String = "AllInternalPasswords User Message"
Const VERSION As String = DBLSPACE & "Version 1.1.1 2003-Apr-04"
Const REPBACK As String = DBLSPACE & "Please report failure " & _
```

```
"to the microsoft.public.excel.programming newsgroup."
Const ALLCLEAR As String = DBLSPACE & "The workbook should " & _
"now be free of all password protection, so make sure you:" & _
DBLSPACE & "SAVE IT NOW!" & DBLSPACE & "and also" & _
DBLSPACE & "BACKUP!, BACKUP!!, BACKUP!!!" & _
DBLSPACE & "Also, remember that the password was " & _
"put there for a reason. Don't stuff up crucial formulas " & _
"or data." & DBLSPACE & "Access and use of some data " & _
"may be an offense. If in doubt, don't."
Const MSGNOPWORDS1 As String = "There were no passwords on " & _
"sheets, or workbook structure or windows." & AUTHORS & VERSION
Const MSGNOPWORDS2 As String = "There was no protection to " & _
"workbook structure or windows." & DBLSPACE & _
"Proceeding to unprotect sheets." & AUTHORS & VERSION
Const MSGTAKETIME As String = "After pressing OK button this " & _
"will take some time." & DBLSPACE & "Amount of time " & _
"depends on how many different passwords, the " & _
"passwords, and your computer's specification." & DBLSPACE & _
"Just be patient! Make me a coffee!" & AUTHORS & VERSION
Const MSGPWORDFOUND1 As String = "You had a Worksheet " & _
"Structure or Windows Password set." & DBLSPACE & _
"The password found was: " & DBLSPACE & "$$" & DBLSPACE & _
"Note it down for potential future use in other workbooks by " & _
"the same person who set this password." & DBLSPACE & _
"Now to check and clear other passwords." & AUTHORS & VERSION
Const MSGPWORDFOUND2 As String = "You had a Worksheet " & _
"password set." & DBLSPACE & "The password found was: " & _
DBLSPACE & "$$" & DBLSPACE & "Note it down for potential " & _
"future use in other workbooks by same person who " & _
"set this password." & DBLSPACE & "Now to check and clear " & _
"other passwords." & AUTHORS & VERSION
Const MSGONLYONE As String = "Only structure / windows " & _
"protected with the password that was just found." & _
ALLCLEAR & AUTHORS & VERSION & REPBACK
Dim w1 As Worksheet, w2 As Worksheet
Dim i As Integer, j As Integer, k As Integer, l As Integer
Dim m As Integer, n As Integer, i1 As Integer, i2 As Integer
Dim i3 As Integer, i4 As Integer, i5 As Integer, i6 As Integer
Dim PWord1 As String
Dim ShTag As Boolean, WinTag As Boolean
 Application.ScreenUpdating = False
With ActiveWorkbook
WinTag = .ProtectStructure Or .ProtectWindows
End With
ShTag = False
For Each w1 In Worksheets
ShTag = ShTag Or w1.ProtectContents
Next w1
If Not ShTag And Not WinTag Then
MsgBox MSGNOPWORDS1, vbInformation, HEADER
Exit Sub
End If
MsgBox MSGTAKETIME, vbInformation, HEADER
If Not WinTag Then
MsgBox MSGNOPWORDS2, vbInformation, HEADER
Else
On Error Resume Next
Do 'dummy do loop
For i = 65 To 66: For j = 65 To 66: For k = 65 To 66
```

```
For l = 65 To 66: For m = 65 To 66: For i1 = 65 To 66
For i2 = 65 To 66: For i3 = 65 To 66: For i4 = 65 To 66
For i5 = 65 To 66: For i6 = 65 To 66: For n = 32 To 126
With ActiveWorkbook
.Unprotect Chr(i) & Chr(j) & Chr(k) & _
Chr(l) & Chr(m) & Chr(i1) & Chr(i2) & _
Chr(i3) & Chr(i4) & Chr(i5) & Chr(i6) & Chr(n)
If .ProtectStructure = False And _
.ProtectWindows = False Then
PWord1 = Chr(i) & Chr(j) & Chr(k) & Chr(l) & _
Chr(m) & Chr(i1) & Chr(i2) & Chr(i3) & _
Chr(i4) & Chr(i5) & Chr(i6) & Chr(n)
MsgBox Application.Substitute(MSGPWORDFOUND1, _
"$$", PWord1), vbInformation, HEADER
Exit Do 'Bypass all for...nexts
End If
End With
Next: Next: Next: Next: Next: Next
Next: Next: Next: Next: Next: Next
Loop Until True
On Error GoTo 0
End If
If WinTag And Not ShTag Then
MsgBox MSGONLYONE, vbInformation, HEADER
Exit Sub
End If
On Error Resume Next
For Each w1 In Worksheets
'Attempt clearance with PWord1
w1.Unprotect PWord1
Next w1
On Error GoTo 0
ShTag = False
For Each w1 In Worksheets
'Checks for all clear ShTag triggered to 1 if not.
ShTag = ShTag Or w1.ProtectContents
Next w1
If ShTag Then
For Each w1 In Worksheets
With w1
If .ProtectContents Then
On Error Resume Next
Do 'Dummy do loop
For i = 65 To 66: For j = 65 To 66: For k = 65 To 66
For l = 65 To 66: For m = 65 To 66: For i1 = 65 To 66
For i2 = 65 To 66: For i3 = 65 To 66: For i4 = 65 To 66
For i5 = 65 To 66: For i6 = 65 To 66: For n = 32 To 126
.Unprotect Chr(i) & Chr(j) & Chr(k) & _
Chr(l) & Chr(m) & Chr(i1) & Chr(i2) & Chr(i3) & _
Chr(i4) & Chr(i5) & Chr(i6) & Chr(n)
If Not .ProtectContents Then
PWord1 = Chr(i) & Chr(j) & Chr(k) & Chr(l) & _
Chr(m) & Chr(i1) & Chr(i2) & Chr(i3) & _
Chr(i4) & Chr(i5) & Chr(i6) & Chr(n)
MsgBox Application.Substitute(MSGPWORDFOUND2, _
"$$", PWord1), vbInformation, HEADER
'leverage finding Pword by trying on other sheets
For Each w2 In Worksheets
w2.Unprotect PWord1
```

```
Next w2
Exit Do 'Bypass all for...nexts
End If
Next: Next: Next: Next: Next: Next
Next: Next: Next: Next: Next: Next
Loop Until True
On Error GoTo 0
End If
End With
Next w1
End If
MsgBox ALLCLEAR & AUTHORS & VERSION & REPBACK, vbInformation, HEADER
End Sub
```

然后关闭编辑窗口，如图 6-80 所示。

步骤 8 在"视图"选项卡下的"宏"组中单击"宏"按钮，在打开的下拉菜单中选择"查看宏"命令，如图 6-81 所示。

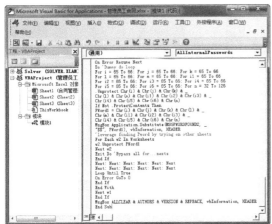

图 6-80　输入新代码

图 6-81　选择"查看宏"命令

步骤 9 在弹出的"宏"对话框中选择 AllInternalPasswords 宏，然后单击"执行"按钮，如图 6-82 所示。

步骤 10 在弹出的对话框中单击"确定"按钮，关闭该对话框，如图 6-83 所示。

图 6-82　选择 AllInternalPasswords 宏

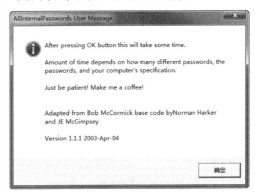

图 6-83　单击"确定"按钮

步骤 11　这时该工作表的密码保护就被破解了，然后就可随意更改内容了，例如将 D6 的"副科"改为"科长"。

6.4.4　更改工作表中列的默认宽度

Excel 的列宽默认有一个固定值，一般在 3～4 之间，但是如果在日常工作中使用较多的列宽不是这个数值，每次都更改是很麻烦的，这里就介绍如何更改所有列的默认宽度。

步骤 1　打开需要更改所有列的默认宽度的工作表，按 Ctrl+A 组合键，选中当前工作表，然后在"开始"选项卡下的"单元格"组中单击"格式"按钮旁的下三角按钮，在打开的菜单中选择"默认列宽"命令，如图 6-84 所示。

步骤 2　在弹出的"标准列宽"对话框中输入之前查看的列宽数值，然后单击"确定"按钮，工作表中所有单元格的列宽都变成标准列宽的大小，如图 6-85 所示。

图 6-84　选择"默认列宽"命令

图 6-85　输入列宽数值

6.4.5　快速移动到工作表的最后一行和最后一列

如果你的工作表数据相当多，有上千行或几百列，那么，要想快速移动到最后一行、最后一列，企图快速地查看数据，那么，通过拖动滚动条的办法，是比较慢的。实际上，我们可以通过键盘上的快捷键，迅速移动光标到指定的位置。操作如下。

1. 利用 Ctrl 键和上下左右方向键的功能

Ctrl+→：可以快速移动到最后一个空列的前一列。

Ctrl+←：可以快速移动到最前一个空列的后一列。

Ctrl+↑：可以快速移动到最前一个空行的后一行。

Ctrl+↓：可以快速移动到最后一个空行的前一行。

如果同一列或同一行中的数据不连续，那么活动单元格会移至空单元格之上或之左的单元格。

2. Ctrl 与 Home、End 的配合

Ctrl+End：可以快速移动到最后一行。

Ctrl+Home：可以快速移动到最前一行。

6.5 实战演练

一、选择题

1. 下面说法错误的是(　　)。

　　A. 在"列宽"对话框中可以指定列宽度

　　B. 将鼠标指针移动到某列的右侧框上，当鼠标指针变成✚形状时，双击鼠标左键可以自动调整列宽

　　C. 在 Excel 中无法设置行高的具体数值

　　D. 将鼠标指针移动到某行的下边框上，当鼠标指针变成✚形状时，按下鼠标左键拖动可以调整行高

2. (　　)可以让单元格随着输入内容的多少进行自动调整。

　　A. 双击线框　　　　　　　　　　　　B. 双击单元格

　　C. 双击输入的内容　　　　　　　　　D. 将单元格中的内容设置为右对齐

3. (　　)可以解决忘记工作表密码的问题。

　　A. 关闭设有密码保护的工作表，然后重新打开该工作表

　　B. 将设有密码保护的工作表全部选中，然后复制到一个新的工作表中，新工作表中就没有密码保护了

　　C. 将电脑关机，重新启动，然后再次打开设有密码保护的工作表，该工作表的密码保护就没有了

　　D. 将设有密码保护的工作表在格式中隐藏，然后过两分钟取消隐藏，该工作表的密码保护就没有了

4. 在(　　)中可以编辑打开文件的信息。

　　A. 视图菜单　　　　B. 开始菜单　　　　C. 文件菜单　　　　D. 审阅菜单

5. 下列说法正确的是(　　)。

　　A. 执行"开始"|"格式"命令，打开"设置单元格格式"对话框，然后设置水平对齐和垂直对齐方式为两端对齐，可以让单元格随数据调整

　　B. 执行"开始"|"单元格样式"命令，打开"设置单元格格式"对话框，然后设置水平对齐和垂直对齐方式为两端对齐，可以让单元格随数据调整

　　C. 在 Excel 中无法统一设置单元格，让它随着数据调整

　　D. 在 Excel 中，单元格默认的设置就是可以随着数据调整大小

二、实训题

1. 新建一个工作簿，在其中输入某公司的员工信息，其中性别、出生日期、年龄和合同到期时间都由公式计算，如图 6-86 所示。

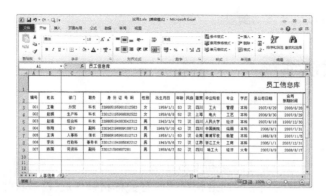

图 6-86　员工信息库

2. 为一个 Excel 工作表设置密码保护，并将该工作表设置为隐藏。

3. 在一个工作簿默认的三张工作表的基础上再插入三张工作表，然后重命名工作表，将第二个工作表隐藏起来。

第 7 章

经典实例：管理员工考勤

【本章学习重点】

- 制作员工考勤表
- 分析员工考勤情况

对员工进行考勤是一个企业必不可少的步骤，它是一个企业的执行制度的基础。利用 Excel 可以快速地统计出每位员工每月的迟到、早退等情况，方便现代企业的管理。本章我们将学习如何使用 Excel 来管理员工考勤。

【本章实例展示】

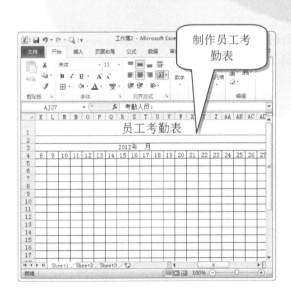

7.1 要点分析

本章主要介绍如何使用 Excel 制作管理员工考勤的工作簿，在制作过程中会用到 COUNTIF 函数来计算员工迟到和早退情况等信息。除了运用函数外，还将用到分类汇总，来制作出完整的月份日常考勤的月汇总。为了便于读者学习，下面先来了解 COUNTIF 函数、分类汇总的含义及使用方法。

1．COUNTIF 函数

COUNTIF 函数用于计算单元格区域中满足给定条件的单元格个数。具体语法如下：

```
COUNTIF(range,criteria)
```

其中各参数的含义如下。

- range：需要计算满足条件的单元格数目的单元格区域。
- Criteria：确定哪些单元格将被计算在内的条件，其形式可以为数字、表达式或文本。

2．分类汇总

所谓的分类汇总就是对数据清单进行数据分析的一种方法，分类汇总可以对数据库中指定的字段进行分类，然后统计同一类记录的有关信息。统计的内容可以由自己指定，也可以统计同一类记录中的记录，还可以对某些数据段求和、求平均值和求极值等。

7.2 制作员工考勤表

员工考勤表有它的固定形式，制作的考勤表要符合实际的需要，能够让人一目了然，更要方便做最后的统计，下面就介绍如何制作员工考勤表。

7.2.1 设置员工考勤表的格式

不管是什么种类的表格都有直接的格式，员工考勤表当然也有自己的格式，考勤表中主要的要有姓名、时间和代表迟到、出勤、矿工的标记，下面介绍如何设置考勤表的格式。

步骤 1 启动 Excel 程序，然后选择"文件"|"新建"命令，接着双击"空白工作簿"选项，如图 7-1 所示。新建了一个空白工作簿，如图 7-2 所示。

步骤 2 在 A1 单元格中输入标题"员工考勤表"，如图 7-3 所示。

步骤 3 在 A2 单元格中输入注意项：迟到、早退和矿工各自所代表的标记符号，使用标记符号在实际操作时简单、方便，如图 7-4 所示。

步骤 4 在 A3 单元格中输入"序号"标题文字，如图 7-5 所示。

步骤 5 在 A4 单元格中输入序号 1，如图 7-6 所示。

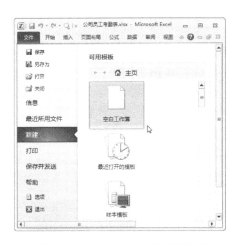

图 7-1　双击"空白工作簿"选项

图 7-2　新建空白工作簿

图 7-3　输入标题

图 7-4　输入注释内容

图 7-5　输入序号文字

图 7-6　输入序号 1

步骤 6　第一个序号输好之后，将鼠标指针放置在单元格的右下角，当其变为十字形时按住鼠标向下拖动，如图 7-7 所示。

步骤 7　单击  按钮，在弹出的列表中选中"填充序列"单选按钮，如图 7-8 所示。快速填充后的序列号就按照顺序填充到各单元格中了，如图 7-9 所示。

图 7-7　快速填充序列号　　　　　　　图 7-8　选中"填充序列"单选按钮

步骤 8　因为接下来要将"时间"和"姓名"安排在同一列中，所以需要占两个单元格，但它们必须和"序号"同行，所以这里将序号数字整体向下移动一个单元格，将 A4 到 A14 单元格区域全部选中，然后将鼠标移动到边框上，当鼠标指针变为移动样式时，按住鼠标向下拖动，然后松开鼠标就可以了，如图 7-10 所示。

图 7-9　成功填充序号　　　　　　　　　图 7-10　移动序号

步骤 9　在 B3 单元格中输入"时间"，在 B4 单元格中输入"姓名"，如图 7-11 所示。

步骤 10　一般来说，对员工的考勤是分上午和下午的，也就是每个员工都需要占有上下午两个单元格，那么这里的序号位置就需要调整了，每个序号下方都需要空一格单元格，可以按照上一步的方法调整，如图 7-12 所示。

图 7-11　输入时间和姓名标题

图 7-12　调整序号位置

步骤 11　在 C5、C6 单元格中分别输入"上午"和"下午"，如图 7-13 所示。

步骤 12　选中 C5:C6 单元格，按 Ctrl+C 组合键，复制内容，如图 7-14 所示。

图 7-13　输入文字

图 7-14　复制单元格

步骤 13　选中 C7:C8 单元格区域，按 Ctrl+V 组合键粘贴内容，如图 7-15 所示。

步骤 14　其余的部分做相同的操作即可，如图 7-16 所示。

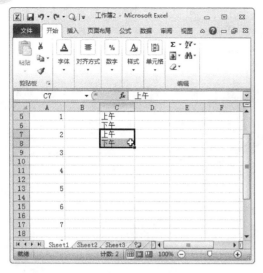

图 7-15 粘贴复制的内容

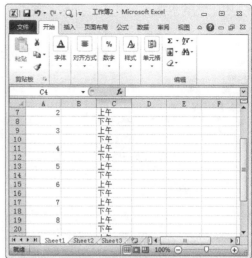

图 7-16 上下午填充完成

步骤 15 在 D3 单元格中输入年月，如图 7-17 所示。

步骤 16 在 D4 单元格中输入日期 1，如图 7-18 所示。

图 7-17 输入年月　　　　　　　　图 7-18 输入日期日

步骤 17 选定 D4 单元格，右向拖动填充柄到 E4 单元格，如图 7-19 所示。

步骤 18 单击单元格旁边的按钮，在弹出的列表中选中"填充序列"单选按钮，如图 7-20 所示。

步骤 19 按照当月的天数向后拖动鼠标，如图 7-21 所示。

步骤 20 到月底需要做最后的统计，所以在 AI3 单元格中输入"合计"，如图 7-22 所示。

步骤 21 在 AI4:AL4 单元格中分别输入"迟到"、"旷工"、"事假"和"病假"，如图 7-23 所示。

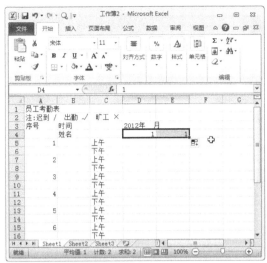

图 7-19　复制单元格　　　　　　图 7-20　选中"填充序列"单选按钮

图 7-21　完成日期填充　　　　　　图 7-22　输入合计

步骤 22　在 AM3 单元格中输入"确认签字"，如图 7-24 所示。

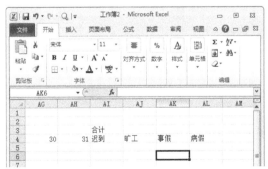

图 7-23　输入 AI4:AL4 单元格内容　　　　图 7-24　确认签字

步骤 23　将第一行按照表格选中，如图 7-25 所示。
步骤 24　在"开始"选项卡下的"对齐方式"组中单击"合并后居中"按钮，如图 7-26 所示。

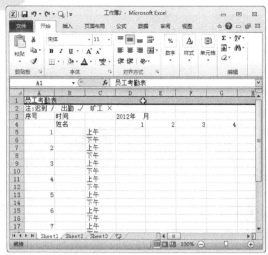

图 7-25　将第一行按照表格的大小选中

图 7-26　单击"合并后居中"按钮

步骤 25　将第二行单元格按照表格大小选中，如图 7-27 所示。

步骤 26　在"开始"选项卡下的"对齐方式"组中单击"合并后居中"旁边的下三角按钮，打开列表选择"合并单元格"命令，如图 7-28 所示。

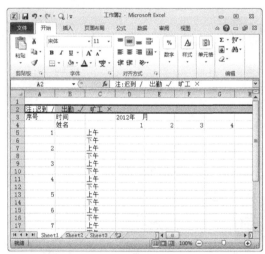

图 7-27　将第二行单元格按照表格大小选中

图 7-28　选择"合并单元格"命令

步骤 27　在"开始"选项卡下的"对齐方式"组中单击"文本右对齐"按钮，如图 7-29 所示。

步骤 28　选中 A3:A4 单元格区域，如图 7-30 所示。

步骤 29　在"开始"选项卡下的"对齐方式"组中单击"合并后居中"按钮，如图 7-31 所示。

步骤 30　选中 B3 单元格，然后在"开始"选项卡下的"对齐方式"组中单击"文本右对齐"按钮，如图 7-32 所示。

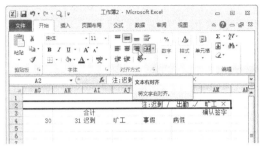

图 7-29　单击"文本右对齐"按钮

图 7-30　选中单元格区域

图 7-31　单击"合并后居中"按钮

图 7-32　单击"文本右对齐"按钮

步骤 31　选中 B3:B4 单元格，在"开始"选项卡下的"插图"组中单击"形状"按钮，然后在打开的菜单中选择"直线"线条，如图 7-33 所示。

步骤 32　按照选中的方框大小，沿着对角绘制出一条对角线，如图 7-34 所示。

图 7-33　选择"直线"线条

图 7-34　制作对角线

Excel 在人力资源管理中的应用

步骤 33　对 D3 单元格的日期按照上面合并后居中的方法操作，如图 7-35 所示。

步骤 34　同样对 AI3 合计单元格也做相同的操作，如图 7-36 所示。

图 7-35　将 D3 合并居中

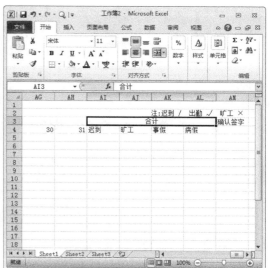

图 7-36　将 AI3 合并居中

步骤 35　将鼠标指针放置在字母列边框线的位置，当其变为 ✛ 形状时，双击此处，如图 7-37 所示。双击之后，可以发现表格的列宽会根据内容自动进行调整，如图 7-38 所示。

图 7-37　调整列宽

图 7-38　成功调整列宽

步骤 36　其他列可以使用相同的方法进行调整。在时间中的数字因为位数不同如果按照上面的方法操作，得到的单元格大小也不相同，所以这里选择一个两位数的单元格，先执行自动调整，如图 7-39 所示。

步骤 37　在"开始"选项卡下的"单元格"组中单击"格式"按钮旁边的下三角按钮，在打开的菜单中选择"列宽"命令，如图7-40所示。

图 7-39　调整列宽　　　　　　　　　　　　图 7-40　选择"列宽"命令

步骤38　在弹出的"列宽"对话框中查看此列宽的大小，并记下，如图7-41所示。

步骤39　选中所有时间单元格，如图7-42所示。

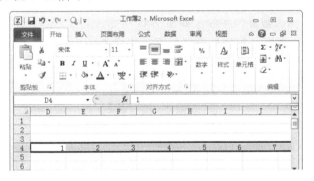

图 7-41　"列宽"对话框　　　　　　　　　　图 7-42　选中单元格

步骤40　再次在"开始"选项卡下的"单元格"组中单击"格式"按钮旁边的下三角按钮，
　　　　在打开的菜单中选择"列宽"命令，如图7-43所示。

步骤41　在弹出的"列宽"对话框中，输入之前记下的数值，单击"确定"按钮，完成设
　　　　置，如图7-44所示。

图 7-43　选择"列宽"命令　　　　　　　　　图 7-44　输入列宽数值

Excel 在人力资源管理中的应用

步骤 42　将"序号"和"姓名"列中的内容做合并居中设置，如图 7-45 所示。

步骤 43　选中第一行的"员工考勤表"，如图 7-46 所示。

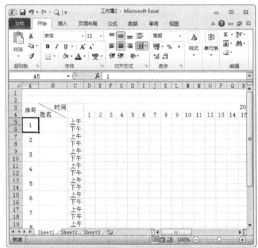

图 7-45　合并居中

图 7-46　选中文字

步骤 44　在"开始"选项卡下的"字体"组中单击"字号"按钮旁边的下三角按钮，选择所需要的字号，如图 7-47 所示。

步骤 45　按照所制作的表格的大小选中表格，如图 7-48 所示。

图 7-47　改变文字大小

图 7-48　选中表格

步骤 46　在"开始"选项卡下的"字体"组中单击"边框"按钮旁边的下三角按钮，在打开的菜单中选择"所有边框"命令，如图 7-49 所示。

步骤 47　为所有单元格添加边框，效果如图 7-50 所示。

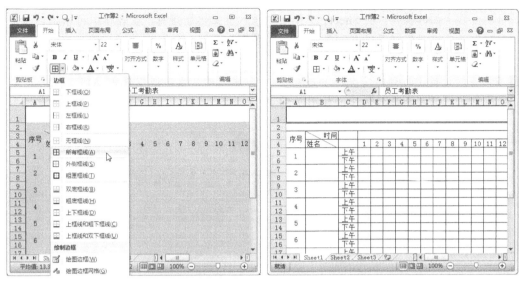

图 7-49　选择"所有边框"命令　　　　图 7-50　成功添加边框

步骤 48　在表格的右下角添加"考勤人员"文字，这样一张考勤表就制作完成了，如图 7-51 所示。

图 7-51　成功制作考勤表

7.2.2　统计员工迟到和早退情况

下面是某该公司所有员工 5 月份的出勤情况，接下来就可以统计某个员工的出勤情况了。

215

步骤 1　接着上面的操作，在 Sheet1 工作表中录入员工出勤信息，在表格中可以清楚地看到代表员工出勤状况的各种数字符号，迟到为 "0"，出勤为 "1"，矿工为 "2"，早退为 "3"，如图 7-52 所示。

步骤 2　要统计员工迟到的情况，就是查找 "0" 出现的次数，所以选中 AI5 单元格，然后单击 "插入函数" 按钮，如图 7-53 所示。

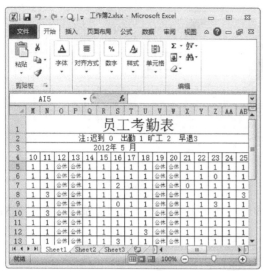

图 7-52　查看表格

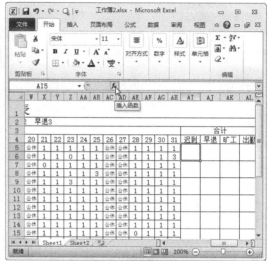

图 7-53　单击 "插入函数" 按钮

步骤 3　弹出 "插入函数" 对话框，在 "或选择类别" 下拉列表框中选择 "统计" 选项，然后选择下面的 COUNTIF 函数，单击 "确定" 按钮，如图 7-54 所示。

步骤 4　弹出 "函数参数" 对话框，在第一个文本框需要输入范围，如图 7-55 所示。

图 7-54　选择 COUNTIF 函数

图 7-55　"函数参数" 对话框

步骤 5　在表格中选中需要计算的范围，如图 7-56 所示。

步骤 6　在第二个文本框中输入需要统计的 "0"，然后单击 "确定" 按钮，如图 7-57 所示。这样就可以统计出来第一位员工迟到的次数了，如图 7-58 所示。

步骤 7　选中 AI5 单元格，向下拖动填充柄，一直复制公式到 AI26 单元格区域，获取其他员工迟到的次数，如图 7-59 所示。

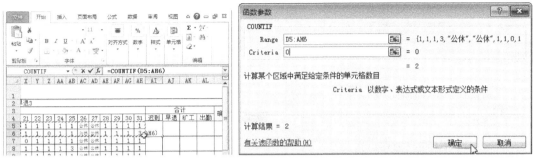

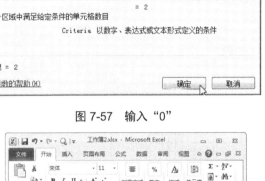

图 7-56　选择范围　　　　　　　　　　　　　　图 7-57　输入 "0"

图 7-58　计算出第一位员工迟到次数　　　图 7-59　完成所有员工的迟到统计

步骤 8　统计员工早退情况的方法和前面的相同，选中 AJ5 单元格，输入 "=" 号，然后单击上面的统计函数，如图 7-60 所示。弹出 "函数参数" 对话框，如图 7-61 所示。

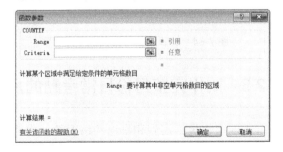

图 7-60　选择函数　　　　　　　　　　　　图 7-61　"函数参数" 对话框

步骤 9　单击 Range 文本框右侧的按钮，在工作表中选择 D5:AH5 区域，如图 7-62 所示。

步骤 10　在 Criteria 文本框中输入 "3"，然后单击 "确定" 按钮，如图 7-63 所示。这样就可以统计出来第一位员工早退的次数了，如图 7-64 所示。

步骤 11　选定 AJ5 单元格，向下拖动填充柄，复制公式一直到 AJ26 单元格，获取其他员工

Excel 在人力资源管理中的应用

早退的次数，如图 7-65 所示。

图 7-62　选择范围

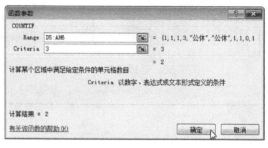

图 7-63　输入"3"

图 7-64　计算出第一位员工早退次数

图 7-65　完成所有员工的早退统计

7.2.3　制作完整月份日常考勤的月汇总表

上面已将员工迟到和早退的情况统计出来了，要制作完整月份的日常考勤的月汇总表，还要将员工的矿工和出勤情况统计出来。

步骤 1　统计员工旷工情况的方法和前面相同，如图 7-66 所示。

步骤 2　统计员工的出勤情况，可使用公式"=SUM(D5:AH6)-(AJ5*AI5)-(AK5*S7)"，如图 7-67 所示。

步骤 3　按下 Enter 键计算出第一位员工的出勤情况，如图 7-68 所示。

步骤 4　选定 AL5 单元格，向下拖动填充柄，复制公式一直到 AL26 单元格，获取其他员工的出勤情况，如图 7-69 所示。

图 7-66　统计员工旷工的情况

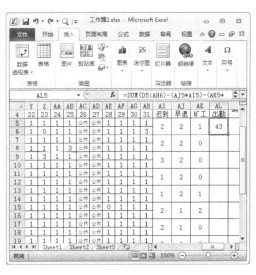

图 7-67　输入公式

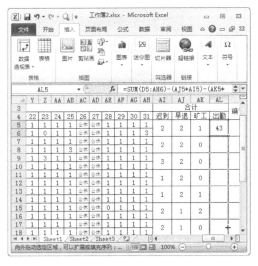

图 7-68　计算出第一位员工的出勤情况

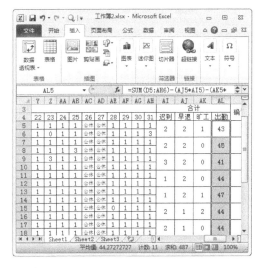

图 7-69　计算出所有员工的出勤情况

步骤 5　将 AI5 到 AL26 单元格全部选中，如图 7-70 所示。

步骤 6　在"数据"选项卡下单击"分级显示"按钮，如图 7-71 所示。

步骤 7　在打开的下拉菜单中选择"分类汇总"命令，如图 7-72 所示。

步骤 8　在弹出的对话框的"汇总方式"下拉列表框中选择"求和"，在"选定汇总项"下面选中"迟到"、"早退"、"旷工"和"出勤"四项，然后单击"确定"按钮，如图 7-73 所示。

步骤 9　调整单元格的大小适合汇总数据的大小，如图 7-74 所示。这样对员工考勤情况的分类汇总就完成了，如图 7-75 所示。

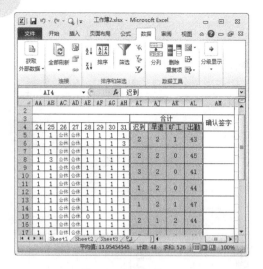

图 7-70 选中单元格

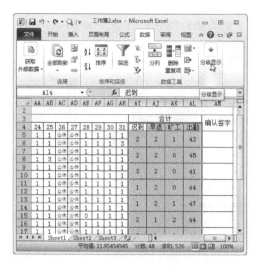

图 7-71 单击"分级显示"按钮

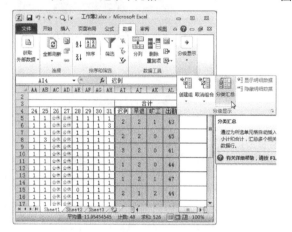

图 7-72 选择"分类汇总"命令

图 7-73 分类汇总设置

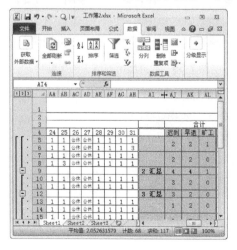

图 7-74 调整单元格

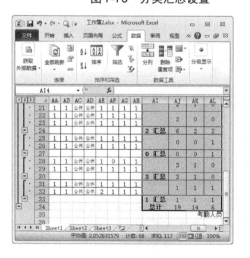

图 7-75 完成分类汇总

7.3　分析员工考勤情况

对员工进行考勤是为了公司的制度能够良好地运行，这也是和员工的奖金发放有直接关系的，所以分析员工的考勤情况是必要的。

7.3.1　筛选员工的考勤情况

筛选员工的考勤情况，可以更加直观地查看到各个员工出勤的情况，也可以产生一个对比。下面就介绍一下如何筛选员工的考勤情况。

步骤 1　在一张员工考勤表中，首先要提取一个表格，将"姓名"列选中，如图 7-76 所示。

步骤 2　按住 Ctrl 键，将"合计"列选中，如图 7-77 所示。

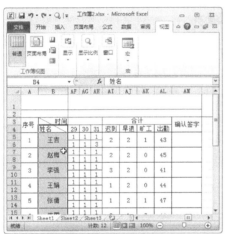

图 7-76　选中"姓名"列

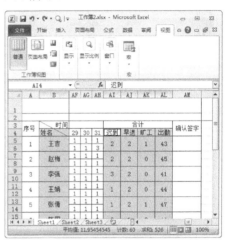

图 7-77　选中"合计"列

步骤 3　右击选中的单元格区域在弹出的列表中选择"复制"命令，如图 7-78 所示。

步骤 4　打开一张新的工作表 Sheet2，如图 7-79 所示。

步骤 5　右击任意区域，在弹出的快捷菜单中选择"粘贴"命令，如图 7-80 所示。这样就可得到一张新的表格了，如图 7-81 所示。

步骤 6　选中该表格，如图 7-82 所示。

步骤 7　在"数据"选项卡下的"排序和筛选"组中单击"排序"按钮，如图 7-83 所示。

步骤 8　弹出"排序"对话框，在"主要关键字"的下拉列表中选择"出勤"，"排序依据"选择"数值"，"次序"选择"升序"，然后单击"确定"按钮，如图 7-84 所示。

步骤 9　返回表格后会发现表格中的数据按照出勤数的大小进行从小到大的排序了，如图 7-85 所示。

图 7-78　选择"复制"命令

图 7-79　打开新工作表

图 7-80　选择"粘贴"命令

图 7-81　创建新的工作表

图 7-82　选中工作表

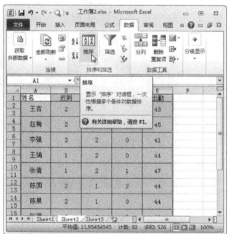

图 7-83　单击"排序"按钮

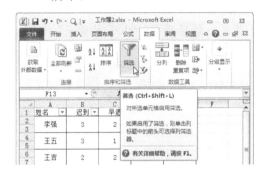

图 7-84　排序设置

图 7-85　升序排序

步骤 10　在"数据"选项卡下的"排序和筛选"组中单击"筛选"按钮，如图 7-86 所示。

步骤 11　将迟到数小于等于 1 的员工筛选出来，单击"迟到"右侧的下三角按钮，如图 7-87 所示。

图 7-86　单击"筛选"按钮

图 7-87　筛选迟到

步骤 12　在弹出的列表中打开"数字筛选"子菜单，然后选择"小于或等于"命令，如图 7-88 所示。

步骤 13　弹出"自定义自助筛选方式"对话框，在"小于或等于"右侧的文本框中输入 1，然后单击"确定"按钮，如图 7-89 所示。返回表格就会发现迟到数小于等于 1 的员工被筛选出来了，如图 7-90 所示。

图 7-88　选择"小于或等于"命令

图 7-89　自定义自助筛选方式

步骤 14　单击"早退"按钮右侧的下三角按钮，如图 7-91 所示。

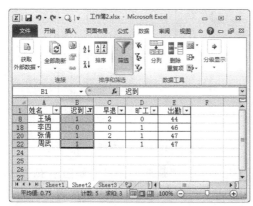
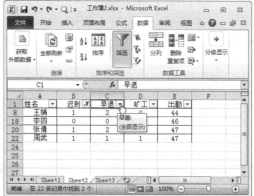

图 7-90　成功筛选出迟到小于等于一次的员工　　　图 7-91　筛选早退情况

步骤 15　在弹出的列表中打开"数字筛选"子菜单，然后选择"小于或等于"命令，如图 7-92 所示。

步骤 16　在弹出的"自定义自助筛选方式"对话框中的"小于或等于"右侧的文本框中输入 1，然后单击"确定"按钮，如图 7-93 所示。返回表格就会发现早退数小于等于 1 的员工被筛选出来了，如图 7-94 所示。

图 7-92　选择"小于或等于"命令　　　图 7-93　自定义自助筛选方式

步骤 17　单击"旷工"右侧的下三角按钮，如图 7-95 所示。

步骤 18　在弹出的列表中打开"数字筛选"子菜单，然后选择"小于或等于"命令，如图 7-96 所示。

步骤 19　弹出"自定义自助筛选方式"对话框，在"小于或等于"右侧的文本框中输入 1，然后单击"确定"按钮，如图 7-97 所示。返回表格就会发现旷工数小于等于 1 的员工就被筛选出来了，如图 7-98 所示。

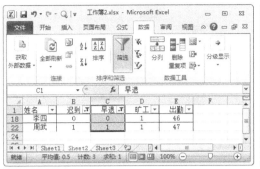

图 7-94 成功筛选出早退次数小于等于 1 次的员工

图 7-95 筛选旷工情况

图 7-96 选择"小于或等于"命令

图 7-97 自定义自助筛选方式

步骤 20 单击"出勤"右侧的下三角按钮，如图 7-99 所示。

图 7-98 成功筛选出旷工次数小于等于 1 次的员工

图 7-99 筛选出勤情况

步骤 21 在弹出的列表中打开"数字筛选"子菜单，然后选择"大于或等于"命令，如图 7-100 所示。

步骤 22 弹出"自定义自助筛选方式"对话框，在"大于或等于"后面的文本框中输入"45"，然后单击"确定"按钮，如图 7-101 所示。

图 7-100　选择"大于或等于"命令

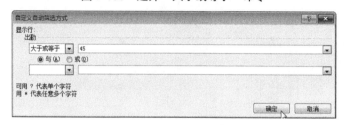

图 7-101　自定义自助筛选方式

返回工作表就会发现出勤数大于等于 45 的员工被筛选出来了，如图 7-102 所示。至此，完成了员工出勤情况的筛选工作了，如图 7-103 所示。

图 7-102　成功筛选出出勤次数大于等于 45 次的员工

图 7-103　筛选完成

7.3.2　批量制作考勤表

考勤表的需求量很大，如果能批量制作的话，可以提高工作效率。下面就介绍批量制作考勤表的方法。

1. 方法一

步骤 1　打开一张空白的员工考勤表，然后单击"开始"选项卡下"单元格"组中的"格式"

按钮，如图 7-104 所示。

步骤 2 　在打开的菜单中选择"移动或复制工作表"命令，如图 7-105 所示。

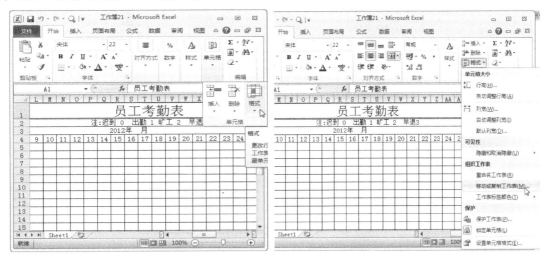

图 7-104　单击"格式"按钮　　　　　　图 7-105　选择"移动或复制工作表"命令

也可以右击工作表 Sheet1，在弹出的快捷菜单中选择"移动或复制"命令，如图 7-106 所示。

图 7-106　选择"移动或复制"命令

步骤 3 　弹出"移动或复制工作表"对话框，选择 Sheet1，选中"建立副本"复选框，然后单击"确定"按钮，如图 7-107 所示。这样就可以复制出一张考勤表了，做相同的操作可以得到更多的考勤表，如图 7-108 所示。

图 7-107　移动或复制工作表设置　　　　　图 7-108　成功复制考勤表

2．方法二

步骤 1　打开一张空白的员工考勤表，右击 Sheet1 工作表，在弹出的快捷菜单中选择"重命名"命令，如图 7-109 所示。

步骤 2　将工作表命名为"员工考勤表"，如图 7-110 所示。

图 7-109　选择"重命名"命令　　　　　图 7-110　重命名为员工考勤表

步骤 3　选择"文件"|"另存为"命令，如图 7-111 所示。

步骤 4　弹出"另存为"对话框，在"文件名"文本框中输入"员工考勤表"，如图 7-112 所示。

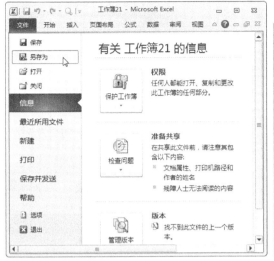

图 7-111　选择"另存为"命令

图 7-112　"另存为"对话框

步骤 5　打开"保存类型"下拉列表，选择"Excel 模板"选项，如图 7-113 所示，然后单击"保存"按钮。

步骤 6　打开 Excel 程序，执行"文件"|"新建"命令，在"可用模板"中单击"我的模板"选项，如图 7-114 所示。

图 7-113　选择保存类型

图 7-114　单击"我的模板"选项

步骤 7　在弹出的"新建"对话框中选择"员工考勤表 1"，然后单击"确定"按钮，如图 7-115 所示。这样就可以直接获得一个员工考勤表了，如图 7-116 所示。

注　意

在保存 Excel 模板时，必须要保存在 Excel 程序安装的文件夹中。

图 7-115 "新建"对话框

图 7-116 员工考勤表

7.4 专家指导

7.4.1 对员工出勤考核数据进行分列

如果一张表格中只是统计了员工的出勤情况，但是没有做整理，所有的数值内容都集中在一个单元格中，那么就可以使用数据分列整理该表格了。

步骤 1　图 7-117 是一张对员工出勤考核的数据表，所有的数据都集中在 A 列。

步骤 2　在"数据"选项卡下单击"数据工具"按钮，在展开的下拉列表中单击"分列"按钮，如图 7-118 所示。

图 7-117 员工出勤考核数据

图 7-118 单击"分列"按钮

步骤 3　在弹出的"文本分列向导"对话框中选择适合该数据的文件类型，这里选中"固定宽度"单选按钮，然后单击"下一步"按钮，如图 7-119 所示。

步骤 4　根据原数据，在"数据预览"中调整分隔线的距离，单击拖动分割线就可以自由移动，然后单击"下一步"按钮，如图 7-120 所示。

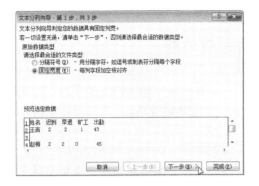

图 7-119 单击"下一步"按钮　　　　　　　图 7-120 调整分隔线的距离

步骤 5　在第 3 步根据所分各列的需求，选择"列数据格式"，再在"数据预览"中单击各
　　　　列查看分的是否正确，若不正确可返回上一步更改，然后单击"完成"按钮，如
　　　　图 7-121 所示。单击"完成"按钮后，该数据就完成分列了，如图 7-122 所示。

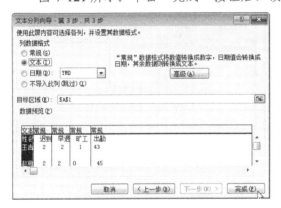

图 7-121 单击"完成"按钮　　　　　　　　图 7-122 完成分列

步骤 6　双击字母列的框线使单元格的大小适合内容的大小，如图 7-123 所示。

步骤 7　对各个单元格中的数据的格式进行调整，使它们格式相同，如图 7-124 所示。

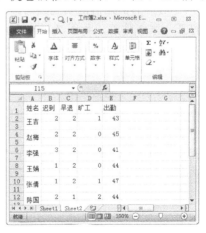

图 7-123 调整单元格的大小　　　　　　　图 7-124 调整单元格格式

7.4.2 打开或关闭单元格条目的自动完成功能

Microsoft Office Excel 2010 可以完成刚开始在一个数据列中输入的文本条目，如果输入的前几个字母与该列中现有的条目相匹配那就可以打开自动完成功能。如果要停止自动完成功能，可以关闭此选项。具体操作步骤如下。

步骤 1 选择"文件" | "选项"命令，如图 7-125 所示。

步骤 2 弹出"Excel 选项"对话框，选择"高级"选项，在右侧窗格中选中或取消选中"为单元格值启用记忆式键入"复选框，如图 7-126 所示，可以打开或关闭此选项。

图 7-125 选择"文件" | "选项"命令

图 7-126 "Excel 选项"对话框

7.4.3 快速对多个单元格执行相同的运算

同时对多个单元格执行相同的运算可以节省很多时间，人也会感觉轻松不少。下面就介绍如何同时对多个单元格执行相同的运算。

如果执行运算的单元格是不连续的，可以使用此方法。

步骤 1 打开一张工作表，如图 7-127 所示，给 A1:A6 单元格区域中的数据都加上 10。

步骤 2 在任意一个空白的单元格中输入数值 10，如图 7-128 所示。

步骤 3 右击 D6 单元格，在弹出的快捷菜单中选择"复制"命令，如图 7-129 所示。

步骤 4 选中 A1:A6 单元格区域，如图 7-130 所示。

步骤 5 右击选中的单元格区域，在弹出的快捷菜单中选择"选择性粘贴"命令，如图 7-131 所示。

步骤 6 弹出"选择性粘贴"对话框，在"粘贴"选项中选择"公式"单选按钮，在"运算"选项组中选中"加"单选按钮，然后单击"确定"按钮，如图 7-132 所示。

步骤 7 这样同时对 A1:A6 单元格区域执行加 10 的运算就完成了，如图 7-133 所示。

图 7-127　打开工作表

图 7-128　输入数值

图 7-129　选择"复制"命令

图 7-130　选中 A1:A6 单元格区域

图 7-131　选择"选择性粘贴"命令

图 7-132　"选择性粘贴"对话框

图 7-133　完成运算

7.4.4　去除工作表中的网格线

制作一张工作表后，为了方便查看往往都会给工作表添加框线，让工作表更加清晰地显示出来，但是工作表中除了表格之外的地方还是会有颜色较浅一点的网格线，下面就介绍如何隐藏工作表中的网格。

步骤 1　打开一张工作表，会看到表格之外的部分有浅色的网格线，如图 7-134 所示。

步骤 2　在"视图"选项卡下单击"显示"按钮，如图 7-135 所示。

图 7-134　网格线　　　　　　　　　图 7-135　单击"显示"按钮

步骤 3　在展开的列表中取消选中"网格线"复选框，如图 7-136 所示。这样就可以将工作表中的网格隐藏了，如图 7-137 所示。

图 7-136　取消选中"网格线"复选框

图 7-137　隐藏网格

7.4.5　冻结窗格

冻结窗口在 Excel 中是为了锁定表格的行和列，分为冻结拆分窗格、冻结首行和冻结首列三种。下面就分别介绍这三种冻结操作的方法。

1. 冻结拆分窗格

冻结拆分窗格，可以将一张工作表拆分为四部分。

步骤 1　打开一张工作表，第一行和第一列是由 1～6 的数字，如图 7-138 所示。

步骤 2　如果将第一行和第一列冻结，那么要选中单元格 B2，如图 7-139 所示。

图 7-138　打开工作表

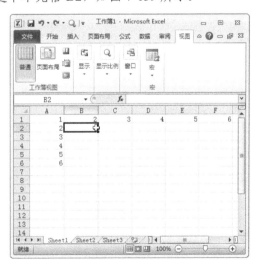

图 7-139　选择单元格

Excel 在人力资源管理中的应用

步骤3 在"视图"选项卡下单击"窗口"按钮，在弹出的列表中单击"冻结窗口"按钮，如图 7-140 所示。

步骤4 在打开的"冻结窗口"菜单中选择"冻结拆分窗格"命令，如图 7-141 所示。

图 7-140 单击"冻结窗口"按钮

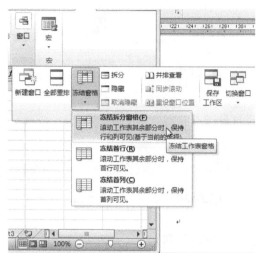

图 7-141 选择"冻结拆分窗格"命令

步骤5 这时冻结线会以所选单元格的左上角为基点，拆分窗格，如图 7-142 所示。

步骤6 向下拖动竖排滚动轴，除了第一行不动外，其他行将被隐藏，如图 7-143 所示。

图 7-142 完成冻结拆分窗格

图 7-143 隐藏行

步骤7 向右拖动横排滚动轴，除了第一列不动外，其他列都将被隐藏，如图 7-144 所示。

图 7-144　隐藏列

2．冻结首行

冻结首行，就是只有第一行被冻结，其他行在移动滚动轴时将被隐藏。

步骤 1　同样一张工作表，在"视图"选项卡下单击"窗口"按钮，在打开的列表中单击"冻结窗口"按钮，如图 7-145 所示。

步骤 2　在打开的菜单中选择"冻结首行"命令，如图 7-146 所示。

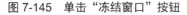

图 7-145　单击"冻结窗口"按钮　　　　图 7-146　选择"冻结首行"命令

步骤 3　选择"冻结首行"命令后，在工作表的第一行的下方会出现冻结线，如图 7-147 所示。这时移动竖直滚动轴，除第一行外的其他行会跟着被隐藏，如图 7-148 所示。

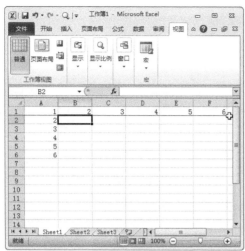

图 7-147　完成冻结首行网格　　　　　　图 7-148　隐藏行

3．冻结首列

冻结首列，就是只有第一列被冻结，其他列在移动滚动轴时将被隐藏。

步骤1　同样一张工作表，在"视图"选项卡下单击"窗口"按钮，在打开的列表中单击"冻结窗口"按钮，如图 7-149 所示。

步骤2　在打开的菜单中选择"冻结首列"命令，如图 7-150 所示。

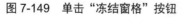

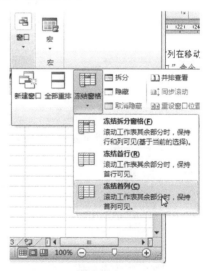

图 7-149　单击"冻结窗格"按钮　　　　　图 7-150　选择"冻结首列"命令

步骤3　选择"冻结首列"命令后，在工作表第一列的右边会出现冻结线，如图 7-151 所示。这时移动横形滚动轴，除第一列外的其他行会跟着被隐藏，如图 7-152 所示。

注意

　　若要取消冻结，在"视图"选项卡下的"窗口"组中单击"冻结窗格"旁边的下三角按钮，在展开的列表中选择"取消冻结窗格"命令。

图 7-151　完成冻结首列　　　　　　　　图 7-152　隐藏列

7.5　实战演练

一、选择题

1. 下列说法中正确的是(　　)。
   A. 要想快速填充数据，需要将鼠标指针放置在输入完成的单元格的右下角，当指针变为┼形状时，单击鼠标左键向下拖动，就可以了
   B. 要想快速填充数据，需要将鼠标指针放置在输入完成的单元格的左下角，当指针变为┼形状时，单击鼠标左键向下拖动，就可以了
   C. 要想快速填充数据，需要将鼠标指针放置在输入完成的单元格的右下角，当指针变为┼形状时，单击鼠标左键向下拖动，然后打开自动填充选项，选择填充序列
   D. 要想快速填充数据，需要将鼠标指针放置在输入完成的单元格的右下角，当指针变为┼形状时，单击鼠标左键向下拖动，然后打开自动填充选项，选择填充格式

2. 分类汇总在(　　)菜单中。
   A. 视图|工作簿视图　　　　　　　　B. 数据|分级显示
   C. 数据|数据公式　　　　　　　　　D. 视图|分级显示

3. 下列说法错误的是(　　)。
   A. 单元格的标准列宽是可以根据需要调整大小的
   B. 可以根据需要在"格式"中更改固定列宽的大小
   C. 单元格的列宽和行高可以根据需要更改，但是标准列宽和行高是不可以随便更改的
   D. 双击框线可以使单元格的大小与内容相符

4. 隐藏工作表中的网格是在( )下操作的。

    A. "视图" | "显示"   B. "视图" | "工作簿视图"

    C. "开始" | "样式"   D. "开始" | "编辑"

5. 下列说法中正确的是( )。

    A. 冻结窗格后，整个表格都不可以调整了

    B. 要想关闭冻结，只需要删除冻结线就可以了

    C. 冻结窗格分为冻结首行、冻结首列和冻结拆分窗格三种

    D. 冻结窗格分为冻结首行和冻结首列两种

二、实训题

1. 对图 7-153 中选中的单元格进行乘以 11 的运算。

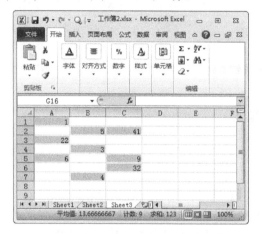

图 7-153　实训题 1 图

2. 制作一张员工考勤表，如图 7-154 所示。

图 7-154　实训题 2 图

第 8 章

经典实例：管理员工休假

【本章学习重点】

◆ 制作员工请假登记表
◆ 计算加班时间
◆ 休假管理

为了保证公司的正常运转，公司非常有必要合理安排员工的工作时间，做好员工的休假管理。本章详细介绍了 Excel 在管理员工休假方面的典型应用。

【本章实例展示】

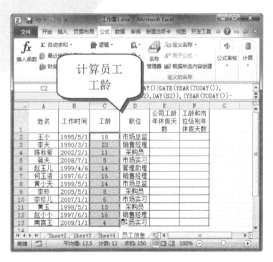

8.1 要点分析

本章主要介绍如何使用 Excel 制作管理员工休假的工作簿，在制作过程会用到 DAYS360、WEEKDAY 等函数来计算加班时间、工作日、双休日等信息。为了便于读者使用函数，下面先来了解每个函数的含义及使用方法。

1. DAYS360 函数

DAY360 函数是按照一年 360 天的算法，返回两个日期相差的天数。其语法格式为：

```
DAYS360(start_date,end_date,method)
```

其中各参数的含义如下。

- start_date (起始日期) 和 end_date (结束日期)：用于计算期间天数的起止日期。
- method：一个逻辑值，指示计算时应该使用美国还是欧洲方法。默认为 FALSE。

Method 定义：

- 如果 method 为 FALSE 或被省略，则使用美国(NASD)方法。如果起始日期是一个月的 31 日，则等于同月的 30 日。
- 如果终止日期是一个月的 31 日，并且起始日期早于 30 日，则终止日期等于下一个月的 1 日。
- 如果终止日期是一个月的 31 日，并且起始日期是同月的 30 日，则终止日期等于同月的 30 日，结果为零。
- 如果 method 为 TRUE，则使用欧洲方法。发生在一个月的 31 日的起始日期和终止日期都将等于同月的 30 日。

2. WEEKDAY 函数

WEEKDAY 函数是指返回某日期的星期数。在默认情况下，它的值为 1(星期天)～7(星期六)之间的一个整数。其语法格式为：

```
WEEKDAY(serial_number, return_type)
```

其中各参数的含义如下。

- serial_number：指定的日期或序列号。
- return_type：为确定返回值类型的数字，返回数字 1 或省略，则 1～7 代表星期天到数星期六；返回数字 2，则 1～7 代表星期一到星期天；返回数字 3，则 0～6 代表星期一到星期天：

8.2 制作员工请假登记表

制作员工请假登记表，最主要的就是要简洁、明了，方便最后的统计与分析。

8.2.1　设置员工请假登记表的格式

各种表格都有自己的格式，用来与其他的表格进行区分，员工请假登记表中主要应该有姓名、请假时间、请假的天数和事由。下面就介绍设置员工请假登记表的格式。

步骤 1　新建名称为"工作簿 1.xlsx"的工作簿，切换到 Sheet1 工作表，然后在 A1 单元格中输入标题"XXX 公司员工请假登记表"、在 A2 单元格中输入"序号"、在 A3 单元格中输入序列号"1"，接着指针将鼠标放置在 A3 单元格的右下角，当指针变为十字形时按 Ctrl 键向下拖动鼠标，填充序列数据，如图 8-1 所示。

步骤 2　在 B2 单元格中输入"姓名"、在 C2 单元格中输入"请假时间"、在 C3 单元格中输入" 月 日"，如图 8-2 所示。

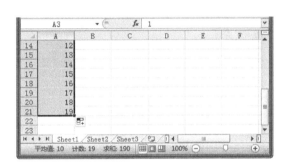

图 8-1　填充序号

图 8-2　设置请假时间列

步骤 3　将鼠标指针放置在 C3 单元格的右下角，当指针变为十字形的时候，按住鼠标左键向下拖动，这样其他单元格就可以自动复制填充了，如图 8-3 所示。

步骤 4　选中 C3:C20 单元格区域，然后在"开始"选项卡下的"字体"组中，单击"字号"下拉列表按钮，从打开的列表中选择"9"选项，调整字体大小，如图 8-4 所示。

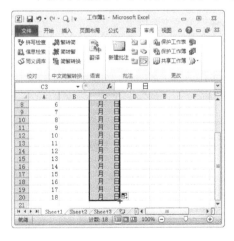

图 8-3　快速填充月日

图 8-4　选择字号

步骤 5　在 D2、E2、F2 单元格中分别输入"天数"、"事由"和"备注",如图 8-5 所示。

步骤 6　选中 A1:F1 单元格区域,在"开始"选项卡下的"对方方式"组中单击"合并后居中"按钮,如图 8-6 所示。

图 8-5　输入行标题内容

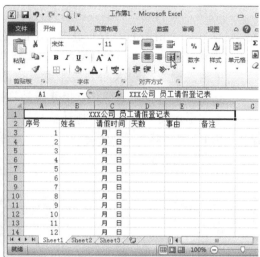

图 8-6　合并居中标题

步骤 7　按 Ctrl+A 组合键,将工作表全部选中,右击选中的工作表,在弹出的快捷菜单中选择"设置单元格格式"命令,如图 8-7 所示。

步骤 8　弹出"设置单元格格式"对话框,切换到"对齐"选项卡,设置"水平对齐"为"居中"、"垂直对齐"为"居中",如图 8-8 所示。

图 8-7　选择"设置单元格格式"命令

图 8-8　"设置单元格格式"对话框

步骤 9　切换到"边框"选项卡,按照图 8-9 所示,为表格添加边框线。

步骤 10　设置完成后单击"确定"按钮,效果如图 8-10 所示。

步骤 11　选中 A21 单元格,输入如图 8-11 所示的内容。

步骤 12　右击 A21 单元格,按照上面的方法打开"设置单元格格式"对话框,切换到"对齐"选项卡,设置"水平对齐"为"靠左(缩进)"、"垂直对齐"为"居中",单击

"确定"按钮，如图 8-12 所示。

图 8-9　添加表格边框线

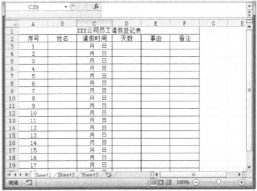

图 8-10　设置完成后的效果

图 8-11　输入相应内容

图 8-12　"设置单元格格式"对话框

至此，员工请假登记表的格式就设置完成了，最终效果如图 8-13 所示。

图 8-13　员工请假登记表最终效果

8.2.2 利用函数进行请假统计与分析

使用函数可以使数据统计变得简单，工作效率加快。下面就介绍如何利用函数进行请假统计与分析。

步骤 1 　打开工作簿(图书素材\第 8 章\工作簿 1.xlsx)中的工作表 Sheet2，在该工作表中共设 4 列，分别为"姓名"、"请假开始时间"、"请假结束时间"和"总计天数"，如图 8-14 所示。

步骤 2 　在"请假统计情况"工作表中输入相应的数据，输入完成后如图 8-15 所示。

图 8-14　"请假统计"工作表

图 8-15　输入相应数据

步骤 3 　选中单元格 D3，在"公式"选项卡中的"函数库"组中单击"日期和时间"按钮，在展开的下拉列表中选择 DAYS360 选项，如图 8-16 所示。

步骤 4 　弹出"函数参数"对话框，在 Start_date 文本框中输入"B3"，在 End_date 文本框中输入"C3"，如图 8-17 所示。

图 8-16　单击 DAYS360 选项

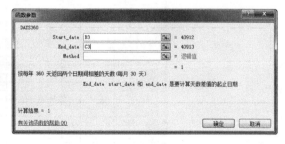

图 8-17　"函数参数"对话框

步骤 5 　选中 D3 单元格，将公式更改为"=DAYS360(B3,C3)+1"，如图 8-18 所示。按 Enter 键计算出第一个员工的请假天数。

步骤 6 　选中 D3 单元格，向下拖动填充柄，复制公式一直到 D14 单元格，计算出其他员工的请假天数，如图 8-19 所示。

图 8-18　更改计算公式

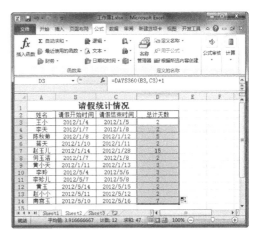

图 8-19　复制公式计算各员工请假天数

8.2.3　利用数据透视表进行请假统计与分析

数据透视表是一种交互式的表格形式，它可以对多个内容的数据进行分析汇总，而且还可以快速合并数据。当数据量非常大时，使用数据透视表可以使工作变得更加简单方便。下面就介绍如何使用数据透视表进行请假统计和分析。

步骤 1　打开 "Sheet2" 工作表，在 "插入" 选项卡下的 "表格" 组中，单击 "数据透视表" 按钮，在打开的下拉菜单中选择 "数据透视表" 命令，如图 8-20 所示。

步骤 2　弹出 "创建数据透视表" 对话框，在 "创建数据透视表" 对话框中的 "表/区域" 中输入 "Sheet2!$A$2:$D$14"，在 "选择放置数据透视表的位置" 中选中 "现有工作表" 单选按钮，在 "位置" 文本框中输入 "Sheet2!$A$16"，如图 8-21 所示。

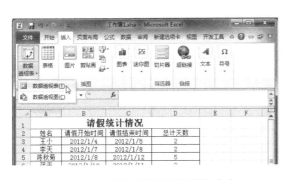

图 8-20　选择 "数据透视表" 命令

图 8-21　"创建数据透视表" 对话框

步骤 3　单击 "确定" 按钮，选中右侧窗格中的 "选择要添加到报表的字段" 列表框中的所有字段，如图 8-22 所示。

步骤 4　现在就可以进行请假统计分析了，比如要了解王小的请假情况可以在 "行标签" 下拉列表中只选中 "王小"，然后单击 "确定" 按钮，如图 8-23 所示，就可以看到王

Excel 在人力资源管理中的应用

小的请假情况了。

图 8-22　添加字段到报表

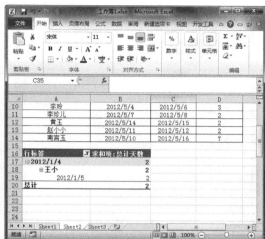

图 8-23　利用数据透视表统计分析王小的请假情况

8.3　计算加班时间

员工加班一般来说是要给加班费的，所以对员工加班时间的计算就显得很重要了。加班时间为结束时间与起始时间的差，因此要计算加班时间时，可使用结束时间减去起始时间。在此可使用 Text 函数以文本形式显示计算。

8.3.1　计算每周的加班时间

如图 8-24 所示，是某公司员工一周的加班时间登记表。

图 8-24　某公司员工加班登记表

下面就来计算出每周的加班时间，具体操作步骤如下。

步骤 1　在当前工作表中选中需要显示计算结果的单元格，在此选中 E3 单元格。

步骤 2　在"公式"选项卡下，单击"函数库"组中的"插入函数"按钮，如图 8-25 所示。

步骤 3　弹出"插入函数"对话框，在"搜索函数"文本框中输入"TEXT"，如图 8-26 所示，然后单击"转到"按钮，最后单击"确定"按钮。

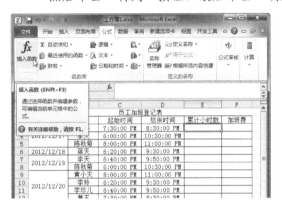

图 8-25　单击"插入函数"按钮

图 8-26　"插入函数"对话框

步骤 4　弹出"函数参数"对话框，在 Value 文本框中输入"D3-C3"，在 Format_text 文本框中输入""h:mm:ss""，如图 8-27 所示。

步骤 5　单击"确定"按钮，返回工作表，此时计算出第一个员工的加班时间，如图 8-28 所示。

图 8-27　"函数参数"对话框　　　　　　　图 8-28　计算出第一个员工的加班时间

步骤 6　选中 E3 单元格，向下拖动填充柄，复制公式一直到 E18 单元格，统计出其他员工的加班小时数，如图 8-29 所示。

图 8-29　计算出员工一周的加班时间

8.3.2　分类计算工作日、双休日和国家法定节假日的加班时间

本节来学习分类计算工作日、双休日和国家法定节假日的加班时间，工作表如图 8-30 所示。

图 8-30　1 月份加班登记表

具体操作步骤如下。

步骤 1　选中 E3 单元格，在其中输入计算累计加班小时数公式 "=TEXT(D3-C3,"h:mm:ss")"，如图 8-31 所示。

步骤 2　按下 Enter 键，获取第一个员工的实际加班小时数，如图 8-32 所示。

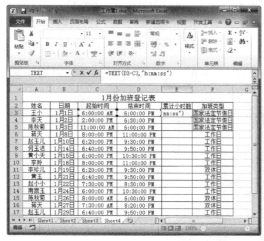

图 8-31　输入公式

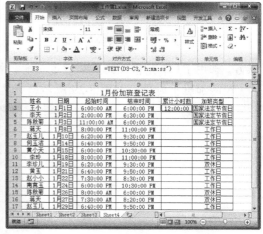

图 8-32　显示第一个员工实际加班小时数

步骤 3　选中 E3 单元格区域，向下拖动填充柄，复制公式一直到 E17 单元格区域，获取其他员工实际加班小时数，如图 8-33 所示。

步骤4 将光标定位到"加班类型"列中的某一单元格，然后在"数据"选项卡下的"排序和筛选"组中，单击"升序"按钮，如图8-34所示。

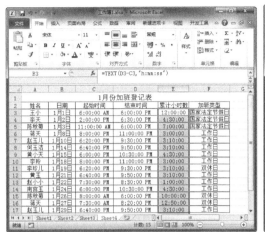

图8-33 复制公式自动得到其他员工的加班小时数

图8-34 单击"升序"按钮

步骤5 最终效果如图8-35所示，表格中工作日、双休日和国家法定节假日的加班时间已经汇总出来了。

图8-35 最终效果图

8.3.3 合理发放员工加班酬劳

支付加班费能够有效地抑制用人单位随意延长工作时间，以保护劳动者的合法权益。按照《劳动法》第44条的规定，支付加班费的具体标准是：在标准工作日内安排劳动者延长工作时间的，支付不低于工资 150%的工资报酬。假如员工的日工资为 100 元，请统计加班费，具体操作步骤如下。

步骤 1 加班费是金额，可使用会计专用数字格式来表现数据，选中显示加班费的单元格区域 F3:F18，如图 8-36 所示。

步骤 2 在"开始"选项卡下，单击"数字"组中的"会计数字格式"下三角按钮，在打开的下拉菜单中选择"￥中文(中国)"命令，如图 8-37 所示。

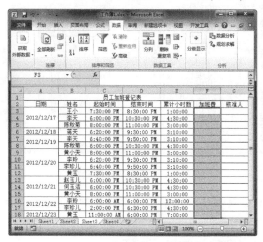

图 8-36　选中单元格区域

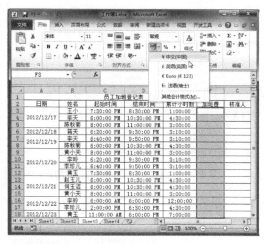

图 8-37　选择"￥中文(中国)"命令

步骤 3 选中 F3 单元格，输入计算加班费公式"=(D3-C3)*24*(1+0.5)*100"，如图 8-38 所示，按 Enter 键计算出第一个员工的加班费。

步骤 4 选定 F3 单元格，向下拖动填充柄复制公式一直到 F18 单元格，获取其他员工的加班费用，如图 8-39 所示。

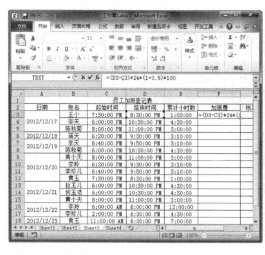

图 8-38　输入加班费公式

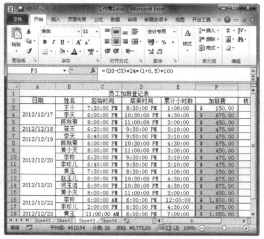

图 8-39　获取其他员工的加班费

步骤 5 接下来根据实际情况输入"核准人"字段的实际数据，得到最终加班登记表，如图 8-40 所示。

图 8-40　最终加班登记表

8.4　休假管理

本小节将介绍如何使用 Excel 中的各种日期函数，计算员工休假天数，便于管理公司的日常运作。

8.4.1　计算员工工龄

工龄是指该员工从进入企业工作到当前的年限，而工龄一般跟员工的待遇、福利是相挂钩的，工龄越长，该员工享受的待遇和福利也相对于其他员工要高。虽然可以通过手工来计算员工的工龄再输入，但是员工的工龄会随着时间的增长而不断增加，手工输入的工龄每年都需要更改。针对这种情况，可以使用 TODAY 和 YEAR 函数来自动计算工龄，具体操作如下。

步骤 1　接着上面的操作，在"工作簿 1.xlsx"工作簿中，插入新的工作表并重命名为"员工信息"，并创建员工信息表格如图 8-41 所示。

步骤 2　选定 C2 单元格，在"公式"选项卡下的"函数库"组中单击"插入函数"按钮，如图 8-42 所示。

步骤 3　弹出"插入函数"对话框，选择函数类别为"逻辑"，再选择逻辑函数中的 IF 函数，并单击"确定"按钮，如图 8-43 所示。

步骤 4　弹出"函数参数"对话框，在 Logical_test 文本框中输入设置的判断条件，在此输入"TODAY()>DATE(YEAR(TODAY()),MONTH(B2),DAY(B2))"，如图 8-44 所示。

图 8-41　"员工信息"工作表

图 8-42　单击"插入函数"按钮

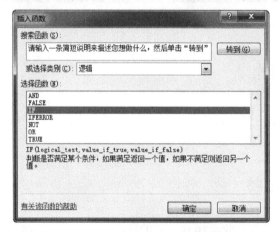

图 8-43　选择函数

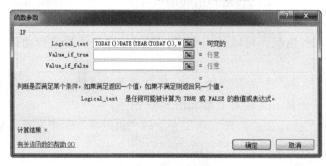

图 8-44　设置条件参数

步骤 5　在 Value_if_true 文本框中输入条件为"真"时返回的值，在此输入"(YEAR(TODAY())
－YEAR(B2)+1)"，在 Value_if_false 文本框中输入条件为"假"时返回的值，在此
输入"(YEAR(TODAY()－YEAR(B2))"，如图 8-45 所示。

图 8-45　设置 Value_if_false 参数

步骤 6　单击"确定"按钮，返回工作表，此时可以看到在 C2 单元格中显示了计算的结果，即第一位员工当前的工龄为 18，如图 8-46 所示。

步骤 7　选中 C2 单元格，向下拖动填充柄，复制公式一直到 C13 单元格，获取其他员工的工龄，如图 8-47 所示。

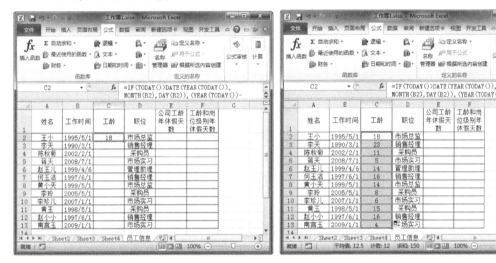

图 8-46　计算出第一个员工的工龄　　　　　图 8-47　获取所有员工的工龄

8.4.2　统计一年中的节假日

制作一份节假日统计表，利用函数自动判断当年每个节日的具体日子是哪天，由于农历计算过于复杂，这里只介绍公历生日的计算方法，操作步骤如下。

步骤 1　接着上面的操作，在"工作簿 1.xlsx"工作簿中插入新的工作表。

步骤 2　在该工作表中共设 5 列，分别为"节日名称"、"月"、"日"、"日期"和"星期"，然后输入数据，完成后的工作表如图 8-48 所示。

步骤 3　这里我们要统计的是 2012 年的节假日，在要查询的年份里，输入"2012"，然后选中单元格 D3，在"公式"选项卡下的"函数库"组中单击"插入函数"按钮，打开"插入函数"对话框，选择函数类别为"日期与时间"，再选择 DATE 函数，并单击"确定"按钮，如图 8-49 所示。

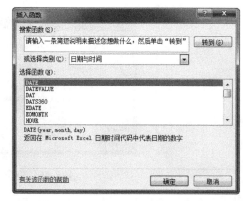

图 8-48　"统计节假日"工作表　　　　　　图 8-49　选择 DATE 函数

步骤 4　弹出"函数参数"对话框，在 Year 文本框中输入"$B$1"，在 Month 文本框中输入
　　　　"B3"，在 Day 文本框中输入"C3"，如图 8-50 所示。

步骤 5　单击"确定"按钮，返回工作表，得到指定年份的元旦节的日期，如图 8-51 所示。

图 8-50　"函数参数"对话框　　　　　　　图 8-51　得到第一个节日的日期

步骤 6　选定单元格 E3，在"公式"选项卡下的"函数库"组中单击"插入函数"按钮，打
　　　　开"插入函数"对话框，选择函数类别为"日期与时间"，再选择 WEEKDAY 函数，
　　　　并单击"确定"按钮，如图 8-52 所示。

步骤 7　弹出"函数参数"对话框，在 Serial_number 文本框中输入"D3"，如图 8-53 所示。

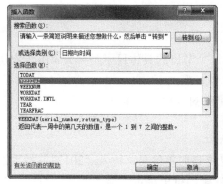

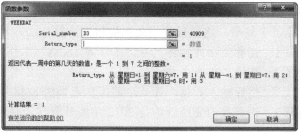

图 8-52　选择 WEEKDAY 函数　　　　　　图 8-53　"函数参数"对话框

步骤8 单击"确定"按钮，返回工作表，可以知道指定年份中元旦节是星期几，如图8-54
所示。

步骤9 选中 D3 单元格，向下拖动填充柄，复制公式一直到 D6 单元格，得到其他节日的日
期，如图 8-55 所示。

图 8-54　得到元旦节的星期

图 8-55　获取其他节日的日期

步骤10 选中 E3 单元格，向下拖动填充柄，复制公式一直到 E6 单元格，获取其他节日的
星期，如图 8-56 所示。

步骤11 选中单元格 E3:E6，在"设置单元格格式"对话框中将这一区域的格式设置为如
图 8-57 所示的选项。

图 8-56　获取其他节日的星期

图 8-57　"设置单元格格式"对话框

步骤12 单击"确定"按钮，返回工作表，最终效果如图 8-58 所示。

图 8-58　计算出一年中的节日的日期和星期

8.4.3　根据社会工龄计算年休假天数

法律规定员工累计工作已满 1 年不满 10 年的，年休假 5 天；已满 10 年不满 20 年的，年休假 10 天；已满 20 年的，年休假 15 天。这里我们按照这个规定来计算年休假天数，操作步骤如下。

步骤 1　打开"员工信息"工作表，选中 E2 单元格，输入公式"=IF(C2<1,0,IF(C2<10,5,IF (C2<20,10,15)))"，如图 8-59 所示。

步骤 2　按 Enter 键，计算出第一个员工的年休假天数，如图 8-60 所示。

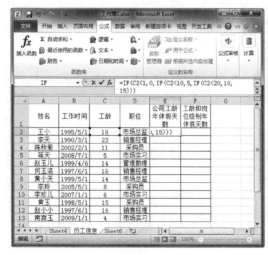

图 8-59　在 E2 单元格中输入公式

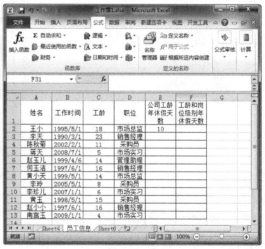

图 8-60　计算出第一个员工的年休假天数

步骤 3　选中 E2 单元格，向下拖动填充柄，复制公式一直到 E13 单元格，通过复制公式获取其他员工的年休假天数，如图 8-61 所示。

图 8-61　通过复制公式自动得到其他员工的年休假天数

8.4.4　根据工龄和岗位级别计算年休假天数

有些企业还会根据工龄和岗位的级别来计算年休假的天数。我们这里假设市场总监满 15 年就有 10 天休假不满则有 5 天休假；销售经理满 20 年有休假 15 天，不满则有 10 天休假；采购员满 10 年有 10 天休假，不满则有 6 天休假；市场实习满 5 年有 4 天休假不满则有 2 天休假；管理助理满 10 年有 6 天休假，不满则有 3 天。按照这个条件来计算年休假天数，操作步骤如下。

步骤 1　打开"员工信息"工作表，选中 F2 单元格，输入公式"=IF(AND(D2="市场总监",C2>=15),10,IF(AND(D2="市场总监",C2<15),5,IF(AND(D2="销售经理",C2>=20),15,IF(AND(D2="销售经理",C2<20),10,IF(AND(D2="采购员",C2>=10),10,IF(AND(D2="采购员",C2<10),6,IF(AND(D2="市场实习",C2>=5),4,IF(AND(D2="市场实习",C2<5),2,IF(AND(D2="管理助理",C2>=10),6,IF(AND(D2="管理助理",C2<10),3)))))))))))"，如图 8-62 所示。

步骤 2　按下 Enter 键，得到第一个员工的年休假天数，如图 8-63 所示。

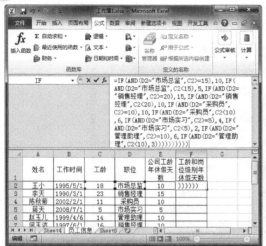

图 8-62　在 F2 单元格中输入公式

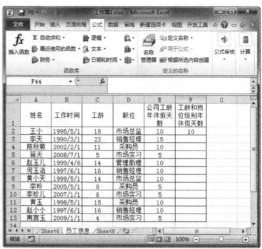

图 8-63　得到第一个员工的年休假天数

步骤 3　选中 F2 单元格，向下拖动填充柄，复制公式一直到 F13 单元格，通过复制公式得到其他员工的休假天数，如图 8-64 所示。

图 8-64　获取其他员工的年休假天数

注 意

在 Excel 表格中，IF 函数最多能嵌套 7 次。

8.4.5　根据员工请假条的起止日期确定休假天数

公司可以根据员工请假条的起止日期来计算休假的天数，具体操作如下。

步骤 1　打开 "Sheet1" 工作表，选中 C3 单元格，在其中输入请假的开始时间和结束时间，如图 8-65 所示。

步骤 2　选中 D3 单元格，在 "公式" 选项卡下的 "函数库" 组中单击 "日期和时间" 按钮，在展开的下拉列表中选择 DAYS360 选项，如图 8-66 所示。

图 8-65　输入请假时间

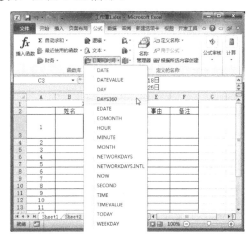

图 8-66　选择 DAYS360 选项

步骤 3　弹出"函数参数"对话框，在 Start_date 文本框中输入内置函数"MID(C3,2,10)"，如图 8-67 所示。

步骤 4　在 End_date 文本框中输入"RIGHT(C3,10)"，如图 8-68 所示，获取请假结束时间，单击"确定"按钮。

图 8-67　设置 Start_date 参数

图 8-68　设置 End_date 参数

此时在 D3 单元格中已经显示了请假的天数，如图 8-69 所示。

图 8-69　成功显示请假天数

8.5 专家指导

8.5.1 完善请假登记表

下面对员工请假登记表进行改进，使之更加完美，具体操作步骤如下。

步骤 1 在"员工信息"工作表中，选中单元格区域 A2:A13，如图 8-70 所示。

步骤 2 在"公式"选项卡下的"定义的名称"组中单击"定义名称"按钮，在打开的下拉菜单中选择"定义名称"命令，如图 8-71 所示。

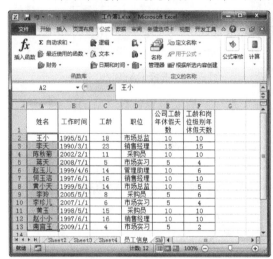
图 8-70 选中单元格区域

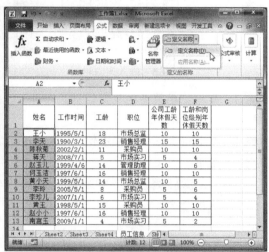
图 8-71 选择"定义名称"命令

步骤 3 弹出"新建名称"对话框，在"名称"文本框中输入"姓名"，在"引用位置"文本框架中显示了选定的单元格引用地址，如图 8-72 所示，单击"确定"按钮。

步骤 4 切换至 Sheet1 工作表，选中需要设置数据有效性的单元格，在此选中 B3 单元格，如图 8-73 所示。

图 8-72 "新建名称"对话框

图 8-73 选中单元格

步骤 5 在 "数据" 选项卡下的 "数据工具" 组中单击 "数据有效性" 按钮，在打开的下拉菜单中选择 "数据有效性" 命令，如图 8-74 所示。

步骤 6 弹出 "数据有效性" 对话框，在 "设置" 选项卡中，单击 "允许" 下三角按钮，在展开的下拉列表中选择 "序列" 选项，如图 8-75 所示。

图 8-74 选择 "数据有效性" 命令

图 8-75 设置有效性条件

步骤 7 在 "来源" 文本框中输入 "=姓名"，如图 8-76 所示，设置来源值为自定义的 "姓名" 列中的单元格数值。

步骤 8 单击 "确定" 按钮，返回工作表，此时在选定单元格中添加了下三角按钮，单击该按钮，在展开的下拉列表中选择适当的姓氏，如 "王小"，如图 8-77 所示。

图 8-76 设置来源值

图 8-77 从下拉列表中选择数据

步骤 9 在 B3 单元格中显示了从下拉列中选定的值，如图 8-78 所示，选中 B3 单元格，拖动填充柄一直到 B20 单元格，这样可避免用户将员工的姓名录入错误。清除 B3:B20 单元格区域中的内容。

步骤 10 在 "插入" 选项卡下的 "文本" 组中，单击 "页眉和页脚" 按钮，如图 8-79 所示。

步骤 11 在 "页眉" 下，从 "左"、"中" 或 "右" 框选择一个要插入的地方，比如这里选择 "左" 框，这时菜单中出现新的 "页眉和页脚 工具" 下的 "设计" 选项卡，如图 8-80 所示。

步骤 12 在 "页眉和页脚元素" 组中，单击 "图片" 按钮，出现如图 8-81 所示的对话框，从中选择需要的图片。

图 8-78　查看选择结果

图 8-79　单击"页眉和页脚"按钮

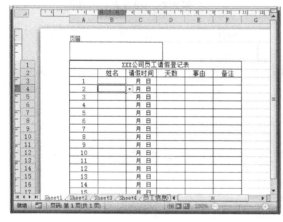

图 8-80　选择要插入图片的位置

图 8-81　选择要插入的图片

步骤 13　单击"插入"按钮，这时图片被添加进去，但是在页眉看到的不是图片，而是如图 8-82 所示。

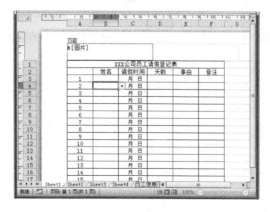

图 8-82　插入图片

步骤 14　要在单元格区域中单击才能看到插入的图片效果，如果要调整图形大小或绽放图形，请单击"页眉和页脚元素"组中的"设置图片格式"按钮，弹出如图 8-83 所示的对话框，然后在该对话框的"大小"选项卡中选择所需选项。

步骤 15　单击"确定"按钮，至此请假登记表已经改进完毕，效果如图 8-84 所示。

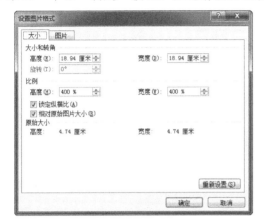

图 8-83　设置图片大小

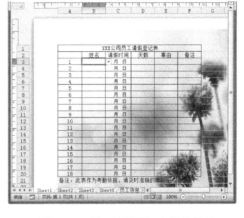

图 8-84　员工请假登记表最终效果

8.5.2　快速选择数据类型相同的单元格

在一张工作表中有许多数据类型相同或者数据本身相同的单元格，下面就介绍如何快速选择这些单元格。

1. 选择数据类型相同的单元格

步骤 1　打开需要选择数据类型相同的单元格的工作表，可以看到在不同的单元格中都有数据"0"，要想快速选择这些单元格，首先在"开始"选项卡下的"编辑"组中单击"查找和替换"按钮，在打开的下拉菜单中选择"查找"命令，如图 8-85 所示。

步骤 2　在弹出的"查找和替换"对话框中的"查找内容"文本框中输入"0"，然后单击"查找全部"按钮，如图 8-86 所示。

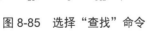

图 8-85　选择"查找"命令

图 8-86　"查找和替换"对话框

步骤 3　单击"查找全部"按钮后，会出现一个列表，按 Ctrl+A 组合键全选，然后单击"关闭"按钮，如图 8-87 所示。

步骤4　这样包含"0"的单元格就全部被选中了，如图8-88所示。

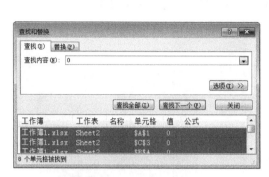 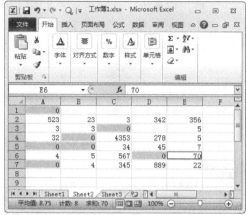

图8-87　全选　　　　　　　　　图8-88　包含"0"的单元格全部被选中

2．选择空白单元格

有时需要同时选中某个表中所有空白的单元格输入相同的内容，下面就介绍如何选择空白单元格。

步骤1　打开需要选择空白单元格的工作表，并选中表格，在"开始"选项卡下的"编辑"组中单击"查找和替换"按钮，在打开的下拉列菜单中选择"定位条件"命令，如图8-89所示。

步骤2　在弹出的"定位条件"对话框中，选中"空值"单选按钮，然后单击"确定"按钮，如图8-90所示。

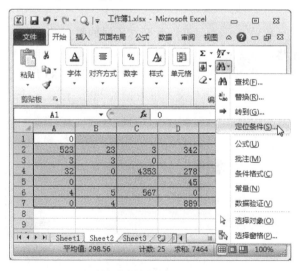

图8-89　选择"定位条件"命令　　　　　图8-90　选中"空值"单选按钮

这样就可以将表格中所有的空白单元格全部选中了，如图8-91所示。

图 8-91　表格中空白单元格全部选中

 注意

在"定位条件"对话框中，不止是可以选择空值，选择相同的数据类型也可以在这里完成，只要选中"公式"单选按钮，然后在下面的复选框中选择需要项就可以了。

8.5.3　将 Enter 键固定起来

在 Excel 中有时为了输入需要，需要在同一个单元格中移动鼠标的光标，但是当我们按 Enter 键时，光标就会移动到下一个单元格中，要想解决这个问题，我们可以将 Enter 键固定，具体操作如下。

步骤 1　打开工作表，选择"文件"|"选项"命令，如图 8-92 所示。

步骤 2　弹出"Excel 选项"对话框，在左侧窗格中选择"高级"选项，接着在右侧窗格中，在"编辑选项"下取消选中"按 Enter 键后移动所选择内容"复选框，如图 8-93 所示。

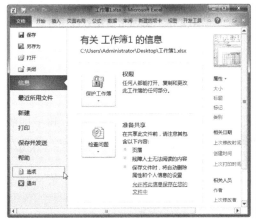

图 8-92　选择"文件"|"选项"命令

图 8-93　"Excel 选项"对话框

步骤 3　单击"确定"按钮，这时在工作表中输入完数据后，按 Enter 键光标不移动位置。

8.5.4 解决不小心关闭工作簿的问题

如果未保存的文件被不小心关闭或者是因系统或电脑问题而被关闭，重新制作会浪费不少时间，下面就介绍如何恢复未保存的工作簿。

1. 方法一

执行"文件"|"信息"命令，在右侧窗格中单击"管理版本"按钮，在打开的下拉菜单中选择"恢复未保存的工作簿"命令，如图 8-94 所示。

2. 方法二

执行"文件"|"信息"命令，在右侧窗格中单击"恢复未保存的工作簿"按钮，如图 8-95 所示。

图 8-94　选择"恢复未被保存的文件"命令

图 8-95　在最近所用文件中恢复

8.5.5 检查 Excel 文档的兼容性

兼容性检查器可以针对工作簿中发现的有关 Microsoft Office Excel 2010 和早期版本 Excel 之间的兼容性问题进行检查、查找和发现解决方案。兼容性问题可能会导致数据永久丢失或功能不正常。如何检查 Excel 文档的兼容性呢？操作步骤如下。

选择"文件"|"信息"命令，在右侧窗格中，单击"检查问题"按钮，在下拉菜单中选择"检查兼容性"命令，如图 8-96 所示。

弹出"兼容性检查器"对话框，如图 8-97 所示，在"摘要"列表框中，兼容性检查器会列出它找到的所有兼容性问题，如 Office Excel 2010 工作簿中使用的新功能或增强功能在早期版本的 Excel 中不支持。该框还会列出问题在工作簿中出现的次数。

图 8-96 选择"检查兼容性"选项   图 8-97   检查兼容性

若要将"兼容性检查器"对话框中的"保存工作簿时检查兼容性"复选框选中，那么在保存文件时，会自动检查兼容性，如果存在问题会弹出对话框提醒。

8.5.6 合理制订节假日员工值班计划

每到节假日来临之际，如何合理地安排员工的值班计划，始终是一件头疼的事，因为每个员工都有自己的不同要求，但公司又需要每天都有员工值班。使用 Excel 表中的规划求解功能非常适合解决类似这样的问题。

某公司部门员工有李生、朱六、严二、赵三、曹六、蒋大和何二。假设这里我们设置值班计划的条件如下：

● 何二要求在周四值班。
● 蒋大在何二的前面某天值班。
● 曹六在何二的后面某天值班。
● 赵三要比蒋大晚 3 天值班。
● 曹六要比朱六早 1 天值班。
● 严二要求比李生晚 2 天值班。

步骤 1 在工作表 Sheet2 中创建一个工作表，在该工作表中共设 3 列，分别为"星期"、"姓名"和"值班日"。然后输入值班人的姓名和星期，如图 8-98 所示。

步骤 2 在单元格 C4、C5、C6、C7、C8、C11 中分别输入公式"C4=C7+1、C5=C3+2、C6=C8+3、C7=C9+C10、C8=C9-C10、C11=PRODUCT(C3:C9)"，在单元格 C9 中输入"4"，如图 8-99 所示。

图 8-98　值班计划安排工作表　　　　　　图 8-99　输入完公式后的表格

步骤 3　在"开发工具"选项卡下,单击"加载项"组中的"加载项"按钮,在弹出的"加载宏"对话框的"可用加载宏"列表框中选中"规划求解加载项"复选框,如图 8-100 所示,然后单击"确定"按钮。

步骤 4　在"数据"选项卡下,单击"分析"组中的"规划求解"按钮,弹出"规划求解参数"对话框,如图 8-101 所示。

图 8-100　"加载宏"对话框　　　　　　图 8-101　"规划求解参数"对话框

步骤 5　在"规划求解参数"对话框中,将"设置目标"设为单元格 C11,将"通过更改可变单元格"设置为单元格 C3 和 C10,如图 8-102 所示。

步骤 6　单加"确定"按钮打开"添加约束"对话框,将"单元格引用"设置为单元格 C10,将"约束"设置为 3,在中间的下拉列表选择小于等于(<=),如图 8-103 所示。

图 8-102　设置规划求解选项　　　　　　　　图 8-103　设置约束条件

步骤 7　单击"确定"按钮，添加一个约束条件。接着再添加两个约束条件，一个为限制单
　　　　元格 C10 的值不小于 1，另一个为确保单元格 C10 中的值为整数，如图 8-104 所示。

图 8-104　添加另外两个条件

步骤 8　为了让区域 C3:C9 单元格中的值位于 1～7 之间，还要再添加两个约束条件，如
　　　　图 8-105 所示。设置后的"规划求解参数"对话框如图 8-106 所示。

步骤 9　单击"求解"按钮，弹出"规划求解结果"对话框，如图 8-107 所示。

图 8-105　添加最后两个条件

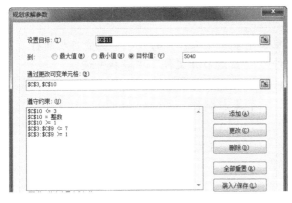

图 8-106　设置后的"规划求解参数"对话框　　　图 8-107　"规划求解结果"对话框

步骤 10　单击"确定"按钮接受求解的结果，得到最终的员工值班安排计划，如图 8-108 所示。

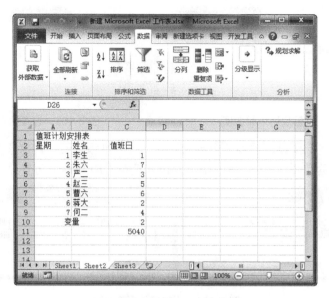

图 8-108　员工值班安排计划

8.6　实战演练

一、选择题

1. 下列说法中正确的是(　　)。
    A. 数据透视表工具在数据菜单中
    B. 数据透视表工具在公式菜单中
    C. 数据透视表是通过数据的形式表现的，没有文字出现
    D. 数据透视表是通过图表的形式表现的

2. 下列说法中错误的是(　　)。
    A. 要恢复未保存的文件可以直接在电脑中查找该文件并打开，系统会自动保存
    B. 要恢复未保存的文件可以在"文件"|"最近打开文件"中查找并恢复
    C. 要恢复未保存的文件可以在"文件"|"信息"中查找并恢复
    D. 未保存的文件是没有办法恢复的，只能重新制作

3. Excel 的兼容性问题应该(　　)检查。
    A. 在文件菜单的保存中　　　　　　　　B. 在文件菜单的信息中
    C. 在审阅菜单中　　　　　　　　　　　D. 在视图菜单中

4. 下列说法中正确的是(　　)。
    A. 想要固定鼠标的光标，只需要选择单元格就可以了
    B. 想要固定鼠标的光标，必须要按住 Ctrl 键选择单元格才可以
    C. 鼠标光标没办法设置固定
    D. 鼠标光标可以被直接关闭

5. 下列说法中错误的是( )。

    A. 在定位条件对话框中可以设置选择所有空白单元格

    B. 在定位条件对话框中可以设置选择当前数组

    C. 在定位条件对话框中可以设置选择所有批注

    D. 在定位条件对话框中不可以设置选择多个含有相同数字的单元格

二、实训题

1. 制作一份某公司的休假表，如表 8-1 所示，根据工作时间，计算工龄。

表 8-1　XXXXX 公司休假表

部门	职位	工作时间	工龄	根据部门休假	根据职位休假	根据工龄休假
董事长室	董事长	1998/2/9				
	秘书	2006/3/17				
人事部	经理	2000/8/12				
	招聘专员	2008/12/1				
	培训专员	2009/7/1				
财务部	经理	2004/7/29				
	会计	2012/4/5				
	出纳	2000/8/15				
生产部	经理	1998/2/9				
	车间主任	1998/6/5				
	小组长	2006/10/7				

2. 利用上题所做的休假表，按下列要求计算不同部门、职位、工龄的休假情况。

(1) 董事长室休假 3 天，人事部休假 3 天，财务部休假 3 天，生产部休假 7 天。

(2) 董事长休假 7 天，经理休假 5 天，其他休假 4 天。

(3) 工龄为多少，则休假多少天。

3. 根据小题 2 计算出的不同部门、职位、工龄的休假情况，计算每个职位总的休假天数。

第9章

经典实例：管理员工绩效

员工对公司的贡献主要体现在其工作的效率及完成的工作量方面。为了让公司发展壮大，就需要严格地观察和考核员工的业绩水平。除了从员工个人的业绩来考察外，还需要以部门为单位来统计出各部门的业绩情况，从而掌握公司的总体发展状况。本章详细介绍了 Excel 在员工绩效管理方面的典型应用。

【本章实例展示】

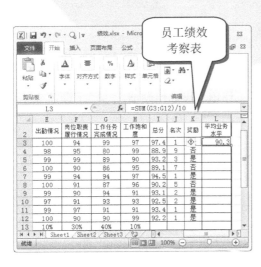

员工绩效考察表

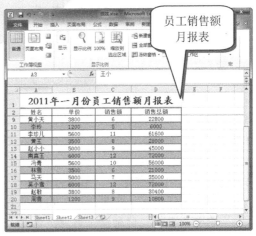

员工销售额月报表

9.1 要点分析

本章主要介绍如何使用 Excel 制作管理员工绩效的工作簿，在制作过程会用到 RANK、MONTH 等函数。为了便于读者使用函数，下面先来了解每个函数的含义及其使用方法。

1. RANK 函数

RANK 函数是指返回结果集分区内指定字段值的排名，指定字段值的排名是相关行之前的排名加一。其语法格式为：

```
RANK() OVER([<partition_by_clause>]<order by clause>)
```

其中各参数的含义如下。

- partition_by_clause：将 from 子句生成的结果集划分为应用到 RANK 函数的分区。
- order_by_clause：确定将 RANK 值应用到分区中的行时所使用的顺序。

2. MONTH 函数

MONTH 函数是指返回以系列数表示的日期中的月份，其值为 1～12 之间的整数，表示一年中的某月。其语法格式为：

```
month(date)
```

9.2 制作员工绩效表

制作员工绩效表，最主要的就是要简洁、明了，便于查看，下面就介绍如何制作员工绩效表。

9.2.1 设置员工绩效表的格式

尽管不同类型的表格在格式上多少也会有些变化，但最主要的还是要让人一目了然，员工绩效表中主要要有姓名、公司制度遵守情况、工作饱和度、出勤情况等，下面就介绍设置员工绩效表的格式。

步骤 1　新建"绩效.xlsx"。

步骤 2　在 A1 单元格中输入月份的公式"=MONTH(TODAY())"，按下 Enter 键确认输入，如图 9-1 所示。

步骤 3　在 Sheet1 工作表中，输入表格标题"月员工绩效考核表"，以及序号、姓名、公司制度遵守情况、出勤情况、岗位职责履行情况、工作任务完成情况、工作饱和度、总分、名次、奖励和平均业务水平，如图 9-2 所示。

图 9-1　输入月份公式

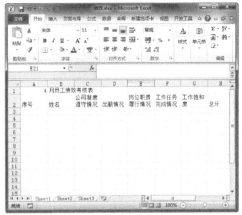

图 9-2　输入表格内容

步骤 4　选中单元格区域 A1:K1，单击"合并后居中"按钮将其合并。在"字体"组中设置字体格式为"宋体"、18，效果如图 9-3 所示。

步骤 5　选中单元格区域 A2:K13 并右击，在弹出的快捷菜单中选择"设置单元格格式"命令，如图 9-4 所示。

图 9-3　设置标题格式

图 9-4　选择"设置单元格格式"命令

步骤 6　弹出"设置单元格格式"对话框，切换至"对齐"选项卡，设置"文本对齐方式"为水平垂直居中，如图 9-5 所示。

步骤 7　切换至"边框"选项卡，在"样式"列表框中选择单实线型的线条，单击"外边框"按钮和"内部"按钮即可看到应用边框样式后的效果，如图 9-6 所示。

步骤 8　单击"确定"按钮，返回工作表，此时可以看到表格已经应用了所设置的边框效果，如图 9-7 所示。

步骤 9　在 A3 单元格中输入序号编号，在此输入"1"，如图 9-8 所示。

步骤 10　选中 A3 单元格，向下拖动填充柄复制公式，图 9-9 所示。

步骤 11　拖至 A12 单元格位置处释放鼠标，单击"自动填充选项"按钮，如图 9-10 所示。

再选择"填充序列"单选按钮，可以看到在 A 列单元格区域中显示了以序列填充的编号，效果如图 9-11 所示。

图 9-5　设置对齐方式

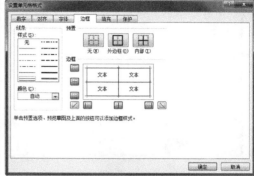

图 9-6　设置边框线

图 9-7　应用边框后的效果

图 9-8　输入序号

图 9-9　复制公式

图 9-10　选择填充选项

步骤 12　在 A13 单元格中输入"权重"，并设置 A13:B13 单元格合并居中，如图 9-12 所示。

图 9-11　显示以序列填充序号的效果　　　　图 9-12　输入"权重"

步骤 13　"公司制度遵守情况"在考核中占 10%，所以在 C13 单元格中输入 10%，"出勤情况"同样也占 10%，"岗位职责履行情况"占 30%，"工作任务完成情况"占 40%，"工作饱和度"占 10%，员工绩效最终效果如图 9-13 所示。

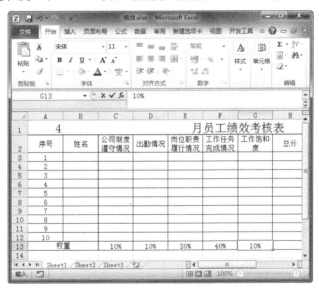

图 9-13　员工绩效最终效果

9.2.2　评定员工业绩

评定员工的业绩，主要是考察员工工作任务完成的情况、公司制度的遵守情况等内容，下面就具体介绍评定员工业绩的步骤。

步骤 1　接着上面的操作，在 I3 单元格中输入公式"=SUM (D3*$D$13+E3*$E$13+

F3*$F$13+G3*$G$13+H3*$H$13)"，然后按下 Enter 键，如图 9-14 所示。

步骤 2　将鼠标指针放置在 I3 单元格的右下角，当它变为十字形时按住鼠标左键向下拖动，这样其他员工的总分就可以快速计算出来了，如图 9-15 所示。

图 9-14　计算出第一个员工的总分

图 9-15　获取其他员工的总分

步骤 3　在 J3 单元格中输入"="，然后单击"插入函数"按钮，如图 9-16 所示。

步骤 4　在弹出的"插入函数"对话框中选择 RANK 函数，然后单击"确定"按钮，如图 9-17 所示。

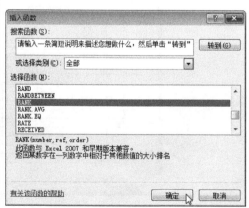

图 9-16　单击"插入函数"按钮

图 9-17　选择 RANK 函数

步骤 5　在弹出的"函数参数"对话框的 Number 文本框中输入"I3"，在 Ref 文本框中输入"I3:I12"，在 Order 文本框中输入"0"，如图 9-18 所示。

步骤 6　单击"确定"按钮后第一位员工的绩效名次就计算出来了，如图 9-19 所示。

步骤 7　将鼠标指针放置在 J3 单元格的右下角，当它变为十字形时按住鼠标左键向下拖动，这样其他员工的名次就可以快速计算出来了，如图 9-20 所示。

步骤 8　如果员工的名次是前 3 名，那么就可以获得奖励，所以在 K3 单元格中输入公式"=IF(J3<4，"是","否")"，如图 9-21 所示。

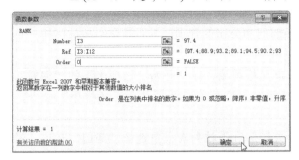

图 9-18　"函数参数"对话框　　　　　　　图 9-19　得出第一个员工的绩效名次

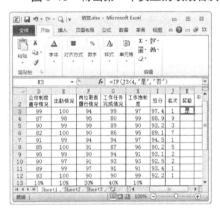

图 9-20　复制公式　　　　　　　　　　　图 9-21　判断是否奖励员工

步骤 9　将鼠标指针放置在 K3 单元格的右下角，拖动填充柄，复制公式一直到 K12 单元格，这样就计算出其他员工是否能获得奖励了，如图 9-22 所示。

步骤 10　平均业务水平就是所有员工业绩的平均值，所以只需在 L3 单元格中输入公式"=SUM(G3:) G12/10"后按下 Enter 键即可，结果如图 9-23 所示。

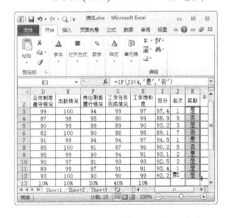

图 9-22　复制 K3 单元格中的公式　　　　图 9-23　计算平均业务水平

9.2.3 按部门排序员工业绩

按照部门对员工业绩进行排序，便于各部门和公司的管理，下面就介绍按部门排序员工业绩的具体步骤。

步骤1 打开 Sheet1 工作表，选中 A2:L12 单元格区域，在"开始"选项卡下的"编辑"组中单击"排序和筛选"按钮，在打开的下拉菜单中选择"自定义排序"命令，如图 9-24 所示。

步骤2 在弹出的"排序"对话框的"主要关键字"下拉列表框中选择"部门"选项，设置排序依据为"数值"，然后单击"确定"按钮，如图 9-25 所示。

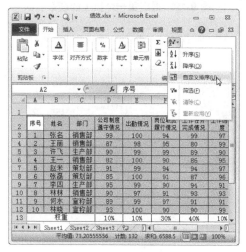

图 9-24　选择"自定义排序"命令

图 9-25　设置"排序"参数

这样按照部门对员工业绩进行排序就完成了，最终效果如图 9-26 所示。

C	D	E	F	G	H	I	J
				4月员工绩效考核			
部门	公司制度遵守情况	出勤情况	岗位职责履行情况	工作任务完成情况	工作饱和度	总分	名次
策划部	91	99	94	94	97	94.5	2
策划部	85	100	91	87	96	90.2	7
生产部	90	99	99	89	90	93.2	3
生产部	95	99	94	91	91	93.1	3
销售部	99	100	94	94	97	97.4	1
销售部	87	98	95	80	99	88.9	5
销售部	82	100	90	86	95	89.1	4
销售部	90	97	91	93	93	92.5	2
宣称部	89	99	97	91	91	93.4	1
宣称部	93	100	90	90	99	92.2	1
	10%	10%	30%	40%	10%		

图 9-26　成功按照部门对员工业绩进行排序

9.2.4 按部门汇总员工业绩

按照部门对员工业绩汇总，需要先对数据按部门进行排序，前面已经介绍过排序的具体方法了，下面就介绍汇总的具体步骤。

步骤 1　打开 Sheet1 工作表，在"数据"选项卡下的"分级显示"组中，单击"分类汇总"按钮，如图 9-27 所示。

步骤 2　在弹出的"分类汇总"对话框中，设置"分类字段"为"部门"，"汇总方式"为"求和"，"选定汇总项"为"工作任务完成情况"，如图 9-28 所示。

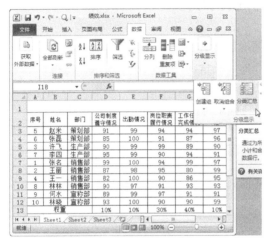

图 9-27　单击"分类汇总"按钮　　　　　图 9-28　设置"分类汇总"参数

步骤 3　单击"确定"按钮，按照部门汇总员工业绩就完成了，如图 9-29 所示。

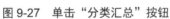

图 9-29　成功按照部门汇总员工业绩

9.3 使用迷你图分析员工效益

有时并不是很想特意创建图表来查看员工的效益情况，而只是想快速浏览一下大概的情况。在 Excel 2010 中可以通过迷你图来快速得到一系列数据的图表，而这些图表是在单元格内部显示的袖珍图表，非常适合对数据进行快速对比或观察发展趋势。下面就来介绍使用迷你图快速创建简易的单元格图表的方法。

9.3.1 创建员工每月完成任务的迷你图

下面介绍创建反映员工每月完成任务情况的迷你图的具体步骤。

步骤 1　打开 Sheet1 工作表，选中"工作任务完成情况"列，在"插入"选项卡中单击"迷你图"按钮，在展开的下拉列表中单击"柱形图"按钮，如图 9-30 所示。

步骤 2　在弹出的"创建迷你图"对话框中"数据范围"已经选好了，在工作表中任意选择一个空白单元格来确定迷你图的位置，然后单击"确定"按钮，如图 9-31 所示。这样关于员工工作任务完成情况的迷你图就创建完成了，如图 9-32 所示。

注意　在迷你图的创建中，位置范围只可以选择一个单元格，不可以选择多行或者多列。

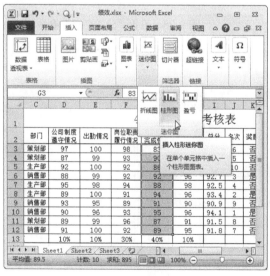

图 9-30　单击"柱形图"按钮

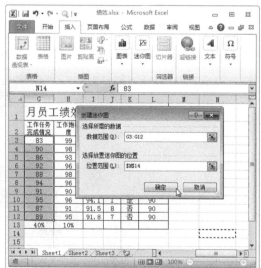

图 9-31　"创建迷你图"对话框

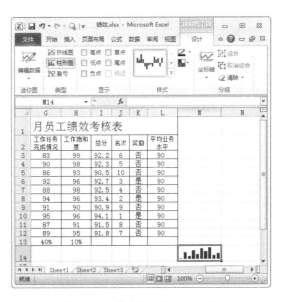

图 9-32　成功创建柱形迷你图

9.3.2　更改迷你图的显示方式

除了可以使用柱形图表示员工工作任务的完成情况外，还可以使用折线图迷你图和盈亏迷你图来表现，具体操作步骤如下。

步骤 1　选中迷你图，在"迷你图工具"下的"设计"选项卡中，单击"类型"组中的"折线图"按钮，如图 9-33 所示。此时，选中单元格区域的迷你图就更改为折线迷你图了，如图 9-34 所示。

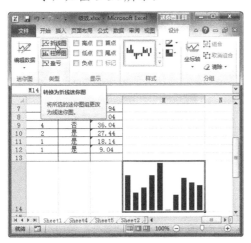

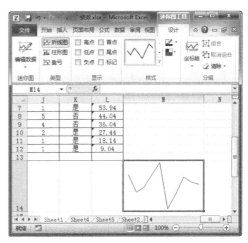

图 9-33　单击"折线图"按钮　　　　　图 9-34　折线迷你图

步骤 2　在"迷你图工具"下的"设计"选项卡中，单击"类型"组中的"盈亏"按钮，此时单元格区域的中的迷你图就更改为盈亏迷你图了，如图 9-35 所示。

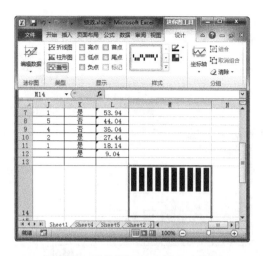

图 9-35　迷你图更改为盈亏迷你图

9.3.3　美化迷你图

下面介绍设置迷你图外观的具体步骤。

1. 折线图

步骤 1　选中迷你图所在的 M14 单元格，在"迷你图工具"的"设计"选项卡下的"显示"
组中选中各个点的多线按钮(这样就可以在折线图中显示出来)，这里选中"高点"
和"低点"复选框，如图 9-36 所示。

步骤 2　选中折线迷你图，在"样式"面板中单击"其他"按钮，如图 9-37 所示。

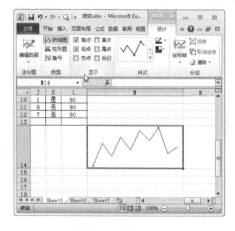

图 9-36　添加显示点

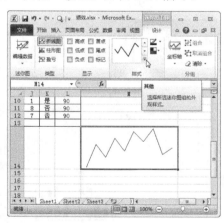

图 9-37　单击"其他"按钮

步骤 3　为迷你图选择其他的样式，如图 9-38 所示。

步骤 4　单击迷你图颜色后面的倒三角按钮，可以有更多的颜色选择，如图 9-39 所示。

步骤 5　单击打开"标记颜色"面板，可以为"显示"组中的各个点选择不同的颜色，如
图 9-40 所示。

经典实例：管理员工绩效

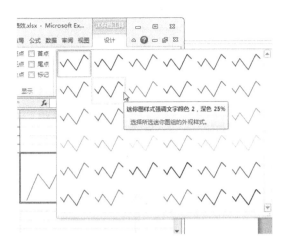

图 9-38　样式选择

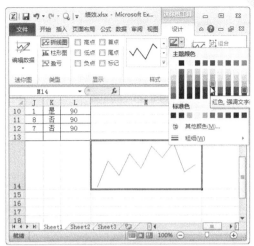

图 9-39　颜色选择

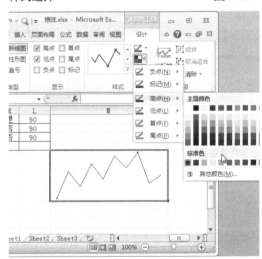

图 9-40　标记颜色

2. 柱形图

步骤 1　选中柱形迷你图，执行"迷你图工具"｜"设计"｜"显示命令"，可以在这一栏中选中多个点，这样柱形图中各个点就会以不同的颜色显示出来，如这里选择"高点"复选框，效果如图 9-41 所示。

步骤 2　选中迷你图，然后在"设计"选项卡下的"样式"组中单击"标记颜色"按钮，在展开的菜单中选择"高点"选项，然后就可以给各个点选择不同的颜色，如图 9-42 所示。

步骤 3　选中柱形图，在"样式"组中单击"其他"按钮，如图 9-43 所示。可以为迷你图选择其他的样式，如图 9-44 所示。

步骤 4　单击迷你图颜色后面的下三角按钮，可以有更多的颜色选择，如图 9-45 所示。

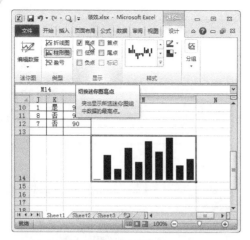

图 9-41　添加显示点　　　　　　　　　　图 9-42　标记颜色

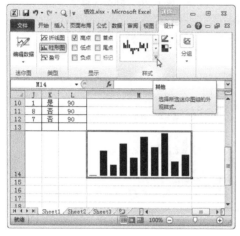

图 9-43　单击"其他"按钮　　　　　　　图 9-44　选择其他的样式颜色

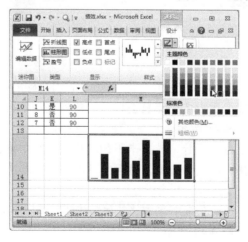

图 9-45　迷你图颜色

9.3.4　重新确定迷你图所使用的数据范围

已经创建完成的迷你图，还可以重新确定迷你图所使用的数据范围及放置迷你图的位置，下面就具体介绍。

步骤 1　打开工作表，选中迷你图，然后依次单击"迷你图工具"|"设计"|"迷你图"|"编辑数据"按钮，选择"编辑组位置和数据"命令，如图 9-46 所示。

步骤 2　在弹出的"编辑迷你图"对话框中可以对原图所表现的数据内容进行更改，也可以对所做的位置进行更改，然后单击"确定"按钮，如图 9-47 所示。

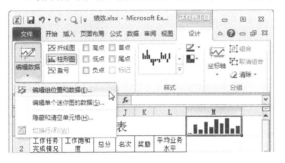

图 9-46　选择"编辑组位置和数据"命令

图 9-47　"编辑迷你图"对话框

返回工作表可以发现迷你图的样式已经改变了，如图 9-48 所示。

步骤 3　依次单击"迷你图工具"|"设计"|"迷你图"|"编辑数据"按钮，选择"编辑单个迷你图的数据"命令，如图 9-49 所示。

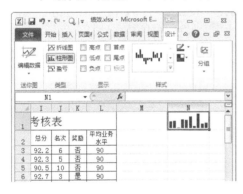

图 9-48　迷你图的样式已经改变

图 9-49　选择"编辑单个迷你图的数据"命令

步骤 4　在弹出的"编辑迷你图数据"对话框中只可以更改原迷你图所表现的数据，如图 9-50 所示。

图 9-50　"编辑迷你图数据"对话框

9.3.5　删除迷你图

删除迷你图的方法很简单，下面就具体介绍一下。

步骤 1　选择迷你图，然后依次单击"开始"|"编辑"|"清除"按钮就可以了，如图 9-51 所示。

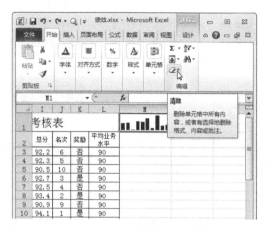

图 9-51　单击"清除"按钮

步骤 2　除了上步所讲的方法外，还可以选择迷你图，单击鼠标右键，然后在弹出的快捷菜单中选择"删除"命令，如图 9-52 所示。

步骤 3　然后在弹出的"删除"对话框中单击"确定"按钮即可，如图 9-53 所示。

图 9-52　选择"删除"命令

图 9-53　"删除"对话框

9.4　制作员工销售额月报表

制作员工销售额月报表是一个公司运行的必要步骤，报表中应包括姓名、单价、销售额和销售总额。制作方法为：打开 Excel 工作表，在工作表 Sheet2 中输入标题"2011 年一月份员工销售额月报表"，该工作表共设四列，分别是"姓名"、"单价"、"销售额"和"销售总额"，如图 9-54 所示。

图 9-54　员工销售额月报表

9.4.1　设置员工销售额月报表的格式

下面为刚刚制作的员工销售额月报表设置格式，使之更加美观，具体操作步骤如下。

步骤 1　接着上面的操作，在 Sheet2 工作表中，选中标题所在单元格区域 A1:D1 并右击，从弹出的快捷菜单中选择"设置单元格格式"命令，如图 9-55 所示。

步骤 2　弹出"设置单元格格式"对话框，设置水平和垂直居中，选中"合并单元格"复选框，如图 9-56 所示。

 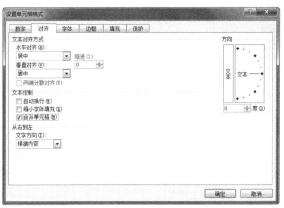

图 9-55　选择"设置单元格格式"命令　　　　图 9-56　设置对齐方式

步骤 3　切换至"字体"选项卡，设置字体为"华文楷体"，字形为"加粗"，字号为 22，如图 9-57 所示。

步骤 4　切换至"边框"选项卡，在"样式"列表框中单击双横线样式，然后单击"下框线"

按钮，如图 9-58 所示，最后单击"确定"按钮。

图 9-57　设置字体格式

图 9-58　设置边框格式

步骤 5　选中单元格区域 A2:D2，在"字体"组中单击"字体颜色"按钮，选择橙色选项，设置字形为"加粗"，得到如图 9-59 所示的表格表头。

步骤 6　选中 A1:D20 单元格区域并右击，选择"设置单元格格式"命令，打开"设置单元格格式"对话框，设置水平和垂直居中，如图 9-60 所示。

图 9-59　设置表格表头　　　　　　　图 9-60　设置对齐方式

步骤 7　切换到"边框"选项卡，在"边框"选项卡的"样式"列表框中选择线条样式，设置颜色为橙色，按照图 9-61 所示添加边框。

步骤 8　单击"确定"按钮，返回工作表，此时选中单元格即添加了相应的边框样式，如图 9-62 所示。

步骤 9　在工作表中输入相应的销售数据，输入完成后如图 9-63 所示。

步骤 10　在 D3 单元格中输入公式"=B3*C3"，按下 Enter 键，计算出第一个员工月销售总额，如图 9-64 所示。

图 9-61　添加边框

图 9-62　添加边框样式后的效果

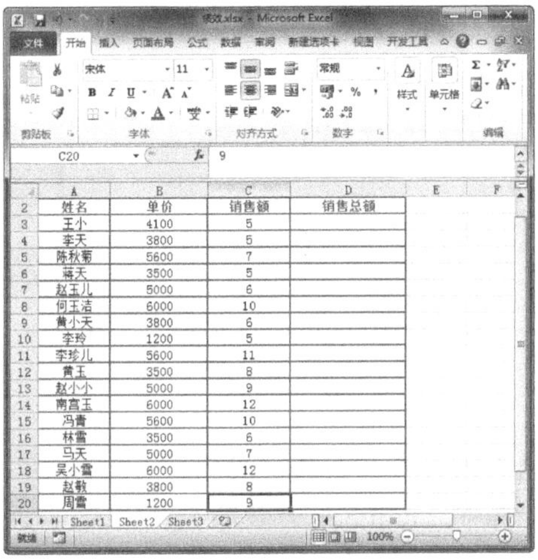

图 9-63　输入信息

图 9-64　计算出第一个员工的月销售总额

步骤 11　选中 D3 单元格，向下拖动填充柄，复制公式一直到 D20 单元格，获取其他员工月销售总额，如图 9-65 所示。

步骤 12　选中 A3:D20 单元格区域，在"开始"选项卡下的"样式"组中单击"条件格式"按钮旁边的下三角按钮，选择"新建规则"命令，如图 9-66 所示。

步骤 13　打开"新建格式规则"对话框，选中"使用公式确定要设置格式的单元格"选项，在"为符合此公式的值设置格式"文本框中输入公式"=mod(row(),2)=0"，如图 9-67 所示。

步骤 14　单击"格式"按钮，打开"设置单元格格式"对话框，切换到"填充"选项卡，选择浅紫色，如图 9-68 所示。

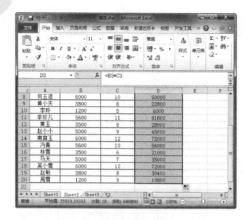

图 9-65　获取其他员工的月销售额

图 9-66　选择"新建规则"命令

图 9-67　"新建格式规则"对话框

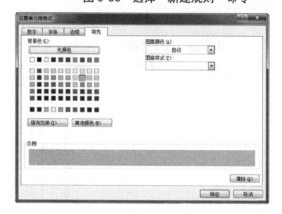

图 9-68　选择填充色

说　明

MOD 函数返回两数相除的余数，结果的正负号与除数相同。

语法格式：MOD(number,divisor)，其中，number 为被除数，divisor 为除数。

ROW 函数返回引用的行号。

语法格式：ROW(reference)

其中 reference 为需要得到其行号的单元格或单元格区域。

公式"=mod(row(),2)=0"的整体含义是：如果行号除以 2 没有余数，即此行为偶数行，否则为奇数行。

步骤 15　设置完毕后单击"确定"按钮，返回"新建格式规则"对话框，此时可以在预览框中看到设置的结果，如图 9-69 所示。

步骤 16　单击"确定"按钮，返回工作表，此时就可以发现 Excel 自动为偶数行添加了带有颜色的底纹效果，而奇数行的底纹颜色保持不变，如图 9-70 所示。

步骤 17　选择 A3 单元格，然后在"视图"选项卡下的"窗口"组中单击"冻结窗口"按钮，接着从下拉菜单中选择"冻结拆分窗格"命令，如图 9-71 所示。

图 9-69　预览设置的结果

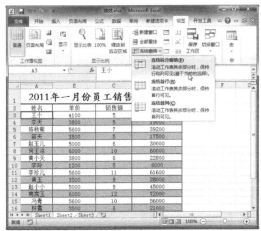

（图 9-70 在右侧）图 9-70　隔行添加底纹后的效果

步骤 18　至此，员工销售额月报表格式已经设置完毕，以后再上下滚动屏幕，前两行都会保留在原位置不动，如图 9-72 所示，并在第 2 行的下边框出现了黑色的细实线。

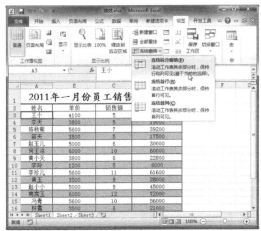

图 9-71　选择"冻结拆分窗格"命令

图 9-72　滚动屏幕前两行不动

9.4.2　根据销售额月报表创建数据透视表

员工销售额月报表制作完成后，往往需要创建一个数据透视表，它可以快速计算出需要计算的数据的总和，下面就介绍创建数据透视表的具体步骤。

步骤 1　接着上面操作，打开员工销售额月报表工作表，在"插入"选项卡下的"表"组中，单击"数据透视表"旁边的下三角按钮，选择"数据透视表"命令，如图 9-73 所示。

步骤 2　弹出"创建数据透视表"对话框，在"请选择要分析的数据"选项组中选中"选择一个表或区域"单选按钮，单击右侧的![按钮]按钮，如图 9-74 所示。

Excel 在人力资源管理中的应用

图 9-73　选择"数据透视表"命令

图 9-74　选中"选择一个表或区域"单选按钮

步骤 3　选择 A2:D20 单元格区域，如图 9-75 所示，单击"创建数据透视表"框中的 按钮。

步骤 4　返回"创建数据透视表"对话框，在"选择放置数据透视表的位置"选项组下，选中"现有工作表"单选按钮，然后单击"位置"文本框右侧的 按钮，如图 9-76 所示。

图 9-75　选择要分析的数据区域

图 9-76　选中"现有工作表"单选按钮

步骤 5　在工作表中选择一个单元格，比如选择 A24，然后单击图 9-77 中的 按钮。

步骤 6　最后回到"创建数据透视表"的对话框，单击"确定"按钮即可创建如图 9-78 所示的数据透视表。

> 提示　此时会生成两个新的选项卡，即数据透视表工具下的"选项"选项卡和"设计"选项卡。

步骤 7　按照左侧数据透视表中的提示，从右侧"数据透视表字段列表"中选择要添加的报表中的字段。如图 9-78 所示，选中全部的字段，系统按照默认的规则将其添加到"列标签"、"行标签"和"数值"中，如图 9-79 所示。

图 9-77　选择要放置数据透视表的位置

图 9-78　创建数据透视表

图 9-79　向数据透视表添加字段

注意

请确保用于创建数据透视表的工作表符合以下条件。

● 删除所有空行或空列。

● 确保第一行包含各列的描述性标题。

● 确保各列只包含一种类型的数据。例如，一列是文本，另一列是数值。

9.4.3　对员工销售数据进行分组

创建数据透视表后，还可以对数据透视表中的数据进行分组，例如将销售总额为前三名

Excel 在人力资源管理中的应用

的员工分离出来，下面就介绍对数据透视表中的数据进行分组的具体步骤。

步骤 1　打开工作表，选中 D25:D42 单元格区域，在"选项"选项卡下的"排序和筛选"组
　　　　中单击"降序"按钮，如图 9-80 所示。

步骤 2　选中排名前三名的员工也就是 A25:D27 单元格区域，在"选项"选项卡下单击"分
　　　　组"按钮，在展开的下拉列表中选择"将所选内容分组"命令，如图 9-81 所示。

图 9-80　单击"降序"按钮

图 9-81　选择"将所选内容分组"命令

此时前三名的员工已经分离出来，在"数据组 1"下面显示，如图 9-82 所示。

步骤 3　选中其他员工按照上面的方法进行分组，此时其他员工的信息在"数据组 2"下面
　　　　显示，如图 9-83 所示。

图 9-82　创建数据组 1

图 9-83　创建数据组 2

技巧

　　如果要取消当前分组使数据恢复到分组前的状态，那么可以右击已分组字
段所在列中的任一单元格，在弹出的快捷菜单中选择"取消组合"命令，如
图 9-84 所示。

图 9-84　选择"取消组合"命令

导致分组失败的主要原因有三个：一是组合字段的数据类型不一致；二是日期数据格式不正确；三是数据源引用失效。

1．组合字段数据类型不一致导致分组失败

当分组字段的数据类型不一致时将导致分组失败，这是众多出现分组失败的根本原因，常见的情况有以下几种。

(1)　组合数据项中存在空白。为了解决字段中存在空白数据项这一问题，应该先对数据源数据进行处理：一是将数据源数据中包含空白内容的记录删除；二是将数据源数据中的空白内容替换为 0 值。

(2)　分组字段数据中日期型或数值型数据与文本型的日期或数字并存。要解决这一问题，应该先用 TYPE 函数对数据字段进行测试，查找出文本型数据，将其改为相应的日期型或数值型数据。

(3)　数据透视表引用数据源时采取了整列引用方式。整列引用包括了数据源以外的大量空白区域，导致字段类型不一致。解决这一问题，可以采取下列公式对数据透视表的数据源进行动态源引用。

```
INDIRECT("A1:D"&COUNTA($A:$A))
```

2．日期格式不正确导致分组失败

(1)　日期为文本，如"2008-01-09"。

(2)　日期格式错误，如"2008.01.09"。

解决方案是，采用查找替换，将"—"或"."替换为"-"。

3．数据引用区域失效导致分组失败

解决方法：在"数据透视表和数据透视图向导——3 步骤之 2"对话框中将"选定区域"改为正确的区域后返回数据透视表，则可实现分组功能。

9.5 专家指导

9.5.1 为销售数据添加与删除批注

为单元格里的内容添加批注有很多好处，当自己使用时，可以作为提醒；当其他人使用时，可以作一些必要的注释。

1．添加批注

批注可以在创建单元格时输入，也可以在完成数据输入后再输入。

步骤 1 选中需要添加批注的单元格，如 C6 单元格。

步骤 2 在"审阅"选项卡下的"批注"组中，单击"新建批注"按钮，一个指向激活单元格的批注框就出现了，如图 9-85 所示。

步骤 3 在批注栏里输入批注，如"本月销售的数量"，如果文本很多，可以拖动四周的尺寸控制点调整批注框的大小，结果如图 9-86 所示。

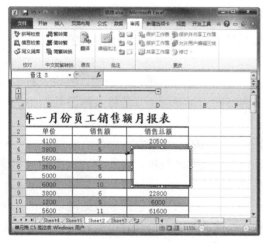

图 9-85 添加批注

图 9-86 输入批注

步骤 4 单击工作表的其他任何地方可隐藏批注框，此时添加批注的单元格的右上角会出现红色的小三角，如图 9-87 所示。

技巧 也可以在执行步骤 1 后，右击选中的单元格，然后在弹出的快捷菜单中选择"插入批注"命令，如图 9-88 所示。

图 9-87　成功添加批注

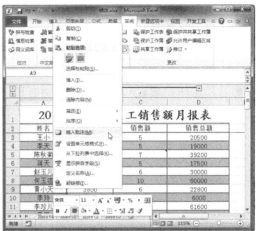

图 9-88　选择"插入批注"命令

2．编辑批注

如果需要更改批注中的文本，可以在已添加批注的单元格上右击，然后在弹出的快捷菜单中选择"编辑批注"命令，如图 9-89 所示，此时就可以打开批注框进行删除、添加和更改文本等操作。

还可以选中需要修改批注的单元格，在"审阅"选项卡的"批注"组中单击"编辑批注"按钮，如图 9-90 所示，打开批注框，然后进行删除、添加和更改文本等操作。

图 9-89　选择"编辑批注"命令

图 9-90　单击"编辑批注"按钮

3．显示/隐藏批注

在默认情况下，打开工作表的时候批注是不可见的。要显示或隐藏批注可以按以下方法操作。

● 如果要看单元格的批注，可以在"审阅"选项卡下的"批注"组中单击"显示/隐藏批注"按钮。这时,选中单元格的批注就会显示出来;当再次单击该按钮时,该单元格的批注就会隐藏起来。

● 在选中的单元格上右击,在弹出的快捷菜单中选择"显示/隐藏批注"命令可以达到相同的效果。

● 如果用户想查看工作表中的所有批注,那就选择"显示所有批注"命令;当用户再次选择该命令时,该工作表内的所有批注就会隐藏起来。

● 在"审阅"选项卡下的"批注"组中单击"上一条"、"下一条"按钮,就可以方便地在各个批注之间浏览。

4.删除批注

要删除一个批注,在单元格上右击,然后从弹出的快捷菜单中选择"删除批注"命令即可,如图 9-91 所示。还可以选中需要删除批注的单元格,在"审阅"选项卡下的"批注"组中单击"删除"按钮删除所选批注。

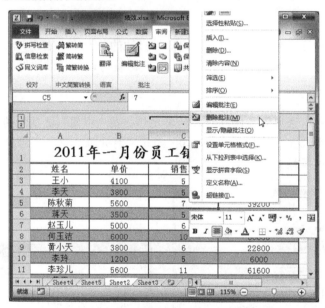

图 9-91 选择"删除批注"命令

注意

删除批注后,单元格右上角的红色小三角会消失。

5.查找批注区域

虽然添加批注的单元格会在右上角出现红色的小三角,但是一次性找到所有添加批注的单元格并选中它们可不容易,用户可以试试下述方法。

在"开始"选项卡下的"编辑"组中选择"查找和选择"按钮下的"批注"命令,如图 9-92 所示。此时,工作表中所有添加批注的单元格全部处于选中状态,如图 9-93 所示。

图 9-92　选择"批注"命令

图 9-93　添加批注的单元格全部处于选中状态

9.5.2　解决迷你图中空单元格或零值的问题

在迷你图中如何处理空单元格或零值呢？具体操作步骤如下。

步骤 1　在"迷你图"下的"设计"选项卡中的"迷你图"组中单击"编辑数据"按钮，在打开的下拉菜单中选择"隐藏和清空单元格"命令，如图 9-94 所示。

步骤 2　弹出"隐藏和空单元格设置"对话框，如图 9-95 所示，在对话框中可以处理单元格区域中的空单元格或零值。

图 9-94　选择"隐藏和清空单元格设置"命令

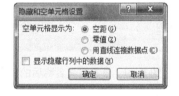

图 9-95　"隐藏和空单元格设置"对话框

9.5.3　重新定义单元格名称

名称是一个有意义的简略表示法，便于用户了解单元格引用、常量、公式或表格的用途，提高用户对表格数据认识的清晰度和易理解度。

所有名称都有一个延伸到特定工作表(也称为局部工作表级别)或整个工作簿(也称为全局工作簿级别)的适用范围。名称的适用范围是指在没有限定的情况下能够识别名称的位置。

定义单元格名称具体操作步骤如下。

步骤 1　选中单元格区域 A3:A20。在"公式"选项卡下的"定义的名称"组中单击"定义名称"旁边的下三角按钮，在打开的下拉菜单中选择"定义名称"命令，如图 9-96

所示。

步骤 2 弹出"新建名称"对话框，在"名称"文本框中输入"Name"，在"引用位置"文本框中显示选定单元格的地址，如图 9-97 所示，单击"确定"按钮。设置完成后，在"名称框"中会显示定义的名称"Name"，如图 9-98 所示。

步骤 3 若要管理名称，在"定义的名称"组中单击"名称管理器"按钮，如图 9-99 所示。

图 9-96 选择"定义名称"命令

图 9-97 设置名称

图 9-98 查看定义名称后的效果

图 9-99 名称管理

步骤 4 弹出"名称管理器"对话框，在其中会显示工作表中定义的名称，如图 9-100 所示。

步骤 5 如果需要新建名称，可以单击"名称管理器"对话框中的"新建"按钮，如图 9-101 所示。

步骤 6 弹出"新建名称"对话框，在"名称"文本框中输入"Num"，在"引用位置"文本框中输入"=Sheet2!$A$3:$A$20"，如图 9-102 所示，单击"确定"按钮。

步骤 7 当不再需要某个名称时，可在"名称管理器"对话框中选中需要删除的名称选项，单击"删除"按钮，如图 9-103 所示。

步骤 8 弹出 Microsoft Excel 对话框，提示"是否确实要删除名称 Name"，如图 9-104 所示，在此单击"确定"按钮即可，若不想删除，可单击"取消"按钮。

步骤 9 如果用户需要根据所选内容创建名称，可以先在工作表中选中单元格区域，如 D3:D20，在"定义的名称"组中单击"根据所选内容创建"按钮，如图 9-105 所示。

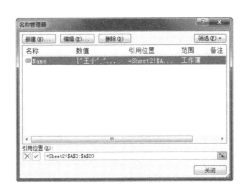

图 9-100　查看定义的名称

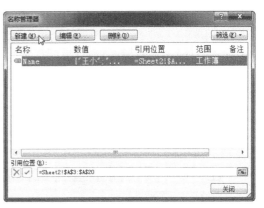

图 9-101　单击"新建"按钮

图 9-102　输入名称信息

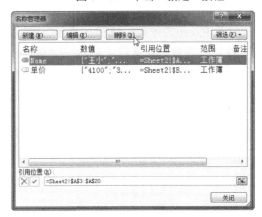

图 9-103　单击"删除"按钮

图 9-104　Microsoft Excel 对话框

图 9-105　单击"根据所选内容创建"按钮

步骤 10　弹出"以选定区域创建名称"对话框，在"以下列选定区域的值创建名称"选项
　　　　组中选中"首行"复选框，如图 9-106 所示，然后单击"确定"按钮也可创建名称。

图 9-106   "以选定区域创建名称"对话框

9.5.4   在 PDF 阅读器中查看工作表

PDF 文档在日常生活中的应用非常广泛，下面就介绍如何将 Excel 文件创建为 PDF 文档。

步骤 1   打开 Excel 工作表，执行"文件"|"另存为"命令，如图 9-107 所示。

步骤 2   在"另存为"对话框中，打开"保存类型"下拉列表，选择 PDF(*pdf)选项然后单击"保存"按钮，如图 9-108 所示。这样就可以在 PDF 阅读器中查看了，如图 9-109 所示。

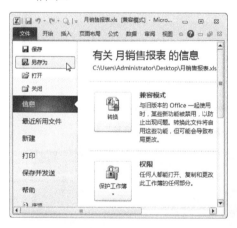

图 9-107   选择"另存为"命令

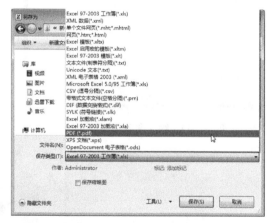

图 9-108   选择保存类型

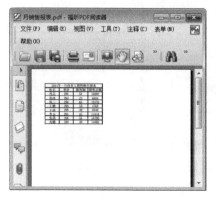

图 9-109   PDF 文件

9.6 实战演练

一、选择题

1. 下列说法中正确的是( )。

    A. 计算本月月份的公式是 "=MONTH(TODAY())-1"

    B. 计算上月月份的公式是 "=MONTH(TODAY())-1"

    C. 月份的数值只可以手动输入，没有公式可以计算出

    D. 使用公式只可以计算出上一个月和本月的数值，不能计算出下一个月的

2. 在 Excel 中，为单元格区域设置边框的正确操作是( )，最后单击 "确定" 按钮。

    A. 执行 "工具" | "选项" 菜单命令，选择 "视图" 选项卡，在 "显示" 列表中选择所需要的格式类型

    B. 执行 "格式" | "单元格" 菜单命令，在对话框选择 "边框" 选项卡，在该标签中选择所需的项

    C. 选定要设置边框的单元格区域，执行 "工具 | 选项" 菜单命令，在对话框中选择 "视图" 选项卡，在 "显示" 列表中选择所需要的格式类型

    D. 选定要设置边框的单元格区域执行 "格式" | "单元格" 菜单命令，在对话框中选择 "边框" 选项卡，在该标签中选择所需的项

3. 关于 按钮说法错误的是( )。

    A. 这个按钮是 "自动填充选项" 按钮

    B. 使用此按钮可以实现快速计算的功能

    C. 使用此按钮可以实现快速填充序列和复制内容的功能

    D. 使用此按钮只可以快速复制内容，无法实现序列的填充

4. 对数值大小排名所使用的函数是( )。

    A. ORDER
    B. RANK

    C. COUNT
    D. COUNTIF

5. 下列关于迷你图的说法正确的是( )。

    A. 迷你图的大小是固定的，不能随意改变大小

    B. 迷你图中可以显示数据

    C. 迷你图有三种类型：柱形图、折线图和盈亏

    D. 迷你图的颜色不能显示负点

二、实训题

1. 制作一张员工绩效考核表，并为工作任务完成的情况创建迷你图。

2. 使用制作的员工绩效考核表创建数据透视表，并进行分组。

第 10 章

经典实例：管理员工工资福利

【本章学习重点】

- 制作员工工资表
- 制作员工工资单
- 制作工资发放零钞备用表
- 全年工资统计分析

对员工的福利统计分析是一个公司运行中必不可少的步骤，它能保障公司与员工的共同利益。Excel 软件具有强大的统计和计算功能，使用它对员工的工资福利管理，操作简单、明了，对于月底、年底的最后统计也会很方便、快捷。

【本章实例展示】

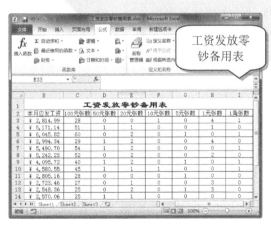

工资发放零钞备用表

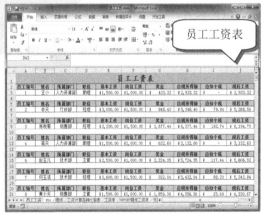

员工工资表

10.1 要点分析

本章主要介绍如何使用 Excel 制作管理员工工资福利的工作簿，在制作过程中会用到 SUMIF 函数来提取员工销售提成奖金、ROUND 函数来提取税后工资等信息、OFFSET 函数来制作员工工资单。为了便于读者使用函数，下面先来了解每个函数的含义及使用方法。

1. ROUND 函数

ROUND 函数用来返回按指定位数进行四舍五入的数值。其语法格式为：

ROUND(number, num_digits)

其中各参数的含义如下：

- number：要四舍五入的数字。
- num_digits：位数，按此位数对 number 参数进行四舍五入。

2. SUMIF 函数

SUMIF 函数是指根据指定条件对若干单元格求和。其语法格式为：

SUMIF(range,criteria,sum_range)

其中各参数的含义如下。

- range：用于进行条件判断的单元格区域。
- criteria：用来确定哪些单元格将被相加求和，其形式可以为数字、表达式、文本或单元格内容。
- sum_range：需要求和的实际单元格。

3. OFFSET 函数

OFFSET 函数是以指定的引用为参照系，通过给定偏移量得到新的引用。其返回的引用可以为一个单元格或单元格区域，并且还可以指定返回的行数或列数。其语法格式为：

OFFSET(reference,rows,cols,height,width)

其中各参数的含义如下。

- reference：作为偏移量参照系的引用区域。必须对单元格或相连单元格区域进行引用，否则函数 OFFSET 返回错误值#VALUE!。
- rows：相对于偏移量参照系的左上角单元格，上(下)偏移的行数，如果取值 5，则说明目标引用区域左上角的单元格比 reference 低 5 行。行数可为正数(代表在起始引用的下方)或负数(代表在起始引用的上方)。
- cols：相对于偏移量参照系的左上角单元格，左(右)偏移的列数，如果取值 5，则说明目标引用区域左上角的单元格比 reference 靠右 5 列。列数可为正数(代表在起始引用的右边)或负数(代表在起始引用的左边)。
- height：表示高度，即所要返回的引用区域的行数。height 必须为正数。

- width：表示宽度，即所要返回的引用区域的列数。width 必须为正数。

- 如果行数和列数偏移量超出工作表边缘，函数 OFFSET 返回错误值 #REF!。
- 如果省略 height 或 width，则假设其高度或宽度与 reference 相同。
- 函数 OFFSET 实际上并不移动任何单元格或更改选定区域，它只是返回一个引用。函数 OFFSET 可用于任何需要将引用作为参数的函数。

10.2 制作员工工资统计表

制作员工工资统计表，最主要的就是要简洁、明了、方便最后的统计与分析，下面就介绍如何制作员工工资统计表。在制作之前，先新建"员工工资"工作簿，然后将工作表 Sheet1 重命名为"员工工资"，接着在该工作表中共设 9 列，分别为"员工编号"、"姓名"、"所属部门"、"职位"、"基本工资"、"岗位工资"、"奖金"、"应扣个税"和"税后工资"，如图 10-1 所示。

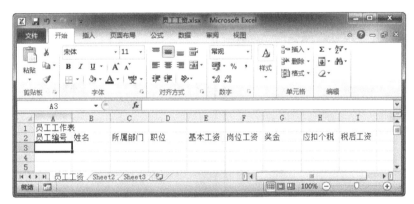

图 10-1　员工工资表初始效果

10.2.1 设置员工工资表的格式

为了使员工工资表更加规范，并达到美观的效果，还需要对其格式进行相应的设置，具体操作步骤如下。

步骤 1　接着上面操作，选中单元格区域 A1:I1，右击选中的单元格，打开"设置单元格格式"对话框，切换至"对齐"选项卡，设置水平和垂直居中，选中"合并单元格"复选框，如图 10-2 所示。

步骤 2　切换至"字体"选项卡，设置字体为"楷体"，字形为"加粗"，字号为 20，如图 10-3 所示。

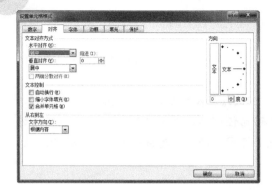

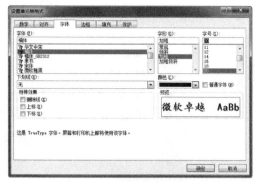

图 10-2　设置对齐方式　　　　　　　　　图 10-3　设置字体格式

步骤 3　切换"填充"选项卡，在"背景色"选项组中选择一种颜色，这里选择"橙色"，单击"确定"按钮，如图 10-4 所示。

步骤 4　选中单元格区域 A2:H2，设置单元格字体水平和垂直居中，字形加粗，填充色为"浅橙色"，效果如图 10-5 所示。

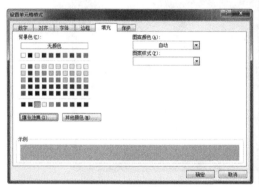

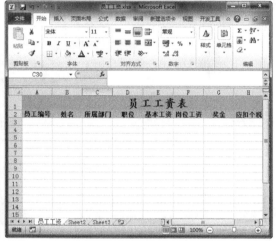

图 10-4　设置填充色　　　　　　　　　图 10-5　设置标题格式

步骤 5　在员工工资表中输入相关信息，如图 10-6 所示。

步骤 6　选择要输入员工编号的单元格区域 A3:A14 单元格区域，输入公式"=ROW()-2"，输入公式之后，按下 Ctrl+Enter 组合键，将公式输入到选区中的每一个单元格并得到计算结果，如图 10-7 所示。

步骤 7　选中 A1:I14 单元格区域并右击，打开"设置单元格格式"对话框，在"边框"选项卡中选择线条样式，单击"外边框"和"内部"按钮，如图 10-8 所示。

步骤 8　切换至"对齐"选项卡，设置水平和垂直居中，如图 10-9 所示。

步骤 9　单击"确定"按钮，返回工作表，此时选中的单元格即添加了相应的边框样式，如图 10-10 所示。

步骤 10　选中 E3:I14 单元格区域，打开"设置单元格格式"对话框，在"数字"选项卡的

"分类"列表框中单击"会计专用"选项，设置"小数位数"为 2，如图 10-11 所示。

图 10-6　输入相关信息　　　　　图 10-7　利用公式计算出员工编号

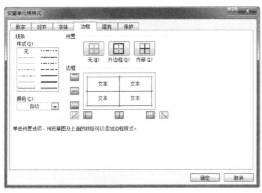

图 10-8　添加边框　　　　　图 10-9　设置水平和垂直居中对齐方式

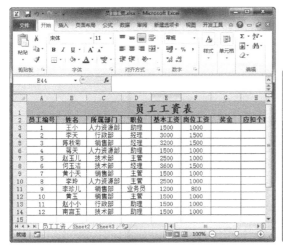

图 10-10　查看添加边框后的效果

图 10-11　设置数字格式

步骤 11 设置完成后单击"确定"按钮，选中单元格中的数据即保留两位小数，并以 ¥ 显示，如图 10-12 所示。

步骤 12 若要隐藏工作表中的网格线，可在"视图"选项卡的"显示"组中，取消选中"网格线"复选框，如图 10-13 所示，工作表中的网格线即被隐藏了。

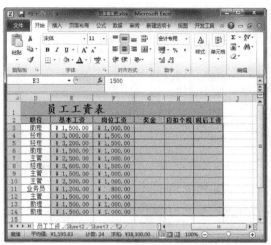

图 10-12 查看设置数字格式之后的效果

图 10-13 隐藏网格线

10.2.2 计算员工销售提成奖金

在"员工工资.xlsx"工作簿中把 Sheet2 工作表重命名为"提成"，然后在工作表中输入各员工的销售情况，包括员工的姓名、员工售出商品的商品编码、商品名称、成交总金额、提成比例等信息，如图 10-14 所示。下面根据提成比例，在"提成金额"列中计算出每笔销售的提成金额。

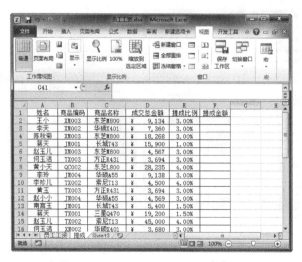

图 10-14 某公司销售记录表

步骤 1 接着上面的操作，在"提成"工作表中选中 F2 单元格，输入公式"=D2*E2"，如图 10-15 所示。

步骤 2 按下 Enter 键，计算出第一笔销售提成金额。然后再次选中 F2 单元格，向下拖动填充柄，复制公式一直到 F29 单元格，计算出其他销售提成金额，如图 10-16 所示。

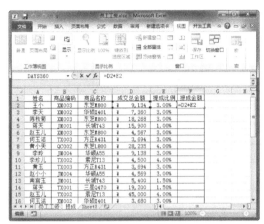
图 10-15 输入公式

图 10-16 获取其他销售提成金额

步骤 3 切换到"员工工资"工作表，选中 G3 单元格，输入公式"=SUMIF(提成!$A$2:$A$29,B3, 提成!$F$2:$F$29)"，如图 10-17 所示。

步骤 4 按下 Ctrl+Shift+Enter 组合键，计算出第一员工的奖金。然后选中 G3 单元格，向下拖动填充柄，复制公式一直到 G14 单元格，计算出其他员工的奖金，如图 10-18 所示。

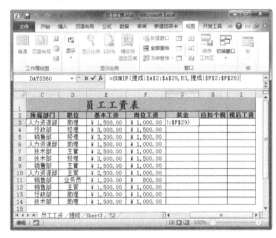
图 10-17 计算出第一个员工的奖金

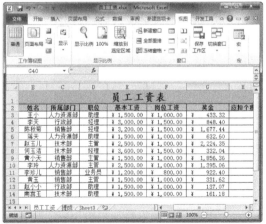
图 10-18 获取其他员工奖金

10.2.3 计算员工个税

只要工资超过一定的金额，个人所得税是一定要交的，下面就介绍计算个人所得税的方法。

现在正在实行的所得税缴纳标准如表 10-1 所示。

表 10-1　所得税缴纳标准

级　数	全月应纳税所得额	税　率	速扣数/元
1	不超过 1500 元的部分	3.00%	0
2	超过 1500～4500 元的部分	10.00%	105
3	超过 4500～9000 元的部分	20.00%	555
4	超过 9000～35 000 元的部分	25.00%	1005
5	超过 35 000～55 000 元的部分	30.00%	2755
6	超过 55 000～80 000 元的部分	35.00%	5505
7	超过 80 000 元的部分	45.00%	13505

注：起征点为 3500 元，应税所得=应发合计-起征点。

步骤 1　接着上面操作，在"员工工资.xlsx"工作簿中创建"工资计算各种比率表"工作表，如图 10-19 所示。

步骤 2　打开"员工工资"工作表，插入一列"应税所得额"，如图 10-20 所示。

图 10-19　工资计算各种比率表　　　　　图 10-20　插入"应税所得额"列

步骤 3　选中 H3 单元格，输入公式"=IF(E3+F3+G3<1500,0,E3+F3+G3)"，按下 Enter 键，计算出第一个员工当月应税所得额，如图 10-21 所示。

步骤 4　再次选中 H3 单元格，向下拖动填充柄，复制公式一直到 H14 单元格，获取其他员工当月应发工资，如图 10-22 所示。

步骤 5　选中 I3 单元格，输入公式"=IF(H3-3500<=0,0,IF(H3-3500<=1500,(H3-3500)*0.03, IF(H3-3500<=4500,(H3-3500)*0.1-105,IF(H3-3500<=9000,(H3-3500)*0.2-555,IF(H3-3500<=35000,(H3-3500)*0.25-1005,IF(H3-3500<=55000,(H3-3500)*0.3-2755,IF(H3-3500<=80000,(H3-3500)*0.35-5505,IF(H3-3500>80000,(H3-3500)*0.45-13505,0)))))))))"，按 Enter 键，计算出第一个员工应扣个税金额，如图 10-23 所示。

步骤 6 选中 I3 单元格，向下拖动填充柄，复制公式一直到 I14 单元格区域，获取其他员工应扣个税金额，如图 10-24 所示。

图 10-21　计算出第一个员工当月应税所得额

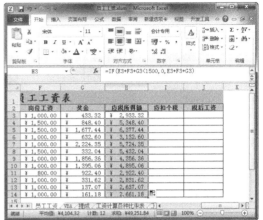

图 10-22　获取其他员工当月应税所得额

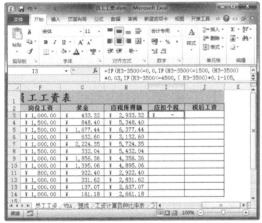

图 10-23　在 I3 单元格中输入公式

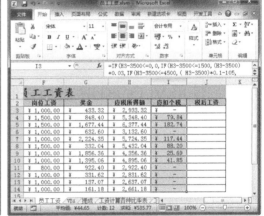

图 10-24　计算出所有员工应扣个税金额

10.2.4　计算员工税后工资

应扣个税金额计算出来后，下面就要计算员工税后的工资了，具体操作步骤如下。

步骤 1 选中 J3 单元格，输入公式 "=E3+F3+G3-I3"，如图 10-25 所示，计算出第一个员工税后的工资。

步骤 2 选中 J3 单元格，向下拖动填充柄，复制公式一直到 J14 单元格，计算出其他员工税后的工资，如图 10-26 所示。

图 10-25　在 J3 单元格中输入公式

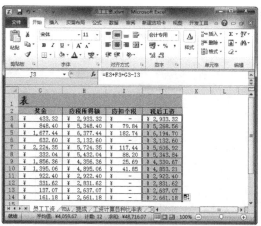

图 10-26　计算出其他员工税后工资

10.3　制作员工工资单

工资单是发放工资时使用的一个清单，在发工资时，通常都需要将工资单一并发送到员工手中，这样员工可以一目了然地知道当月工资的发放情况。

10.3.1　使用 VLOOKUP 函数法制作员工工资单

使用 VLOOKUP 函数可以在表格中查找指定的数值，但首先要制作在工资单中用到的各个数据表格。

员工的工资单是每位员工的工资情况，它是以单独的形式显示，每条工资记录中都包含了对应的工资项目。在制作的工资表中，在表格顶端只有一行工资项目，只有通过制作工资单的方式，才能满足每条记录都包含工资项目。

步骤 1　接着上面操作，插入新工作表并命名为"工资单"，然后创建"企业员工工资发放工资表"表格，选中 A3 单元格，在"公式"选项卡下的"函数库"组中单击"插入函数"按钮，如图 10-27 所示。

步骤 2　弹出"插入函数"对话框，在"或选择类别"下拉列表框中选择"常用函数"选项，在"选择函数"列表框中选择所需要的函数，在此选择 VLOOKUP 函数，再单击"确定"按钮，如图 10-28 所示。

步骤 3　弹出"函数参数"对话框，在 Lookup_value 文本框中输入要查找的值，在此输入"A3"，如图 10-29 所示。

步骤 4　在 Table_array 文本框中输入要查找的区域，在此输入"员工工资!$A$3:$J$14"，如图 10-30 所示。

图 10-27　单击"插入函数"按钮　　　　　图 10-28　选择 VLOOKUP 函数

图 10-29　设置 Lookup_value 函数　　　图 10-30　设置 Table_array 函数

步骤 5　在 Col_index_num 中输入待返回的匹配值的序列号，在此输入"2"，如图 10-31
　　　　所示。

步骤 6　单击"确定"按钮，返回工作表，此时可以获取编号为"1"的姓名，如图 10-32
　　　　所示。

图 10-31　设置 Col_index_num 函数　　　图 10-32　获取编号"1"对应的员工姓名

步骤 7　选中 C3 单元格，输入公式"=VLOOKUP(A3,员工工资!$A$3:$J$14,3)"，如图 10-33 所示。

步骤 8　按下 Enter 键，获取编号"1"对应的员工所属的部门，如图 10-34 所示。

图 10-33　在 C3 单元格中输入公式　　　　图 10-34　获取编号"1"对应的员工所属的部门

步骤 9　在 D3 单元格中输入公式"=VLOOKUP(A3,员工工资!$A$3:$J$14,4)"；
在 E3 单元格中输入公式"=VLOOKUP(A3,员工工资!$A$3:$J$14,5)"；
在 F3 单元格中输入公式"=VLOOKUP(A3,员工工资!$A$3:$J$14,6)"；
在 G3 单元格中输入公式"=VLOOKUP(A3,员工工资!$A$3:$J$14,7)"；
在 H3 单元格中输入公式"=VLOOKUP(A3,员工工资!$A$3:$J$14,8)"；
在 I3 单元格中输入公式"=VLOOKUP(A3,员工工资!$A$3:$J$14,9)"；
在 J3 单元格中输入公式"=VLOOKUP(A3,员工工资!$A$3:$J$14,10)"。
公式输入完成后，即可获取员工"王小"的工资单信息，如图 10-35 所示。

步骤 10　选中 A2:J3 单元格区域，向下拖动填充柄，一直复制 A25:J25 单元格区域，获取其他员工的工资单，如图 10-36 所示。

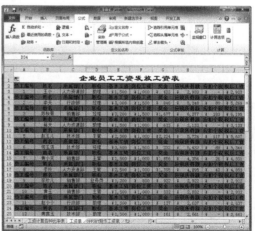

图 10-35　获取第一个员工的工资单　　　　图 10-36　获取其他员工的工资单

有关 VLOOKUP 函数的含义及使用方法请参考第 3 章中的 "3.1 要点分析"。

10.3.2 使用 OFFSET 函数法制作员工工资单

OFFSET 函数是以指定的引用为参考系，通过确定偏移量得到新的引用。下面就介绍使用 OFFSET 函数制作员工工资单的具体步骤。

步骤 1 创建 Excel 工作表，命名为 "OFFSET 制作工资单"，选中 A3 单元格，打开 "插入函数" 对话框，在 "或选择类别" 下拉列表框中选择 "常用函数" 选项，在 "选择函数" 列表框中选择 OFFSET 函数，再单击 "确定" 按钮，如图 10-37 所示。

步骤 2 弹出 "函数参数" 对话框，在 Reference 中输入基点单元格，在此输入 "员工工资!B4"，如图 10-38 所示。

图 10-37 选择 OFFSET 函数

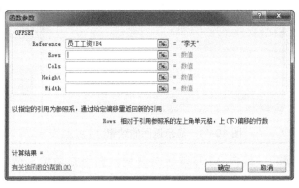

图 10-38 设置 Reference 函数

步骤 3 在 Rows 文本框中输入要移动的行数，在此输入-1，如图 10-39 所示。

步骤 4 在 Cols 文本框中输入要移动的列数，在此输入-1，如图 10-40 所示。

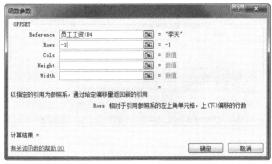

图 10-39 设置 Rows 参数

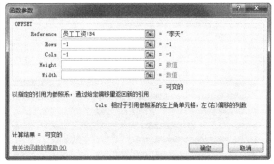

图 10-40 设置 Cols 参数

步骤 5 单击 "确定" 按钮，返回工作表，此时可以看到返回的结果为 "1"，如图 10-41 所示。

步骤 6 在 B3 单元格中输入公式 "=OFFSET(员工工资!C4,-1,-1)"；

在 C3 单元格中输入公式 "=OFFSET(员工工资!D4,-1,-1)"；

在 D3 单元格中输入公式 "=OFFSET(员工工资!E4,-1,-1)";

在 E3 单元格中输入公式 "=OFFSET(员工工资!F4,-1,-1)";

在 F3 单元格中输入公式 "=OFFSET(员工工资!G4,-1,-1)";

在 G3 单元格中输入公式 "=OFFSET(员工工资!H4,-1,-1)";

在 H3 单元格中输入公式 "=OFFSET(员工工资!I4,-1,-1)";

在 I3 单元格中输入公式 "=OFFSET(员工工资!J4,-1,-1)";

在 J3 单元格中输入公式 "=OFFSET(员工工资!K4,-1,-1)"。

公式输入完成后，可以看到显示第一个奇数行员工的工资单，如图 10-42 所示。

图 10-41　显示返回的结果

图 10-42　显示第一个员工的工资单

步骤 7　选中 A2:J3 单元格区域，向下拖动填充柄，复制公式一直到 A14:J14 单元格区域，获取奇数行的员工的工资单，如图 10-43 所示。

步骤 8　选中 A15 单元格，输入公式 "=OFFSET(员工工资!B5,-1,-1)"，按下 Enter 键，获取第一个偶数行的员工编号，如图 10-44 所示。

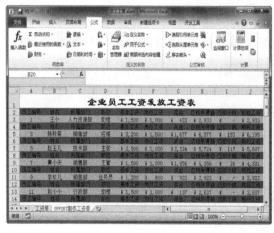

图 10-43　获取奇数行员工工资单

图 10-44　获取第一个偶数行员工编号

步骤 9　选中 A15 单元格区域，向右拖动填充柄，复制公式一直到 J15 单元格，获取第一个偶数行员工工资单，如图 10-45 所示。

步骤 10 选中 A14:J15 单元格区域，向下拖动填充柄，复制公式一直到 A25:J25 单元格区域，获取其他偶数行员工工资单，最终员工工资单如图 10-46 所示。

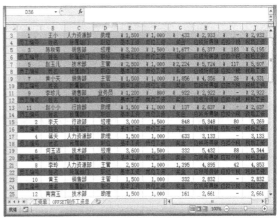

图 10-45　获取第一个偶数行的员工工资单　　图 10-46　成功使用 OFFSET 函数法制作员工工资单

10.3.3　使用 VBA 程序制作员工工资单

除了上面所介绍的方法外，还可以通过编写简单的 VBA 程序，实现工资单制作的自动化。具体操作步骤如下。

步骤 1　接着上面操作，插入工作表并重命名为"VBA"。

步骤 2　在"开发工具"选项卡下的"代码"组中单击 Visual Basic 按钮，如图 10-47 所示。

步骤 3　激活 Visual Basic 编辑窗口，在"工程-VBAProject"窗格中双击"Sheet1(员工工资)"选项，如图 10-48 所示。

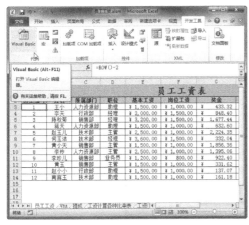
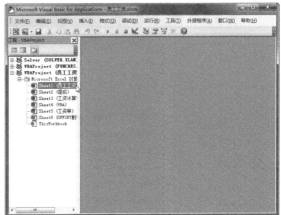

图 10-47　单击 Visual Basic 按钮　　　　　图 10-48　激活 Visual Basic 编辑窗口

提示

按 Alt+F11 组合键也可以激活 Visual Basic 编辑窗口。

步骤 4 弹出代码编辑窗口，如图 10-49 所示，输入如下代码：

```
Sub MakeSalaryList()
    Dim i As Integer
    Dim endrow As Integer
endrow = Sheet1.Range("a65536").End(xlUp)
Worksheets(1).Range("1:1").Copy (Worksheets(2).Cells(1, 1))
    For i = 3 To endrow
    Worksheets(1).Range("2:2").Copy (Worksheets(2).Cells(3 * i - 7, 1))
Worksheets(1).Range(Cells(i, 1), Cells(i, 256)).Copy (Worksheets(2).Cells(3
* i - 6, 1))
Next i
    End Sub
```

步骤 5 在菜单栏中选择"运行"|"运行子过程/用户窗体"命令，如图 10-50 所示。

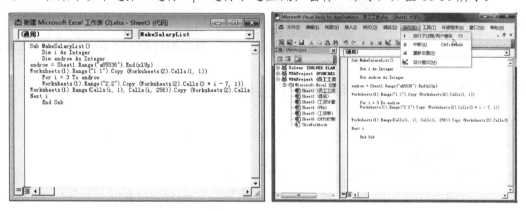

图 10-49　代码编辑窗口　　　　　图 10-50　选择"运行"|"运行子过程/用户窗体"命令

步骤 6 关闭编辑器，返回工作表，此时已经将员工工资转换成为员工工资单，在 VBA 工作表中显示，如图 10-51 所示。

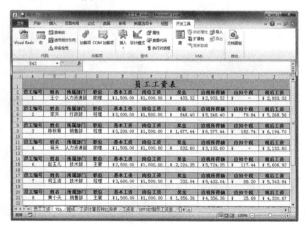

图 10-51　成功使用宏制作员工工资单

10.3.4　通过邮件合并法制作员工工资单

Word 邮件合并功能适合制作内容类似、结构相同的多个文档。使用邮件合并功能的两个必备条件是主文档和数据源，主文档包含在每个文档中都出现的相同内容，数据源包含每个文档中的差异部分。

通过建立主文档与数据源的连接使这两部分数据可以联系在一起，然后将数据源中的不同字段插入主文档中的指定位置，最后完成数据的合并工作。

主文档需要在 Word 中进行编辑，而数据源常用的格式是 Excel 工作簿或 Word 表格，也可以是 Access 数据库或文本文件。如果使用 Word 表格作为数据源，那么需要确保 Word 表格外侧上方没有多余的标题，否则 Word 将无法正确识别数据源中的内容。

下面就来介绍如何利用邮件合并法制作员工工资单，具体操作步骤如下。

步骤 1　打开 Word 文档，根据实际需要绘制一份工资单，如图 10-52 所示。

步骤 2　在"邮件"选项卡下的"开始邮件合并"组中单击"选择收件人"按钮，在打开的下拉菜单中选择"使用现有列表"命令，如图 10-53 所示。

图 10-52　绘制一份工资单

图 10-53　选择"使用现有列表"命令

步骤 3　弹出"选取数据源"窗口，找到并选中前面创建的"员工工资.xlsx"文件，单击"打开"按钮，如图 10-54 所示。

步骤 4　弹出"选择表格"对话框，选择员工工资所在工作表，如图 10-55 所示，单击"确定"按钮。

图 10-54　选择数据源

图 10-55　选择员工工资所在工作表

步骤 5　将光标定位到工资单中需要插入数据的位置，然后在"邮件"选项卡下的"编写和插入域"组中单击"插入合并域"按钮，在打开的下拉菜单中选择"员工编号"命令，如图 10-56 所示。

步骤 6　按照上面的步骤分别将数据源一项一项插入工资单相应的位置，效果如图 10-57 所示。

图 10-56　选择"员工编号"命令

图 10-57　数据源全部插入相应位置

步骤 7　在"邮件"选项卡下的"完成"组中单击"完成并合并"按钮，在打开的下拉菜单中选择"编辑单个文档"命令，如图 10-58 所示。

步骤 8　弹出"合并到新文档"对话框，根据实际需要选择"全部"、"当前记录"或指定范围，单击"确定"按钮，如图 10-59 所示。

图 10-58　选择"编辑单个文档"命令

图 10-59　"合并到新文档"对话框

步骤 9　此时会显示第一个员工的工资单，如图 10-60 所示。

步骤 10　如果就这样进入打印操作，一页纸只能打印一个工资单，所以在表格下面插入一个空行，选中空行，在"插入"选项卡下的"文本"组中单击"文档部件"按钮，在打开的下拉菜单中选择"域"命令，如图 10-61 所示。

步骤 11　弹出"域"对话框，在"域名"列表框中选择"Next"域，如图 10-62 所示，单击"确定"按钮。

步骤 12　选中整个表格，复制、粘贴创建多个表格，效果如图 10-63 所示。

图 10-60　显示第一个员工的工资单

图 10-61　选择"域"命令

图 10-62　"域"对话框

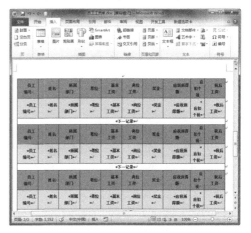

图 10-63　复制表格

步骤 13　在"邮件"选项卡下的"完成"组中单击"完成并合并"按钮，并选择"编辑单个文档"命令，在打开的对话框中直接单击"确定"按钮，Word 自动在一个新建文档中显示多个员工工资单，如图 10-64 所示。

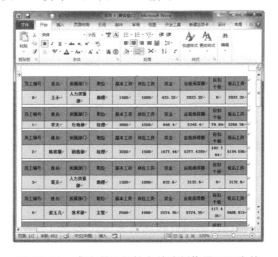

图 10-64　成功利用邮件合并法制作员工工资单

10.3.5 预览打印员工工资单

在制作好工资单之后，还需要将其打印出来，并进行裁剪才可以获得各员工的工资单。在打印工资单之前，还需要对其进行页面设置。

步骤 1 打开要打印的工作簿，切换到 VBA 工作表，在"页面布局"选项卡下的"调整为合适大小"组中，将"宽度"设置为"1 页"，将"高度"设置为"自动"，如图 10-65 所示。

步骤 2 打开"页面设置"对话框，在"页面"选项卡中选中"横向"单选按钮，如图 10-66 所示。

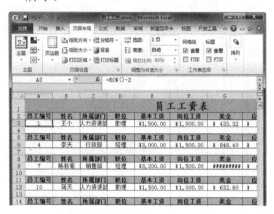

图 10-65 调整为合适大小   图 10-66 选择页面方向

步骤 3 切换至"页边距"选项卡，选中"水平"和"垂直"复选框，如图 10-67 所示。

步骤 4 在"页边距"选项卡的"左"、"右"、"上"、"下"微调框中分别设置页边距值，在此设置左、右边距为"2"，上、下边距为"0.5"，如图 10-68 所示。

 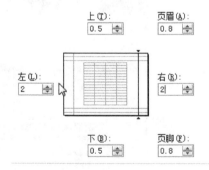

图 10-67 设置页边距对齐方式   图 10-68 设置页边距

步骤 5 单击"打印预览"按钮，返回打印选项面板，如图 10-69 所示，可以看到设置页面后的打印效果。接着在"份数"文本框中输入"1"，单击"打印"按钮开始打印。

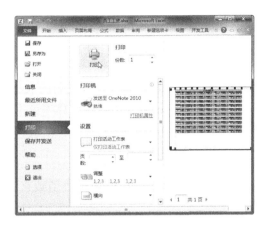

图 10-69　单击"打印"按钮

10.4　制作工资发放零钞备用表

当企业在以现金形式发放工资时，就需要准备大量的零钞，以便工资的正常发放。首先需要根据员工工资建立员工工资发放零钞备用表，并计算出各员工所需零钞数据以及各面值钞票所需数量。

10.4.1　建立员工工资发放零钞备用表

目前，人民币的面值包括 100 元、50 元、20 元、10 元、5 元等，本例中只计算到面值 1 角的零钞，所以将"分"面值的舍去。下面来建立员工工资发放零钞备用表，具体操作步骤如下。

步骤 1　打开工作簿文件(图书素材\第 10 章\工资发放零钞备用表.xlsx)，然后根据需要计算的面值输入数据。

步骤 2　为工资发放零钞备用表设置格式并添加边框效果，如图 10-70 所示。

图 10-70　员工工资发放零钞备用表框架

10.4.2 关于各员工所需零钞数量的计算

可以根据各员工的工资额进行计算，将工资额按人民币的大小进行拆分，如面值为 100元、50 元、20 元、10 元等的张数。下面就来介绍两种计算各员工所需零钞数量的方法，一种是使用 QUOTIENT()函数计算，另一种是使用 INT()函数计算。

1. 使用 QUOTIENT()函数计算

QUOTIENT()函数是返回商的整数分部，可以使用该函数来计算指定面值所需要的数量。具体操作步骤如下。

步骤 1 接着上面操作，选中 C3 单元格，在"公式"选项卡下的"函数库"组中单击"插入函数"按钮，如图 10-71 所示。

步骤 2 弹出"插入函数"对话框，选择函数类别为"数学与三角函数"选项，在"选择函数"列表框中选择所需要的函数，在此选择 QUOTIENT 函数，如图 10-72 所示，再单击"确定"按钮。

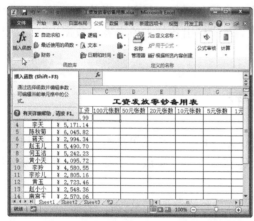

图 10-71 单击"插入函数"按钮

图 10-72 选择 QUOTIENT 函数

步骤 3 弹出"函数参数"对话框，在 Numerator 文本框中输入"B3"，在 Denominator 文本框中输入"100"，如图 10-73 所示。

步骤 4 单击"确定"按钮，返回工作表，此时可以看到在目标单元格中显示了返回的值，即工资"2814.99"中所需要 100 元面值的张数为 28，如图 10-74 所示。

步骤 5 选中 D3 单元格，打开"插入函数"对话框，在"或选择类别"下拉列表中选择"数学与三角函数"选项，在"选择函数"列表中选择 QUOTIENT 函数，再单击"确定"按钮，如图 10-75 所示。

步骤 6 弹出"函数参数"对话框，在 Numerator 文本框中输入"MOD(B3，100)"，在 Denominator 文本框中输入"50"，表示将 B3 单元格除以 100 后的余数，再除以 50取整，如图 10-76 所示。

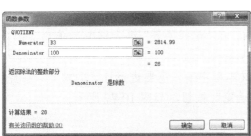

图 10-73　设置函数参数

图 10-74　显示返回的结果

图 10-75　选择 QUOTIENT 函数

图 10-76　设置函数参数

步骤 7　单击"确定"按钮，返回工作表，此时可以看到在目标单元格中显示了计算的结果，如图 10-77 所示。

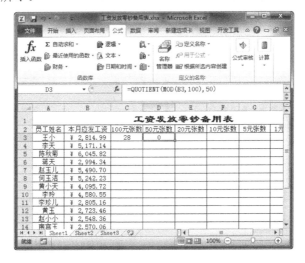

图 10-77　显示返回的 50 元面值的张数

2．使用 INT()函数计算

INT()函数是将数字向下舍入到最接近的整数。通过该函数，同样可以计算各面值所需要的数量。在计算后面的面值时，需要与前面的值发生关系，即减去已经计算面值张数的相应金额。

步骤 1　接着上面操作，选中 E3 单元格，打开"插入函数"对话框，在"或选择类别"下拉列表框中选择"数学与三角函数"选项，在"选择函数"列表框中选择 INT 函数，再单击"确定"按钮，如图 10-78 所示。

步骤 2　弹出"函数参数"对话框，在 Number 文本框中输入需要进行计算的内容，在此输入"(B3-100*C3-50*D3)/20"，再单击"确定"按钮，如图 10-79 所示。

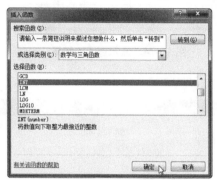

图 10-78　选择 INT 函数

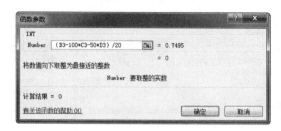

图 10-79　设置函数参数

步骤 3　此时返回工作表，可以看到在目标单元格中显示了计算的结果。即表示应发工资减去 28 张 100 元面值和 0 张 50 元面值后的余额，再除以 20 的取整结果，如图 10-80 所示。

步骤 4　选中 F3 单元格，输入计算所需要 10 元面值张数的公式"=INT((B3-100*C3-50*D3-20*E3)/10)"，按 Enter 键，即可看到计算的结果，如图 10-81 所示。

图 10-80　显示返回的结果

图 10-81　获取所需要 10 元面值的张数

步骤 5　在 G3 单元格中输入公式"=INT((B3-100*C3-50*D3-20*E3-10*F3)/5)"，按 Enter 键

得结果，如图 10-82 所示。

步骤 6　在 H3 单元格中输入公式"=INT((B3-100*C3-50*D3-20*E3-10*F3-5*G3)/1)"，在 I3
单元格中输入公式"=INT((B3-100*C3-50*D3-20*E3-10*F3-5*G3-1*H3)/0.5)"，即可
得到第一位员工工资发放所需要各面值人民币张数，如图 10-83 所示。

图 10-82　计算所需 1 元面值的张数　　　图 10-83　第一位员工工资发放所需要各面值人民币张数

步骤 7　选中单元格区域 C3:I3，向下拖动填充柄，复制公式一直到 C14:I14 单元格区域，即
可得到各员工工资发放所需要各面值人民币的张数，如图 10-84 所示。

图 10-84　各员工工资发放所需要各面值人民币的张数

10.4.3　汇总各面值钞票所需的数量

当得到各员工工资发放所需要各面值钞票的数量之后，就可以对各面值钞票的数量进行
汇总，得到各面值钞票所需要的总数量，以便做好员工工资发放的准备工作。

步骤 1　选中 C16 单元格，输入计算总张数公式"=SUM(C3:C14)"，如图 10-85 所示，按
Enter 键，获取 100 元面值的总张数。

步骤 2 选中 C16 单元格，向右拖动填充柄，复制公式一直到 I16 单元格，即可得到各面值所需的总张数，如图 10-86 所示。

图 10-85 输入公式获取 100 元面值所需总张数

图 10-86 复制公式得到各面值所需总张数

10.4.4 美化员工工资发放零钞备用表

至此所有的数据已经计算完毕。为了使工资发放零钞备用表更加美观，还需要对表格进行一些美化。下面将通过套用表格格式功能，为表格套用样式进行美化。具体操作步骤如下。

步骤 1 接着上面操作，在"开始"选项卡下的"样式"组中单击"套用表格格式"按钮，如图 10-87 所示。

步骤 2 在展开的库中选择所需要的表样式，"表样式中等深浅 12"选项，如图 10-88 所示。

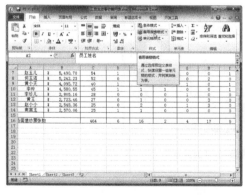

图 10-87 单击"套用表格格式"按钮

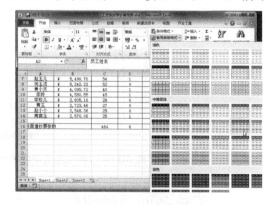

图 10-88 选择表格样式

步骤 3 弹出"套用表样式"对话框，单击文本框右侧的 按钮，如图 10-89 所示。

步骤 4 此时在工作表中选择数据源区域，在此选择单元格区域 A2:I16，再单击对话框中的 按钮，如图 10-90 所示。

图 10-89　设置表数据的来源　　　　图 10-90　选择数据源

步骤 5　返回"创建表"对话框，选中"表包含标题"复选框，再单击"确定"按钮，如图 10-91 所示。

步骤 6　在"表格工具"下的"设计"选项卡中的"工具"组中单击"转换为区域"按钮，如图 10-92 所示。

图 10-91　"创建表"对话框　　　　图 10-92　单击"转换为区域"按钮

步骤 7　弹出 Microsoft Excel 提示对话框，在此单击"是"按钮即可，如图 10-93 所示。

步骤 8　返回工作表，员工工资发放零钞备用表的最终效果如图 10-94 所示。

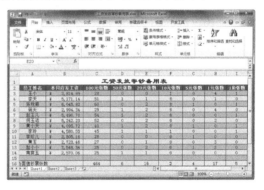

图 10-93　单击"是"按钮　　　　图 10-94　员工工资发放零钞备用表最终效果图

10.5　全年工资统计分析

企业到了年底，财务会对这一年中所发的工资进行统计分析，本节就将详细介绍全年工资统计分析。

10.5.1　制作全年工资汇总表

公司每个月都会给员工发放工资，财务每个月也会做统计，到了年底如何将 1～12 月的工资汇总在一张表格上面呢？下面就将介绍如何制作全年工资汇总表，具体操作步骤如下。

步骤 1　打开工作簿文件(图书素材\第 10 章\工资汇总表.xlsx)，并创建 1～12 月工资表。

步骤 2　打开"全年工资汇总"工作表，在"数据"选项卡下单击"获取外部数据"按钮，在展开的下拉列表中选择"现有连接"命令，如图 10-95 所示。

步骤 3　弹出"现有连接"对话框，在对话框中单击"浏览更多"按钮，如图 10-96 所示。

图 10-95　选择"现有连接"命令　　　　图 10-96　单击"浏览更多"按钮

步骤 4　弹出"选取数据源"对话框，选择所需的数据源，这里选择"工资汇总表"工作簿，如图 10-97 所示，再单击"打开"按钮。

步骤 5　弹出"选择表格"对话框，如图 10-98 所示，选择所需要的表格，再单击"确定"按钮。

图 10-97　"选取数据源"对话框　　　　图 10-98　"选择表格"对话框

步骤 6　弹出"导入数据"对话框，在"请选择该数据在工作簿中的显示方式"中选择"数据透视表"单选按钮，在"数据的放置位置"中选择"现有工作表"单选按钮，在文本框中输入"全年工资汇总!$A$1"，如图 10-99 所示，然后单击"属性"按钮。

步骤 7　弹出"连接属性"对话框，在"使用状况"选项卡中选中"打开文件时刷新数据"

复选框，如图 10-100 所示。

图 10-99 "导入数据"对话框

图 10-100 选中"打开文件时刷新数据"复选框

步骤 8 切换至"定义"选项卡，如图 10-101 所示，在"命令文本"文本框中输入以下 SQL 语句：

```
select "1月", * from [1月$] union all
select "2月", * from [2月$] union all
select "3月", * from [3月$] union all
select "4月", * from [4月$] union all
select "5月", * from [5月$] union all
select "6月", * from [6月$] union all
select "7月", * from [7月$] union all
select "8月", * from [8月$] union all
select "9月", * from [9月$] union all
select "10月", * from [10月$] union all
select "11月", * from [11月$] union all
select "12月", * from [12月$]
```

步骤 9 单击"确定"按钮，返回"导入数据"对话框，单击"确定"按钮，如图 10-102 所示。

图 10-101 输入 SQL 语句

图 10-102 单击"确定"按钮

步骤 10 此时在工作表中会创建数据透视表，在"数据透视表字段列表"窗格中对字段进行以下布局，最终得到如图 10-103 所示的效果，汇总出全年员工工资表。

- 将"编号"、"月份"字段拖动到"报表筛选"列表框中。
- 将"姓名"字段拖动到"行标签"列表框中。
- 将"实发工资"字段拖动到"数值"列表框中。

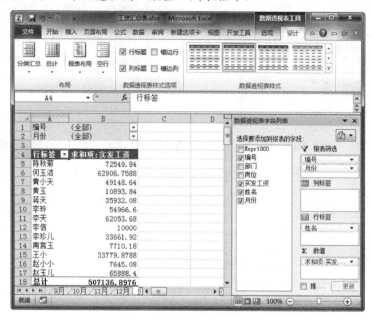

图 10-103 全年工资汇总表

10.5.2 全方位统计每个部门和岗位的工资分布

要更好地统计公司每个部门和岗位的工资分布情况，通常可以使用图表来实现这个要求。下面就来创建部门和岗位的工资分布图，具体操作步骤如下。

步骤 1 接着上一节操作，在"数据透视表字段列表"窗格中对字段进行以下布局，得到如图 10-104 所示的数据透视表。

- 将"姓名"字段拖动到"报表筛选"列表框中。
- 将"部门"字段拖动到"列标签"列表框中。
- 将"岗位"字段拖动到"行标签"列表框中。
- 将"实发工资"字段拖动到"数值"列表框中。

步骤 2 选中数据透视表内的任一单元格，然后在"插入"选项卡下的"图表"组中单击"柱形图"按钮，在打开的下拉菜单中选择"三维簇状柱形图"命令，如图 10-105 所示。

步骤 3 此时，创建出如图 10-106 所示的数据透视图。

步骤 4 单击"数据透视图工具"下的"布局"选项卡，在"标签"组中单击"图表标题"按钮，在打开的下拉菜单中选择"图表上方"命令，如图 10-107 所示。

経典実例：管理员工工资福利

图 10-104　重新布局全年工资汇总表透视表

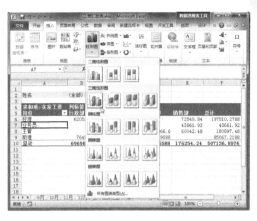

图 10-105　选择"三维簇状柱形图"命令

图 10-106　成功创建数据透视图

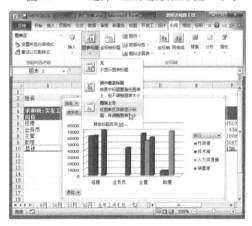

图 10-107　选择"图表上方"选项

步骤 5　设置图表标题为"部门和岗位的工资分布"，然后再对标题的文字进行格式设置，效果如图 10-108 所示。

步骤 6　右击数值轴，从弹出的快捷菜单中选择"设置坐标轴格式"命令，如图 10-109 所示。

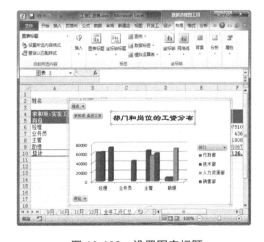

图 10-108　设置图表标题

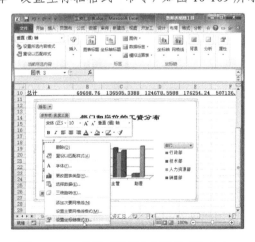

图 10-109　选择"设置坐标轴格式"命令

339

步骤 7 弹出"设置坐标轴格式"对话框，在"坐标轴选项"下的"坐标轴标签"下拉列表框中，选择"高"选项，如图 10-110 所示。

步骤 8 在"数字"选项的"类别"下拉列表中，选择"会计专用"选项，如图 10-111 所示。

图 10-110 设置数值坐标轴位置   图 10-111 设置数值坐标轴数字格式

步骤 9 单击"关闭"按钮，返回工作表，调整图表的大小与位置，部门和岗位的工资分布透视图效果如图 10-112 所示。

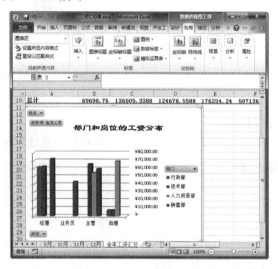

图 10-112 部门和岗位的工资分布图

10.5.3 统计分析全年各月的工资变化

使用饼图可以非常清晰地表示出各月工资所占的比例，并能标注上各自所占百分比，统计分析出各月的工资变化。操作步骤如下。

步骤 1　接上一节操作，在"数据透视表字段列表"窗格中对字段进行以下布局，得到如
　　　　图 10-113 所示的数据透视表。

● 将"月份"字段拖动到"行标签"列表框中。

● 将"实发工资"字段拖动到"数值"列表框中。

步骤 2　选取工作表的 A4:B17 单元格区域，在"插入"选项卡下的"图表"组中单击"饼
　　　　图"按钮，在打开的下拉菜单中选择"分离型三维饼图"命令，如图 10-114 所示。

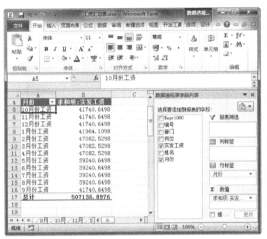

图 10-113　重新布局数据透视表

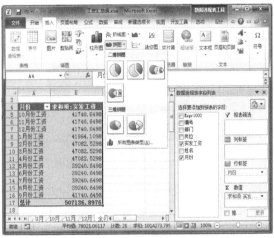

图 10-114　选择"分离型三维饼图"命令

步骤 3　制作出一个分离型三维饼图，然后对其大小和位置根据需要进行适当的调整，使其
　　　　效果如图 10-115 所示。

步骤 4　右击"汇总"标题，从弹出的快捷菜单中选择"删除"命令，如图 10-116 所示。

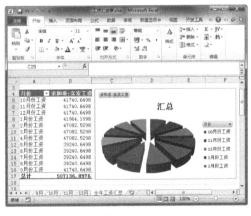

图 10-115　调整饼图大小与位置

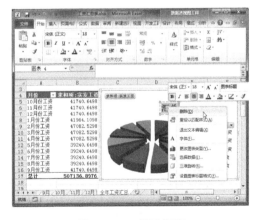

图 10-116　删除标题

步骤 5　单击"数据透视图工具"标签下的"布局"选项卡，在"标签"组中单击"图例"
　　　　按钮，从打开的下拉菜单中选择"无(关闭图例)"命令，如图 10-117 所示，取消图
　　　　例的显示。

步骤 6　右击图表区域，从弹出的快捷菜单中选择"设置图表区格式"命令，在弹出的"设

置图表区格式"对话框中,选择"填充"选项,选中"无填充"单选按钮,如图 10-118 所示。

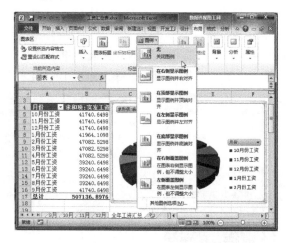

图 10-117　选择"无(关闭图例)"命令

图 10-118　取消填充效果

步骤 7　选择"边框颜色"选项,选中"无线条"单选按钮,如图 10-119 所示。

步骤 8　右击组成饼图的任意颜色块,从弹出的快捷菜单中选择"设置数据标签格式"命令,然后在弹出的"设置数据标签格式"对话框中,选择"标签选项"选项,如图 10-120 所示,选中"类别名称"、"百分比"、"显示引导线"复选框和"数据标签外"单选按钮设置为选中状态,而其余保持为非选中状态。

图 10-119　取消边框颜色

图 10-120　设置"标签选项"

步骤 9　经过以上操作之后,体现全年各月工资变化的饼图的最终效果如图 10-121 所示。

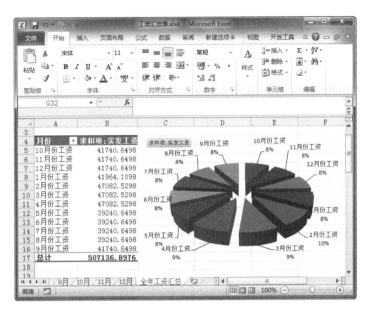

图 10-121   体现全年各月工资变化的饼图

10.5.4   制作社会保险汇总表

在企业员工工资管理中，员工社会保险是政府通过立法强制实施，运用保险方式处理劳动者面临的特定社会风险，为其暂时或永久丧失劳动能力并失去劳动收入时，提供基本收入保险的法定保险制度。对于企业来说，一般为员工提供"三险一金"或"五险一金"。具体"五险"为养老保险、医疗保险、失业保险、生育保险和工伤保险，"一金"为住房公积金。

关于"五险"和"一金"。政府相关部门已经明确规定了单位与个人所承担的比例关系，如表 10-2 所示。

表 10-2   南京社会保险及住房公积金金额比例

项　　目	扣缴比例	
	单位/%	个人/%
养老保险	21.00	8.00
医疗保险	9.00	2.00
失业保险	2.00	1.00
生育保险	0.80	0.00
工伤保险	0.50	0.00
住房公积金	8.00	8.00

1.   计算员工的应扣养老保险金额

计算应扣养老保险金额的计算公式为：养老保险=(基本工资+岗位工资)×养老保险扣缴比例。

步骤 1 接上一节操作，在"工资汇总表.xlsx"工作簿中切换到"社会保险汇总"工作表，如图 10-122 所示。

步骤 2 选中 E2 单元格，输入公式"=ROUND((员工工资!E3+员工工资!F3)*社会保险及住房公积金比例!$C$4,2)"，按 Enter 键，如图 10-123 所示，获取第一个员工应扣养老保险金额。

图 10-122 "社会保险汇总"工作表

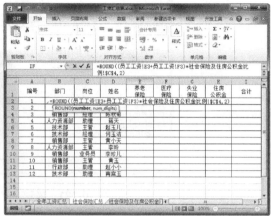

图 10-123 输入公式

步骤 3 选中 E2 单元格，向下拖动填充柄，复制公式一直到 E13 单元格，获取其他员工应扣养老保险金额，如图 10-124 所示。

编号	部门	岗位	姓名	养老保险	医疗保险	失业保险	住房公积金	合计
1	人力资源部	助理	王小	¥200.00				
2	行政部	经理	李天	¥360.00				
3	销售部	经理	陈秋菊	¥376.00				
4	人力资源部	助理	蒋天	¥200.00				
5	技术部	主管	赵玉儿	¥280.00				
6	技术部	经理	何玉洁	¥408.00				
7	销售部	主管	黄小天	¥200.00				
8	人力资源部	主管	李玲	¥280.00				
9	销售部	业务员	李珍儿	¥160.00				
10	销售部	主管	黄玉	¥200.00				
11	行政部	助理	赵小小	¥200.00				
12	技术部	助理	南宫玉	¥200.00				

图 10-124 获取其他员工应扣养老保险金额

2. 计算员工的应扣医疗保险金额

步骤 1 接着上面操作，选中 F2 单元格，输入公式"=ROUND((员工工资!E3+员工工资!F3)*社会保险及住房公积金比例!$C$5,2)+10"按 Enter 键，计算出第一个员工应扣医疗保险金额(此处加 10 元是指大病统筹)。

步骤 2 选中 F2 单元格，向下拖动填充柄，一直复制公式到 F13 单元格，获取其他员工应扣医疗保险金额，如图 10-125 所示。

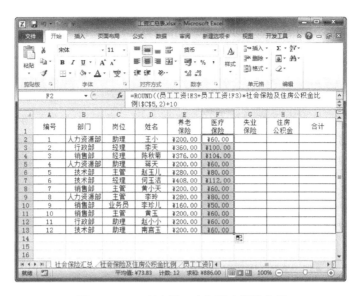

图 10-125　所有员工应扣医疗保险金额

注意　计算应扣医疗保险金额的公式为"医疗保险=（基本工资+岗位工资）×医疗保险扣缴比例"。

3．计算员工的应扣失业保险金额

计算应扣失业保险金额的公式为"失业保险=(基本工资+岗位工资)×失业保险扣缴比例"。

步骤 1　选中 G2 单元格，输入公式"=ROUND((员工工资!E3+员工工资!F3)*社会保险及住房公积金比例!$C$6,2)"，按 Enter 键，计算出第一个员工的应扣失业保险金额。

步骤 2　选中 G2 单元格，向下拖动填充柄，复制公式一直到 G13 单元格，获取其他员工应扣失业保险金额，如图 10-126 所示。

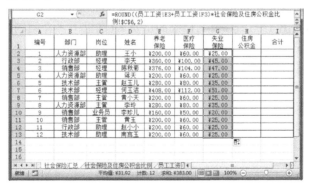

图 10-126　所有员工应扣失业保险金额

注意　社会保险部门规定生育保险和工伤保险个人缴费比例为 0%，所以不需要使用 ROUND 函数进行计算。

4. 计算员工的应扣住房公积金金额

步骤 1 接着上面操作，选中 H2 单元格，输入公式“=ROUND((员工工资!E3+员工工资!F3)*社会保险及住房公积金比例!$C$9,2)”，按 Enter 键，计算出第一个员工应扣住房公积金金额。

步骤 2 选中 H2 单元格，向下拖动填充柄，复制公式一直到 H13 单元格，获取其他员工应扣住房公积金金额，如图 10-127 所示。

编号	部门	岗位	姓名	养老保险	医疗保险	失业保险	住房公积金	合计
1	人力资源部	助理	王小	¥200.00	¥60.00	¥25.00	¥200.00	
2	行政部	经理	李天	¥360.00	¥100.00	¥45.00	¥360.00	
3	销售部	经理	陈秋菊	¥376.00	¥104.00	¥47.00	¥376.00	
4	人力资源部	助理	蒋天	¥200.00	¥60.00	¥25.00	¥200.00	
5	技术部	主管	赵玉儿	¥280.00	¥80.00	¥35.00	¥280.00	
6	技术部	经理	何玉洁	¥408.00	¥112.00	¥51.00	¥408.00	
7	销售部	主管	黄小天	¥200.00	¥60.00	¥25.00	¥200.00	
8	人力资源部	主管	李玲	¥280.00	¥80.00	¥35.00	¥280.00	
9	销售部	业务员	李珍儿	¥160.00	¥50.00	¥20.00	¥160.00	
10	销售部	主管	黄玉	¥200.00	¥60.00	¥25.00	¥200.00	
11	行政部	助理	赵小小	¥200.00	¥60.00	¥25.00	¥200.00	
12	技术部	助理	南宫玉	¥200.00	¥60.00	¥25.00	¥200.00	

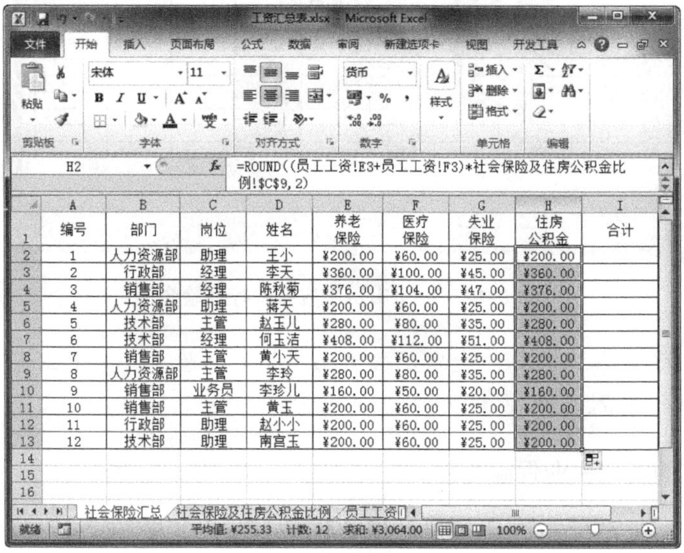

图 10-127 所有员工应扣住房公积金金额

10.5.5 制作每个员工的全年个人所得税汇总表

在上面的小节中已经介绍过如何计算个人所得税的方法，这里就不再重复介绍，利用之前所学到的知识，制作出 1～12 月员工详细的工资表(这里不再介绍制作方法)，下面将利用数据透视表汇总每个员工全年的个人所得税。具体操作步骤如下。

步骤 1 新建“工资明细.xlsx”工作簿，并制作出 1～12 月员工的详细工资表。

步骤 2 插入工作表，并命名为“全年个人所得税”，选择“文件”|“选项”命令，打开“Excel”对话框，在左侧列表中选择“自定义功能区”选项，然后在右侧窗格中单击“从下列位置选择命令”下拉列表框右侧的下三角按钮，选择“所有命令”选项，接着从下面的列表中选择“数据透视表和数据透视图向导”选项，如图 10-128 所示，单击“添加”按钮。

图 10-128   添加"数据透视表和数据透视图向导"按钮

步骤 3   单击"确定"按钮，"数据透视表和数据透视图向导"就被添加到"新建选项卡"下，如图 10-129 所示，然后单击"数据透视表和数据透视图向导"按钮。

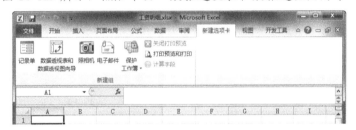

图 10-129   单击"数据透视表和数据透视图向导"按钮

依次按 Alt、D、P 键也能打开"数据透视表和数据透视图向导"对话框。

步骤 4   弹出"数据透视表和数据透视图向导"对话框，在"请指定待分析数据的数据源类型"中选中"多重合并计算区域"单选按钮，在"所需要创建的报表类型"中选中"数据透视表"单选按钮，如图 10-130 所示。

步骤 5   单击"下一步"按钮，在"请指定所需的页字段数目"下选中"自定义页字段"单选按钮，如图 10-131 所示。

步骤 6   单击"下一步"按钮，在"选定区域"文本框中输入""1 月'!$E$1:$J$13"(这里要汇总的是全年员工个人所得税，所以只选中包含个人所得税，区域)，单击"添加"按钮，此时在"所有区域"文本框中会显示刚刚添加的区域，如图 10-132 所示。

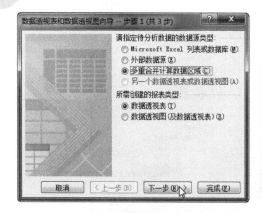

图 10-130　建立数据透视表步骤 1

图 10-131　建立数据透视表步骤 2

图 10-132　键入要汇总的数据区域

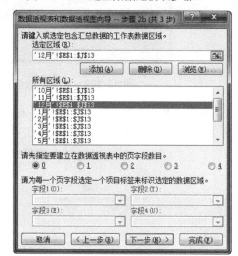

图 10-133　添加数据区域

步骤 7　分别添加 "'2 月'!\$E\$1:\$J\$13"、"'3 月'!\$E\$1:\$J\$13"、"'4 月'!\$E\$1:\$J\$13"、"'5 月'!\$E\$1:\$J\$13"、"'6 月'!\$E\$1:\$J\$13"、"'7 月'!\$E\$1:\$J\$13"、"'8 月'!\$E\$1:\$J\$13"、"'9 月'!\$E\$1:\$J\$13"、"'10 月'!\$E\$1:\$J\$13"、"'11 月'!\$E\$1:\$J\$13"、"'12 月'!\$E\$1:\$J\$13" 区域，在 "请先指定要建立在数据透视表中的页字段数目" 中选中 0 单选按钮，如图 10-133 所示，然后单击 "下一步" 按钮。

步骤 8　在 "数据透视表显示位置" 中选中 "现有工作表" 单选按钮，在 "现有工作表" 框中输入 "全年个人所得税!\$A\$1"，如图 10-134 所示，单击 "完成" 按钮。成功创建数据透视表，如图 10-135 所示。

步骤 9　单击 "列标签" 下拉菜单，首先取消选中 "全选" 复选框，然后在列表中选中 "应扣个税" 复选框，如图 10-136 所示。

步骤 10　单击 "确定" 按钮，数据透视表中就会汇总出所有员工全年个人所得税金额，如图 10-137 所示。

图 10-134　建立数据透视表步骤 3　　　　　　图 10-135　创建数据透视表

图 10-136　选定"应扣个税"　　　　　　图 10-137　汇总出每个员工个人所得税金额

10.5.6　制作每个员工的全年工资明细表

上面的章节已经介绍过利用 SQL 语言创建数据透视表，这里制作每个员工的全年工资明细表也不再一一详细介绍。

步骤 1　按照之前章节里介绍的方法创建数据透视表，如图 10-138 所示。

步骤 2　在右侧打开"数据透视表字段列表"窗格，接下来对字段进行以下布局。

- 将"月份"、"姓名"字段拖动到"报表筛选"列表框中。
- 将"数值"字段拖动到"列标签"列表框中。
- 将"岗位"、"部门"字段拖动到"行标签"列表框中。
- 将"岗位工资"、"基本工资"、"奖金"、"应税所得额"、"应扣个税"、"失业保险"、

Excel 在人力资源管理中的应用

"养老保险"、"医疗保险"、"住房公积金"、"实发工资"字段拖动到"数值"列表框中。

数据透视表字段布局如图 10-139 所示。

图 10-138　创建空白数据透视表　　　　图 10-139　数据透视表字段布局

步骤 3　利用创建好的数据透视表就可以查看每个员工的全年工资明细，如：在"姓名"中选择要查看的员工姓名，这里选择"黄小天"，如图 10-140 所示，单击"确定"按钮。

此时，就显示了该员工全年的工资明细，如图 10-141 所示。

图 10-140　选择要查看的员工姓名　　　　图 10-141　显示该员工全年的工资明细

10.6　专家指导

关于 Excel 还有很多知识点也需要了解，掌握这些内容可以提高工作效率。本节将主要介绍固定要打印的表格标题、添加可打印背景、设置 Excel 工作表每页显示相同的行标题、巧用"公式求值"计算复制公式和作为附件发送工资单。

10.6.1　每页都显示员工工资表的标题

在打印 Excel 工作表时，有时因为内容过多，在打印时会出现换页的情况，而没有表格的标题，看起来不太方便，也不是很规范。那么如何固定要打印的表格标题，从而在打印时每页都有表格标题呢？具体操作步骤如下。

步骤 1　打开需要打印的工作表，这里我们打开"员工工资"工作表。

步骤 2　单击"页面布局"选项卡下的"页面设置"组右下角的对话框启动器按钮，如图 10-142 所示。

步骤 3　弹出"页面设置"对话框，切换到"工作表"选项卡，在"打印标题"下的"顶端标题行"里设置需要打印的标题，这里我们输入"$1:$1"，如图 10-143 所示。

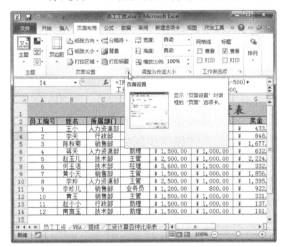

图 10-142　单击对话框启动器按钮

图 10-143　设置要打印的表格标题

 技 巧　如果要打印左端标题，可以在"页面设置"对话框中的"打印标题"下的"左端标题列"文本框中设置要打印的左端标题，如图 10-144 所示。

图 10-144　设置要打印的"左端标题列"

步骤 4　在"页面设置"对话框中，单击"打印预览"按钮，如图 10-145 所示，可以看到要打印的工作表，每页都显示固定的标题。

图 10-145　成功固定要打印的表格标题

10.6.2　加入可打印的公司背景

有些企业需要在打印的 Excel 表格中加入公司的背景或是公司的 LOGO，下面就来介绍如何快速地在 Excel 表格中加入图片背景并进行打印。具体操作步骤如下。

步骤 1　打开需要添加背景的工作表，这里我们打开任意一个工作表。

步骤 2　在"页面布局"选项卡下的"页面设置"组中单击"背景"按钮，如图 10-146 所示。

步骤 3　弹出"工作表背景"对话框，选择要插入的图片，然后单击"插入"按钮，如图 10-147所示。

图 10-146　单击"背景"按钮

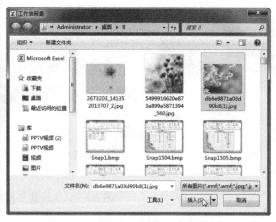

图 10-147　选择要插入的图片

步骤 4　返回工作表，按住 Shift 键不放，选择要打印的区域，这里选择 A1:K27 单元格区域，在"开始"选项卡下的"剪贴板"组中单击"复制"按钮旁边的下三角按钮，在打开的菜单中选择"复制图片"命令，如图 10-148 所示。

步骤 5　弹出"复制图片"对话框，如图 10-149 所示，单击"确定"按钮。

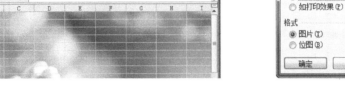

图 10-148　选择"复制图片"命令　　　　图 10-149　"复制图片"对话框

步骤 6　在"开始"选项卡下的"剪贴板"组中单击"粘贴"按钮，在打开的下拉菜单中选择"粘贴"命令，如图 10-150 所示。

步骤 7　此时 Shift 键可以松开，在"页面布局"下的"页面设置"组中单击"删除背景"按钮，如图 10-151 所示。

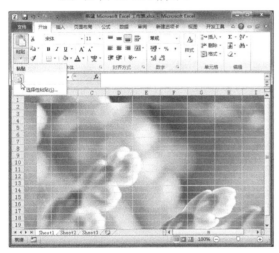

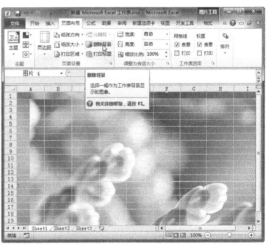

图 10-150　选择"粘贴"命令　　　　　图 10-151　单击"删除背景"按钮

步骤 8　执行"文件"|"打印"命令，此时在打印预览里就可以看到背景，如图 10-152 所示，最后单击"打印"按钮。

　　除了上面介绍的方法外，还有一种方法同样可以添加打印背景，就是照相机法，具体操作步骤如下。

步骤 1　打开工作表，在 Sheet1 工作表中选择"文件"|"选项"命令，打开"Excel 选项"对话框，在左侧列表中选择"自定义功能区"选项，然后在右侧窗格中单击"从下列位置选择命令"下拉列表框右侧的下三角按钮，选择"所有命令"选项，接着从下面的列表中选择"照相机"选项，单击"添加"按钮，如图 10-153 所示，然后单

击"确定"按钮。

步骤 2 在"页面布局"选项卡下的"页面设置"组中单击"背景"按钮,弹出"工作表背景"对话框,选择要插入的图片,如图 10-154 所示,单击"插入"按钮。

图 10-152 成功添加打印背景

图 10-153 添加"照相机"按钮

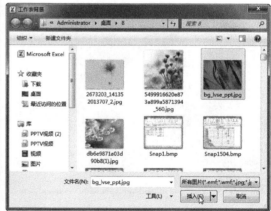

图 10-154 选择要插入的背景图片

步骤 3 返回工作表,选择要打印的区域,这里选择 A1:I26 单元格区域,在"新建选项卡"下的"新建组"中单击"照相机"按钮,如图 10-155 所示。

步骤 4 单击 Sheet2 工作表,单击"照相机"按钮,调整一下位置,效果如图 10-156 所示。

步骤 5 执行"文件"|"打印"命令,此时在打印预览中可以看到背景图片,如图 10-157所示,最后单击"打印"按钮。

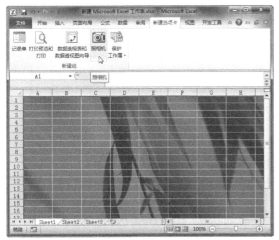

图 10-155　单击"照相机"按钮

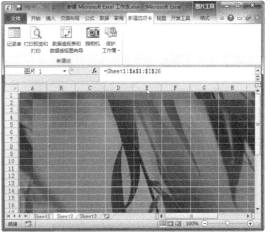

图 10-156　调整背景图片位置

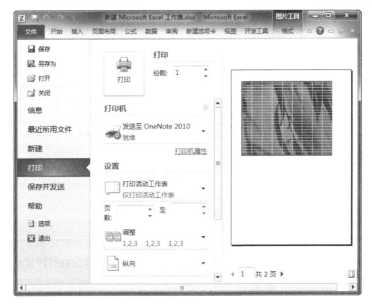

图 10-157　成功添加打印背景

10.6.3　在打印时替换员工工资表中的错误值

当工作表中的公式或者函数出现错误时，工作表中的相关单元格就会给出该错误的提示，在打印时，在打印预览中就会出现这些提示。

步骤 1　打开"员工工资"工作簿，如图 10-158 所示，G3:J6 单元格区域出现了错误提示。

步骤 2　当执行"文件"|"打印"命令时，就会出现如图 10-159 所示的结果。

图 10-158　表格中出现错误提示　　　　图 10-159　显示打印表格中的错误提示

步骤3　为了避免这个问题的出现，可以在"页面设置"对话框中的"工作表"选项卡下，在"错误单元格打印为"下拉列表框中进行调整，如图 10-160 所示。

步骤4　当选择"空白"选项时，结果如图 10-161 所示。

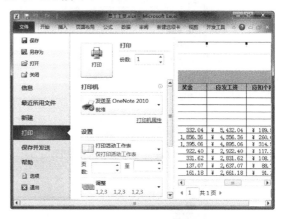

图 10-160　选择错误单元格打印显示方式　　图 10-161　错误单元格打印显示为空白

步骤5　当选择"--"选项时，结果如图 10-162 所示。

步骤6　当选择"#N/A"选项时，结果如图 10-163 所示。

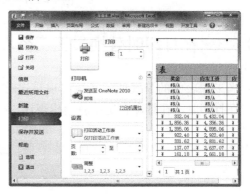

图 10-162　错误单元格打印显示为--　　图 10-163　错误单元格打印显示为#N/A

步骤 7　当选择"显示值"选项时，在"打印预览"窗口中看到的就是单元格所显示的，在本例中结果如图 10-159 所示，是"#VALUE!"。

10.6.4　让多个用户同时共享工作簿

共享工作簿，可以让多个用户同时编辑工作簿，在 Excel 2010 中直接单击"共享工作簿"并不能实现共享，而是弹出如图 10-164 所示的对话框，所以首先要取消选中"保存时从文件属性中删除个人信息"复选框。

图 10-164　提示对话框

具体操作步骤如下。

步骤 1　选择"文件"|"选项"命令，打开"Excel 选项"对话框，在左侧列表中单击"信任中心"选项，接着单击"信任中心设置"按钮，如图 10-165 所示。

步骤 2　弹出"信任中心"对话框，在"个人信息选项"下，取消选中"保存时从文件属性中删除个人信息"复选框，如图 10-166 所示，最后连续单击两次"确定"按钮。

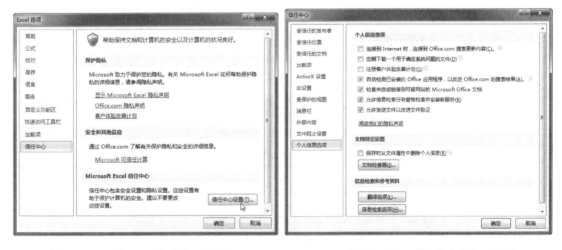

图 10-165　"Excel 选项"对话框　　　　图 10-166　"信任中心"对话框

步骤 3　在"审阅"选项卡下的"更改"组中，单击"共享工作簿"按钮，如图 10-167 所示。

图 10-167　单击"共享工作簿"按钮

步骤 4 弹出"共享工作簿"对话框，切换到"编辑"选项卡，然后选中"允许多用户同时编辑，同时允许工作簿合并"复选框，如图 10-168 所示。

步骤 5 切换到"高级"选项卡，在"修订"选项组中选中"保存修订记录"单选按钮，并设置保存时间；在"更新"选项组中选中"自动更新间隔"单选按钮，并设置更新间隔；在"用户间的修改冲突"选项组中选中"询问保存哪些修订信息"单选按钮，最后单击"确定"按钮，如图 10-69 所示。

图 10-168　设置"编辑"选择卡

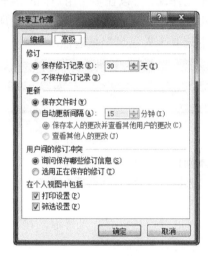

图 10-169　　"共享工作簿"对话框

步骤 6 弹出 Microsoft Excel 提示对话框，单击"确定"按钮，如图 10-170 所示。

步骤 7 这时在工作簿的标题栏中将出现"[共享]"字符，表示可以共享此文件内容，如图 10-171 所示。

图 10-170　单击"确定"按钮

图 10-171　成功共享工作簿

10.6.5　作为附件发送工资单

可以将工资单作为电子邮件的附件，随电子邮件发送到收件人的邮箱中，具体操作步骤如下。

步骤 1　执行"文件"|"保存并发送"命令，单击"使用电子邮件发送"选项，然后单击"作为附件发送"图标，如图 10-172 所示。

步骤 2　弹出如图 10-173 所示的警示对话框，按照对话框中所说安装配置文件。

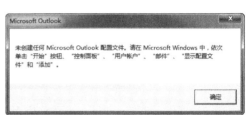

图 10-172　单击"作为附件发送"图标　　　　　图 10-173　Microsoft 警示对话框

步骤 3　配置完毕之后，再次执行"文件"|"保存并发送"命令，单击"使用电子邮件发送"选项，然后单击"作为附件发送"图标，弹出"选择配置文件"对话框，如图 10-174 所示。

步骤 4　单击"确定"按钮，弹出邮件窗口，在"收件人"文本框中输入收件人的电子邮箱地址，如图 10-175 所示。

图 10-174　"选择配置文件"对话框　　　　　图 10-175　输入收件人地址

步骤 5　用户也可以在邮件编辑区域输入相关的邮件内容，完成邮件编辑后，单击"发送"按钮，如图 10-176 所示，可将工作表以附件形式发送。

Excel 在人力资源管理中的应用

图 10-176　发送邮件

10.6.6　保护工作簿结构

保护工作簿结构的操作方法如下。

步骤 1　打开需要保护的工作簿，在"审阅"选项卡下的"更改"组中单击"保护工作簿"按钮，如图 10-177 所示。

步骤 2　弹出"保护结构和窗口"对话框，选中"结构"复选框，然后输入一个密码，如图 10-178 所示。

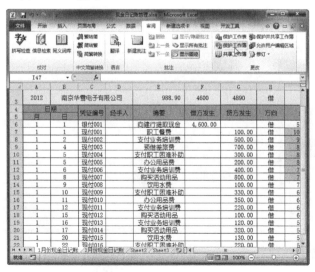

图 10-177　单击"保护工作簿"按钮

图 10-178　保护工作簿的结构

步骤 3　单击"确定"按钮，再次输入一遍相同的密码，单击"确定"按钮后将对当前工作簿中的工作表进行保护。当右击任意工作表标签时，右键快捷菜单中的大部分命令都无法使用，如图 10-179 所示。

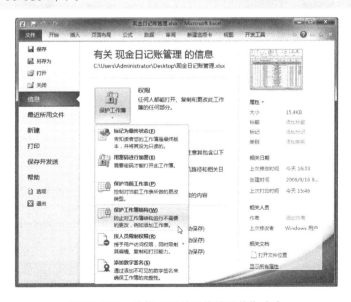

图 10-179　对工作簿结构进行保护后大部分命令都不可用

在"文件"菜单下选择"信息"命令，然后单击"保护工作簿"按钮，在展开的下拉列表中选择"保护工作簿结构"命令来保护工作簿的结构和窗口，如图 10-180 所示。

图 10-180　选择"保护工作簿结构"命令

10.6.7 隐藏表格中重要数据

在 Excel 工作表中有时会涉及一些需要保密的内容，如图 10-181 所示，是某公司员工的工资表，如果不想让别人看到工资，能不能把数据彻底的隐藏起来呢？

图 10-181 某公司员工工资表

下面介绍把数据彻底隐藏的方法，具体操作步骤如下。

步骤 1 选取要隐藏的数据单元格，这里选择 C2:C7 单元格区域，右击选中的单元格区域，从弹出的快捷菜单中选择"设置单元格格式"命令，在弹出的对话框的"数字"选项卡下的"分类"中选择"自定义"选项，在右侧"类型"下面的输入框中输入三个英文状态下的分号";;;"，如图 10-182 所示。

步骤 2 切换到"保护"选项卡，选中"隐藏"复选框，如图 10-183 所示，单击"确定"按钮，关闭"设置单元格格式"对话框。

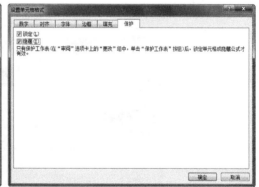

图 10-182 "设置单元格格式"对话框	图 10-183 选中"隐藏"复选框

注意 一定不能取消选中"锁定"复选框，否则别人可能会不小心删除隐藏起来的数据内容。

步骤 3 在"审阅"选项卡下的"更改"组中单击"保护工作表"按钮，弹出"保护工作表"对话框，在"取消工作表保护时使用的密码"文本框中输入密码，如图 10-184 所示。

步骤 4 单击"确定"按钮，弹出"确认密码"对话框，如图 10-185 所示，再重新输入刚才的密码，单击"确定"按钮。

图 10-184 "保护工作表"对话框

图 10-185 "确认密码"对话框

步骤 5 这样数据单元格就被彻底隐藏起来了，如图 10-186 所示，也就不用担心别人会查看到工资了。

图 10-186 成功让数据彻底隐藏起来

10.7 实战演练

一、选择题

1. 下列说法中正确的是（ ）。

    A. 要在单元格中输入数值"001"，需要先在单元格中输入一个空格符才能正确输入

    B. 要在单元格中输入数值"001"，需要先设置单元格的格式为"文本"，才能够输入

C. 要在单元格中输入数值 "001"，需要将 "001" 所在单元格的格式设置为 "文本"，才能够输入

D. 要在单元格中输入数值 "001"，直接输入就可以了

2. 下列关于一个销售提成的说法中正确的是(   )。

A. 员工的销售提成是本人的销售额与提成比例的相乘得到的

B. 员工的销售提成是所有员工的销售业绩的总和乘以提成比例得到的

C. 员工的销售提成是所有员工销售的业绩的平均值乘以提成比例得到的

D. 员工的销售提成是销售总额的净利润乘以销售提成得到的

3. 下列关于所得税缴纳的说法错误的是(   )。

A. 在 2000～5000 元的范围内，所得税的税率是 15%

B. 在 5000～7000 元的范围内，所得税的税率是 20%

C. 在 5000～20 000 元的范围内，所得税的税率是 20%

D. 超过 100 000 元的所得税税率是 45%

4. 以指定的引用为参照系，通过给定偏移量得到新的引用函数是(   )。

A. HLOOKUP 函数　　　　　　　　B. VLOOKUP 函数

C. OFFSET 函数　　　　　　　　　D. REFERENCE 函数

5. 添加可打印的背景所使用的工具是(   )。

A. 摄像机工具　　　　　　　　　　B. 截图工具

C. 照相机工具　　　　　　　　　　D. 冻结窗格工具

二、实训题

1. 制作一张员工工资表，并计算出每位员工需要缴纳的个人所得税。

2. 制作一张员工工资单，并添加可打印的背景图。